以厚積薄發四字篆印一方
贈高等教育出版社

厚積薄發

李嵐清
二〇〇七年初秋

生也有涯
学無止境

任繼愈

马克思主义研究论丛

教育部哲学社会科学研究后期资助项目

马克思主义环境思想解读

孙道进　著

中国教育出版传媒集团
高等教育出版社·北京

图书在版编目（C I P）数据

马克思主义环境思想解读 / 孙道进著. -- 北京 ：
高等教育出版社，2023.8
ISBN 978-7-04-060541-9

Ⅰ. ①马… Ⅱ. ①孙… Ⅲ. ①马克思主义-环境理论
-研究 Ⅳ. ①A811.6

中国国家版本馆CIP数据核字(2023)第110304号

MAKESIZHUYI HUANJING SIXIANG JIEDU

策划编辑 张　召　　责任编辑 张　召　　封面设计 张　志　　版式设计 马　云
责任校对 胡美萍　　责任印制 耿　轩

出版发行 高等教育出版社
社　　址 北京市西城区德外大街 4 号
邮政编码 100120
印　　刷 河北信瑞彩印刷有限公司
开　　本 787 mm× 1092 mm　1/16
印　　张 16.75
字　　数 300千字
插　　页 2
购书热线 010-58581118
咨询电话 400-810-0598
网　　址 http://www.hep.edu.cn
http://www.hep.com.cn
网上订购 http://www.hepmall.com.cn
http://www.hepmall.com
http://www.hepmall.cn
版　　次 2023 年 8 月第 1 版
印　　次 2023 年 8 月第 1 次印刷
定　　价 49.00 元

物 料 号　60541-00

总　　序

哲学社会科学是探索人类社会和精神世界奥秘、揭示其发展规律的科学，是我们认识世界、改造世界的有力武器。哲学社会科学的发展水平，体现着一个国家和民族的思维能力、精神状态和文明素质，其研究能力和科研成果是综合国力的重要组成部分。没有繁荣发展的哲学社会科学，就没有文化的影响力和凝聚力，就没有真正强大的国家。

党中央高度重视哲学社会科学事业。改革开放以来，特别是党的十六大以来，党中央就繁荣发展哲学社会科学作出了一系列重大决策，党的十七大报告明确提出："繁荣发展哲学社会科学，推进学科体系、学术观点、科研方法创新，鼓励哲学社会科学界为党和人民事业发挥思想库作用，推动我国哲学社会科学优秀成果和优秀人才走向世界。"党中央在新时期对繁荣发展哲学社会科学提出的新任务、新要求，为哲学社会科学的进一步繁荣发展指明了方向，开辟了广阔前景。在全面建设小康社会的关键时期，进一步繁荣发展哲学社会科学，大力提高哲学社会科学研究质量，努力构建以马克思主义为指导，具有中国特色、中国风格、中国气派的哲学社会科学，推动社会主义文化大发展大繁荣，具有十分重大的意义。

高等学校哲学社会科学人才密集，力量雄厚，学科齐全，是我国哲学社会科学事业的主力军。长期以来，广大高校哲学社会科学工作者献身科学，甘于寂寞，刻苦钻研，无私奉献，开拓创新，为推进马克思主义中国化，为服务党和政府的决策，为弘扬优秀传统文化、培育民族精神，为培养社会主义合格建设者和可靠接班人作出了重要贡献。

本世纪头20年，是我国经济社会发展的重要战略机遇期，高校哲学社会科学面临着难得的发展机遇。我们要以高度的责任感和使命感、强烈的忧患意识和宽广的世界眼光，深入学习贯彻党的十七大精神，始终坚持马克思主义在哲学社会科学的指导地位，认清形势，明确任务，振奋精神，锐意创新，为全面建设小康社会、构建社会主义和谐社会发挥思想库作用，进一步推进高校哲学社会科学全面协调可持续发展。

哲学社会科学研究是一项光荣而神圣的社会事业，是一种繁重而复杂的创造性劳动。精品源于艰辛，质量在于创新。高质量的学术成果离不开严谨的科学态度，离不开辛勤的劳动，离不开创新。树立严谨而不保守，活跃而不轻浮，锐意创新而不哗众取宠，追求真理而不追名逐利的良好学风，是繁荣发展高校哲学社会科学的重要保障。建设具有中国特色的哲学社会科学，必须营造有利于学者潜心学问、勇于创新的学术氛围，必须树立良好的学风。为此，自2006年始，教育部实施了高校哲学社会科学研究后期资助项目计划，旨在鼓励高校教师潜心学术，厚积薄发，勇于理论创新，推出精品力作。原中央政治局常委、国务院副总理李岚清同志欣然为后期资助项目题字“厚积薄发”，并篆刻同名印章一枚，国家图书馆名誉馆长任继愈先生亦为此题字“生也有涯，学无止境”，此举充分体现了他们对繁荣发展高校哲学社会科学事业的高度重视、深切勉励和由衷期望。

展望未来，夺取全面建设小康社会新胜利、谱写人民美好生活新篇章的宏伟目标和崇高使命，呼唤着每一位高校哲学社会科学工作者的热情和智慧。让我们坚持以马克思主义为指导，深入贯彻落实科学发展观，求真务实，与时俱进，以优异成绩开创哲学社会科学繁荣发展的新局面。

教育部社会科学司

目　　录

绪论　马克思主义环境思想释义

随着环境问题日益凸显，马克思主义理论宝库中被遗忘了 100 多年的思想瑰宝——马克思主义环境思想，引起了国内外学者的普遍关注。

在这一研究领域中，由于认识和评价不同，因此研究者在研究内容、方向、角度及层次方面存在差异。这种差异首先表现在对马克思主义环境思想五花八门的称谓上，诸如"生态学马克思主义""生态社会主义""马克思主义生态观""马克思的自然观""马克思主义的环境保护观点""马克思主义环境哲学思想""马克思的生态观"等。这些称谓不仅反映了研究者对马克思主义环境思想的不同认识，甚至在一定程度上反映了研究者的研究水平，也影响着今后这一领域的研究方向。因此，称谓不是表面问题，必须慎重对待。

第一节　什么是马克思主义环境思想

在环境问题日趋突出的同时，有关环境问题的宣传报道和各种出版物越来越多，而在这些汗牛充栋的宣传报道和出版物中，绝大多数是介绍各种环境污染和生态破坏事件，以及环境保护知识的。这些宣传对提高人们的环境觉悟和解决各种具体的环境问题，确实起到了很大的促进作用。但是，这些有关环境的知识和信息只能从技术上解决具体问题，不能彻底解决环境问题。要从根本上解决环境问题，我们必须全面、完整地认识环境问题，并在此基础上制定环境方针和政策，有的放矢地指导环境保护实践。

对环境问题全面、系统的认识就是环境思想。正确的环境思想建立在丰富可靠的环境科学知识和大量环境信息的基础之上，但又不等同于环境科学知识和环境信息，它不是针对个别环境问题的观点，也不是处理具体环境问题的对策。环境思想是在对环境问题全面、深入的思考和研究的基础上形成的系统、完整的理论体系，它是指导人们认识和考察人与环境关系的基本立场和思想方法。

二十世纪急剧恶化的环境状况引起了人们的普遍关注，也推动了人们对环境问题的全面探索和思考。环境哲学、环境伦理学、环境政治学等新兴学科迅速发展。在这些学科领域，各种各样的环境思想展开了激烈交锋，正是在交锋中，马克思主义环境思想释放出灼灼光芒。

就国内的相关研究来看，称马克思主义的环境思想为“马克思主义环境思想”比较恰当。在为《马克思恩格斯论环境》一书撰写代前言《马克思主义环境思想的现代解读》一文时，经过反复思考、全面权衡，笔者决定使用这一称谓。后来，方世南在《论马克思主义环境思想的中国化》一文中也使用了该称谓。检索发现，虽然其他研究者也偶有使用“马克思主义环境思想”，但用得比较随意且缺乏连续性，所以不具有代表性。总之，除“马克思主义环境思想”之外，其他称谓均难以准确、深刻表达马克思主义环境思想的深刻内涵。

第二节　为什么不宜称“环境保护思想”

在环境危机日益加深的同时，越来越多的人意识到保护环境的必要性和紧迫性。人们开始关注环境问题，这是一个进步，但只靠这一点未必能够正确认识和处理环境问题。因为人与自然的关系贯穿人类社会发展的始终，而环境危机只是人类社会发展到一定阶段才出现的。如果离开人类和自然的发展历史孤立地谈保护环境，那么如何保护、在何种程度上保护环境等就无从谈起。

当前，有人将环境思想与环境保护思想等同起来。环境保护思想的提法反映了环境思想研究初期对环境问题认识的狭隘性，这种观点将注意力集中于环境和资源的保护上，而忽略了人与自然之间多维度、多层次的复杂关系，也没有看到环境保护问题是在人类开发和利用自然的过程中出现的阶段性问题。环境思想则始终与人类发展相联系，是从世界观的高度来认识和处理人与环境的关系。只有这种从宏大的理论视角出发，将环境问题置于自然—人—社会的整体框架内，才能正确认识和处理环境问题。离开对人与自然关系的全面认识，离开人对自然开发和利用的实践，离开发展谈环境保护，有可能走向极端的环保主义。

在世界环境保护运动的大潮中，有一种环境保护至上的观点，主张“生态第一”“地球优先”。如果单纯从环境保护的态度来看，这种认识值得肯定，可是由于这种环境思想不正确，因此不可能正确地指导环境保护实践。

综上所述，环境思想不是环境保护思想，前者比后者的内涵更加广泛、更加深刻，环境保护思想只是环境思想的一个组成部分。在环境问题日益严峻的今天，环境保护思想虽然十分重要，但是只能作为认识和研究环境问题的切入点，如果仅仅停留在这一点上，就不可能形成正确的环境思想。

倘若不能正确区分环境思想和环境保护思想，就不能正确认识马克思主义环境思想，就看不到环境思想是马克思主义的重要组成部分。西方早期生态马克思主义研究者，就是由于没有看到马克思主义经典著作中关于环境污染和生态破坏问题的论述，才否认马克思主义具有环境保护思想，进而得出“马克思的历史唯物主义是反生态学的”① 谬论。日本学者岩佐茂在马克思主义经典文献中寻找“马克思主义的环境保护观点”② 应该说是一个进步，但仅仅将马克思主义环境思想看成“环境保护观点”则是其不足。这一点可能同作者急于解决“马克思主义应该如何回答环境问题和环境保护运动给马克思主义提出的思想和理论问题”③ 有关，也可能像日本学者宫本宪一那样出于某种担心：马克思恩格斯没有看到现代社会的环境破坏情况，更没有看到不仅资本主义社会出现了严重的环境问题，社会主义社会也出现了环境问题。“当今世界的状况是环境问题在多方面发生，环境政策也多种多样，如果将当今世界的这种状况牵强附会于马克思和恩格斯的著作中，断章取义，那就会亵渎贯穿着批判精神的马克思和恩格斯的思想。”④ 总之，无论哪种情况，根本原因还是这些研究者过度关注环境保护问题，未能从理论的高度，历史地、辩证地、全面地看待人与自然及人与人的关系问题。上述情况直到2000年美国学者福斯特的《马克思的生态学——唯物主义与自然》一书出版才初步得以扭转。在该著作中，福斯特对

---

① 徐艳梅：《生态马克思主义研究》，社会科学文献出版社2007年版，第140页。

② 岩佐茂：《环境的思想——环境保护与马克思主义的结合处》，韩立新、张桂权、刘荣华译，中央编译出版社1997年版，第147页。

③ 岩佐茂：《环境的思想——环境保护与马克思主义的结合处》，韩立新、张桂权、刘荣华译，中央编译出版社1997年版，中文版序。

④ 宫本宪一：《环境经济学》，朴玉译，生活·读书·新知三联书店2004年版，第45页。

马克思的环境思想进行了较为系统的研究和论述。

第三节 为什么不宜称“生态观”或“自然观”

“马克思主义生态观”或“马克思的自然观”的称谓有明显的缺点，即这种称谓所表达的意思只能是“马克思主义思想指导的生态科学”或“生态观念”“自然观念”，而这些都只是马克思主义环境思想的一个组成部分。

有些研究者对“环境”“生态”“自然”不加区分地使用，而且他们对“生态”一词情有独钟。如西方生态马克思主义在各个发展阶段都有不同的称谓。从“生态马克思主义”到“生态社会主义”再到“马克思的生态学”，无论称谓如何改变，“生态”二字却始终存在。这种情况与近年来生态学的兴盛有关，有些研究者认为，生态学是解释和解决环境问题最好的思想武器。可是，通过深入研究马克思主义环境思想可以发现，用“生态”一词并不能准确表达马克思主义环境思想的深刻内涵，原因如下。

第一，生态学是生物学的一个分支，属于自然科学领域。它所研究的是生物之间及其与自然界的关系。生态学讲究系统性，但这是一个封闭的系统，一个排除了人类社会的纯生态系统，在这个系统中没有人的存在——即使有人，也只是动物意义上的人。因此，在“生态”一词中，人失去了主体地位，生态也就成为与人类社会无关的自然界。而在马克思恩格斯那里：“没有自然界，没有感性的外部世界，工人什么也不能创造。”① 也就是说，在马克思主义的视域中，有的只是与人的生存密切相关的“环境”，而没有与人的生存环境剥离的“生态”。所以，看待环境问题，必须首先承认人的主体地位，“人的主体性在社会发展规律的构成以及对自然界发展规律的实际运用中起着基础性的、关键性的作用”②。通过上面分析可以看出，“生态”一词不能准确表达马克思主义环境思想，而“环境”一词则没有上述缺点。环境者，环人之境也，这个词不仅包括围绕人的自然生态环境，也肯定了人的主体地位，准确地表达了马克思主义以人为本的思想。

第二，马克思恩格斯认为：“我们不仅生活在自然界中，而且生活在人类社会中。”③ 因此，在马克思主义环境思想中，自然—人—社会是一个不可分割的整体，在这一个整

① 《马克思恩格斯选集》第 1 卷，人民出版社 2012 年版，第 52 页。

② 薛德震：《科学发展观：马克思社会劳动科学化思想的继承和发展》，《今日中国论坛》，2006 年第 9 期。

③ 《马克思恩格斯选集》第 4 卷，人民出版社 2012 年版，第 237 页。

体中，人面临着两种关系，一是自然关系，二是社会关系，由于“人们对自然界的狭隘的关系决定着他们之间的狭隘的关系，而他们之间的狭隘的关系又决定着他们对自然界的狭隘的关系”①。因此，在考察人与自然界关系的时候，不能忘记人与人之间的关系，而“生态”一词只能表达生物学意义上的人与自然的关系，不能表达人与人之间的社会关系。

第三，生态学所说的新陈代谢和物质循环是自然现象，是生物的本能行为引起的，而“人类社会和动物界的本质区别在于，动物最多是采集，而人则从事生产。仅仅由于这个唯一的然而是基本的区别，就不可能把动物界的规律直接搬到人类社会中来”②。因此，“生态”一词更多地具有认识论方面的意义，缺少实践论方面的意义，而实践的观点是马克思主义的灵魂。在马克思恩格斯那里，即使自然也是经过人类劳动实践改造过的“人化自然”。

生态学是研究生物与自然界和生物之间关系的科学，讲究整体性和联系性，但只局限于自然生态世界，而马克思主义环境思想的理论根基是辩证法。辩证法是关于自然、人类社会、思维运动和发展的普遍规律的科学，辩证法在讲究整体性和联系性的基础上，将范围扩大到人类社会，是更大范围内的整体和联系。因此，与生态思想相比，辩证法的视角更宽广、更全面，理论性也更强。马克思恩格斯将生态学原理同社会发展理论结合起来，把自然、人、社会联系在一起，由此形成一个整体框架，并将其应用于人的解放理论，形成了自己的环境思想，这是一种升华，其意义已经大于生态思想。在这一框架中来认识人与自然、人与人的关系，可以清楚地看到：自然在前面，是从本体论角度肯定了自然的先决性；人在中间，肯定了人的中心地位；社会是由人构成的，放在人后面。从这种排列还可以看出，人处于两种环境——自然环境和社会环境之中。马克思主义环境思想将人与环境的关系放在自然—人—社会的整体框架内来考察和研究，从历史唯物主义和辩证唯物主义高度来认识和看待人与环境及人与人之间的关系，它是指导人们正确认识和处理人与环境关系的思想武器。

综上所述，“生态观”“自然观”这类提法属于对自然现象的认识，更适合于自然科学。环境思想不仅包括对自然的认识，还凸显了马克思主义的人文关怀。

第四，从生态学学科发展史的角度看，马克思主义与生态学二者之间并无联系。一些研究者认为马克思主义包含生态思想，其理由就是马克思著作中的物质变换理论与生态学思想有密切联系。但马克思的物质变换理论不是来自生态学，而是受到德国化学家

① 《马克思恩格斯选集》第 1 卷，人民出版社 2012 年版，第 161 页。
② 《马克思恩格斯选集》第 4 卷，人民出版社 2012 年版，第 518 页。

李比希著作的启发。1869年，德国生物学家恩斯特·海克尔对生态学作出了定义，但马克思早在1851年就开始接触李比希的著作，并做了大量笔记摘录。在生态学概念出现之前（1867年）出版的《资本论》第1卷，就已经有关于物质变换理论的论述，并通过这一理论分析资本主义的弊端："资本主义生产使它汇集在各大中心的城市人口越来越占优势，这样一来，它一方面聚集着社会的历史动力，另一方面又破坏着人和土地之间的物质变换，也就是使人以衣食形式消费掉的土地的组成部分不能回归土地，从而破坏土地持久肥力的永恒的自然条件。"① 马克思称赞："李比希的不朽功绩之一，是从自然科学的观点出发阐明了现代农业的消极方面。"② 因此，从学科发展史的角度来看，马克思主义与生态学没有直接联系。当然，生态学和辩证法都是科学，它们针对事物的不同侧面、不同角度进行研究，最终得出了互相印证的结论。从这种意义上讲，我们可以将马克思主义和生态学进行比较和研究，但不宜直接将"马克思主义环境思想"称为"马克思主义生态学"。

"生态学马克思主义"还间接否认马克思主义本身蕴含着深刻的环境思想。它企图用一种新的称谓来补救马克思主义的"缺陷"，殊不知这仍是以形而上学的方式认识和理解马克思主义，实质是对马克思主义的割裂和肢解。与之相反，马克思主义原本就蕴涵着丰富的环境思想，只不过前人未能认识而已，我们今天的任务就是要深入发掘这一宝贵的思想理论宝藏，进而更加全面、完整地理解马克思主义。

第四节　为什么不宜称"环境哲学""马克思的环境思想"

"环境哲学"是"环境思想"的一个重要组成部分，但不是全部。除环境哲学之外，环境思想还包括环境社会学、环境政治学、环境经济学、环境法学、环境史学、环境文化学、环境伦理学等，因此不能混淆"环境思想"和"环境哲学"这两个概念。

一个常见的现象是，一些研究者将马克思主义环境思想看成马克思的理论，将其称为"马克思的生态学"或"马克思的环境观"等。他们没有认识到，马克思主义环境思想不仅包括马克思的思想，还包括恩格斯等人的思想。在马克思恩格斯的学术分工中，马克思主要研究的是人与人的关系，而恩格斯则主要研究人与自然的关系，也就是说，

①《马克思恩格斯选集》第2卷，人民出版社2012年版，第233页。

②《马克思恩格斯全集》第44卷，人民出版社2001年版，第580页。

在环境思想方面，恩格斯有更多和更为重要的论述。遗憾的是，他的《自然辩证法》没有像《资本论》那样比较完整地展现在世人面前，这对人们了解恩格斯的环境思想有很大影响。

恩格斯对马克思主义环境思想的理论贡献是不可磨灭的，这一点只要深入这一领域且不存偏见的话是不难发现的。方世南的《论马克思主义环境思想的中国化》一文是国家社科基金2006年度重点项目的阶段性研究成果，课题名为"马克思环境思想与环境友好型社会研究"。为什么论文题目会做出改动呢？这是因为，作者在研究过程中发现了恩格斯在马克思主义环境思想方面的卓越成就，随后对"马克思环境思想"这种称谓做了改动，在"马克思"后面增加了"主义"二字。

第五节　为什么不宜称"生态马克思主义"

从广泛的意义上看，生态马克思主义的主要工作就是研究马克思主义环境思想。学者在这方面已经做了大量有益的工作，值得学习和借鉴，但这种学习和借鉴不能代替我们研究马克思主义环境思想本身，原因如下。

其一，"生态马克思主义"或"生态社会主义"是有特定内涵的称谓，它是西方马克思主义的一个流派，其代表人物都是西方非社会主义国家的学者。由于他们的实践活动都没有超出非社会主义国家的范围，如在资本主义条件下建立局部小型的自给自足的社区之类，因此并不具有全球性的普遍意义，更不符合中国的国情。

其二，生态马克思主义的一些代表人物，尤其是早期的代表人物，根本不承认马克思主义包含环境思想。他们只想在马克思主义和现代环境保护思想之间寻找一个汇合点。如早期的生态马克思主义代表人物莱斯和阿格尔等法兰克福学派学者，以及克沃尔、奥康纳等人都不承认马克思具有生态学思想。第三代生态马克思主义的代表，美国学者保罗·伯克特、福斯特等，虽然开始挖掘马克思主义中的环境思想，但他们只是将目光集中在马克思的著作上，对恩格斯的著作缺少深入研究，甚至有一些研究者极力在二人之间寻找"裂缝"。正像有学者所指出的那样，生态马克思主义已偏离传统马克思主义的理论核心，其解读模式的后现代语境注定了他们从事的是对传统的马克思主义理论的解构，而非建构，其理论体系已溢出马克思主义理论的基本框架，所以它不是真正的马克思主义。[①]

① 徐艳梅：《生态学马克思主义研究》，社会科学文献出版社2007年版，第7~8页。

生态学马克思主义回答了一些人对马克思主义反生态的指责，掀开了尘封已久的马克思主义环境思想一角，向人们显露了马克思主义环境思想，这是他们的一大功绩。近年来，我国对生态马克思主义的介绍和研究有了很大进展，一些国外生态马克思主义学者的代表著作得以翻译、出版和介绍，一些高校和研究机构将生态马克思主义作为研究方向和研究课题，学术刊物也发表了为数不少的论文，这种情况说明马克思主义环境思想已经引起人们的广泛关注。但必须明确的是，研究和借鉴西方生态马克思主义不能代替研究马克思主义环境思想本身。这里所说的马克思主义环境思想研究，是从马克思主义经典著作出发，通过对马克思主义文本的认真研读，发掘过去没有引起重视的环境思想，进而形成对马克思主义更加全面、更加深刻的认识和理解，并根据当前社会发展中的实际问题，在理论和实践上与时俱进地发展、丰富和完善马克思主义。

与生态马克思主义的研究相比，目前关于马克思主义环境思想的研究比较冷清，甚至对马克思主义环境思想称谓和内涵的理解都比较混乱。如日本学者岩佐茂提出“社会主义在本质上是生态社会主义”的命题，他认为这一命题意味着，“马克思的思想基本上包含了环境观点；以马克思的思想为基础的马克思主义或社会主义也必然包含环境观点”[①]。他的看法基本上是正确的，但在表述方面有缺陷。既然人与环境和谐是社会主义的一个重要条件，又有什么必要加上“生态”二字呢？这样一来，反而会造成社会主义原本是反生态的错觉。况且，“生态社会主义”是一个西方学术流派的称谓，在这里却又被当作一种社会制度的称呼来使用。生态社会主义者在建设什么样的社会制度问题上的主张各不相同，那么，这种“生态社会主义”又该按照什么标准去建设呢？再如，刘思华的《生态马克思主义经济学原理》一书是深入研究马克思主义环境思想的重要成果，也是一部研究马克思主义环境经济学的力作，可是取名为“生态马克思主义经济学原理”，就不自觉地将自己置身于西方生态马克思主义的旗下了。如果改为《马克思主义环境经济学原理》就没有这一弊端。

综上所述，马克思主义环境思想不是生态学、自然观，也不是环境哲学或环境保护学，而是一个认识和处理人与自然的关系并涉及人与人之间关系的完整的思想体系。

① 岩佐茂:《环境的思想——环境保护与马克思主义的结合处》，韩立新等译，中央编译出版社2006年版，第249页。

第一章　环境思想：马克思主义的重要组成部分

近年来，马克思主义环境思想日益引起国内外学者的关注，不仅研究者越来越多，而且研究水平越来越高。在国外，生态马克思主义从二十世纪七十年代至今，已经历若干发展阶段；在国内，也出现了一些介绍和研究生态马克思主义的论文和专著。从总体上看，目前对这一领域的研究尚处于起步阶段。国外生态马克思主义研究者虽然承认马克思主义著作中包含环境理论，但他们大都认为，马克思主义忽视了人和自然的关系问题。因此，他们更注重的是运用马克思主义的批判精神和方法论，探讨解决现实环境问题的方案和途径。也就是说，生态马克思主义所从事的工作，是对传统马克思主义理论的解构，而非建构。[①] 从这种意义上说，生态马克思主义并不等于马克思主义环境思想，它只是马克思主义环境思想的一个流派。[②] 还有些学者甚至认为，诞生于二十世纪的马克思主义不可能具有环境思想，即使有，也只是些零星、片段的“观点”。他们并没有认识到，马克思主义环境思想不仅是马克思主义的重要组成部分，而且是一个系统、完整的思想体系。

第一节　马克思主义是否包含环境思想

自二十世纪后半叶以来，随着环境保护运动的发展，一些西方学者批评马克思主义

① 徐艳梅:《生态学马克思主义研究》，社会科学文献出版社 2007 年版，第 7 页。

② 臧立:《马克思主义环境思想释义》，《南京林业大学学报（人文社会科学版）》，2008 年第 1 期。

过分强调人的主体思想，不关心生态问题，忽视人与自然的和谐，进而把马克思作为“人类中心主义”的代表进行批判。他们还认为，马克思主义过分关注人与社会的关系，强调“对自然的支配”，忽视了对自然界的关爱，没有处理好人和自然的关系，因而引起了环境危机。美国生态学家唐纳德·沃斯特，加拿大哲学家威廉·莱斯、本·阿格尔和一些日本学者都持这种观点。①即使一些后来成为生态学家的马克思主义者，也大多认为马克思主义缺少环境思想，如格伦德曼认为马克思不是生态学家。②奥康纳认为，马克思主义的理论和实践遗忘了政治生态学所主要关心的一些问题，而且它缺乏丰富的生态感受性。③直到今日，马克思主义和生态学，除被看成两个相对的或相互排斥的概念之外，很少被有机联系起来。④总之，在生态学家的眼中，马克思主义在理论上没有更多关注生态科学和自然界，在实践中也没有认真对待那些显然在不断兴起的全球生态问题；反过来，大多数的生态学家和地理学家则较少关注马克思主义理论。⑤

对来自外部的批评，二十世纪九十年代马克思主义学者的反应比较迟缓，因为在他们过去对马克思主义的学习、研究和宣传中，从来没有涉及关于如何正确认识和对待自然环境这方面的内容。不过，早期生态马克思主义学者虽然认为马克思主义缺乏生态思想，但同时认为生态社会主义没有离开马克思主义的理论传统，而是对马克思主义的一种补充、发展和超越。他们进而主张把马克思主义和生态学结合起来，即填补马克思主义的生态学“理论空场”。同来自外部无知的批判相比，这应该说是一种进步。

随着研究的深入，许多研究者通过重新解读马克思主义经典著作，逐步发现了马克思主义中的环境思想。1995年，在法国巴黎召开的“国际马克思大会”上，一些学者就提出，马克思是第一个生态哲学家。马克思的哲学思想中蕴藏着许多生态哲学的观点和主张，马克思恩格斯很早就提出过“人与自然界和谐”的思想，并强调通过生产实践的方式去达到人类社会与自然界的和谐。卢西亚那·卡斯特林娜在《为什么“红的”也必须是“绿的”？》一文中明确指出，青年恩格斯是最早的、伟大的生态学作家之一。⑥日本学者岩佐茂在《环境的思想——环境保护与马克思主义的结合处》一书中，对马克思主义环境保护的观点进行了梳理和研究。⑦美国学者福斯特则主张从基础开始马克思主义

---

① 解保军：《马克思自然观的生态哲学意蕴——“红”与“绿”结合的理论先声》，黑龙江人民出版社2002年版，第143页。
② 本·阿格尔：《西方马克思主义概论》，慎之等译，中国人民大学出版社1991年版，第6页。
③ 韩立新：《马克思的“对自然的支配”——兼评西方生态社会主义对这一问题的先行研究》，《哲学研究》，2003年第10期。
④ 詹姆斯·奥康纳：《自然的理由：生态学马克思主义研究》，唐正东、臧佩洪译，南京大学出版社2003年版，第3页。
⑤ 本·阿格尔：《西方马克思主义概论》，慎之等译，中国人民大学出版社1991年版，第10页。
⑥ 解保军：《马克思自然观的生态哲学意蕴——“红”与“绿”结合的理论先声》，黑龙江人民出版社2002年版，第144页。
⑦ 岩佐茂：《环境的思想——环境保护与马克思主义的结合处》，韩立新等译，中央编译出版社2006年版。

生态学的重建工作。他的《马克思的生态学——唯物主义和自然》是研究马克思主义环境思想较为全面深入的著作。在这部著作中，福斯特围绕人与自然、自然与社会、科学与生态学这三个主题，以雄辩的事实论证了马克思就是一个生态学家，马克思主义包括生态主义。

现在，众多研究成果已经让人们清楚地看到，马克思主义经典著作中蕴涵着丰富的环境思想。但是,环境思想究竟是马克思主义著作的“说明性的旁白”①,还是其中的主要思想和核心内容，究竟是关于环境问题的零星观点还是系统的思想体系？这些问题都需要全面研究马克思主义才能得出答案。

第二节　马克思主义是一个有机整体

在世界性环境危机面前，各种思潮异常活跃，而马克思主义一度表现出某种“失语”状态，甚至被当成反生态的思想标本加以批判。面对这种情况，马克思主义学者却又难以拿出有力的证据反驳，因为他们对马克思主义环境思想所知甚少。由此说明，过去人们对马克思主义的认识、理解并不完整和准确。也就是说，过去人们理解的马克思主义，并不是完整的马克思主义，而是马克思主义的某些部分。马克思主义的一些重要内容，如环境思想，成为“一个被长期遮蔽的视域”②。因此，要从整体上真正认识马克思主义，就必须深入了解马克思主义环境思想。

把马克思主义当成一个整体来进行学习和研究，符合马克思恩格斯的本意。马克思说:“不论我的著作有什么缺点，它们却有一个长处，即它们是一个艺术的整体。”③可是，在马克思主义的传承过程中，这种整体性遭到了破坏。长期以来，在研究和教学领域中，马克思主义被分为哲学、政治经济学和科学社会主义三大部分。这种划分对研究和学习来说当然是必要的，但由于缺乏整体性的认识和把握，导致学科之间出现了真空地带。完整、系统的马克思主义被机械地分为三大部分，每一部分又细分为若干学科，很多研究者钻进其中一个学科就再也跳不出来。这种过细的学科分工，让人们不能从整体上认识马克思主义，造成了马克思主义的肢解，“把本来具有有机联系的马克思主义体

① 约翰·贝拉米·福斯特:《马克思的生态学——唯物主义与自然》，刘仁胜、肖峰译，高等教育出版社 2006 年版，第 11 页。

② 安启念:《和谐马克思主义：一个被长期遮蔽的视域》,《中国人民大学学报》，2006 年第 3 期。

③《马克思恩格斯文集》第 10 卷，人民出版社 2009 年版，第 231 页。

系弄得支离破碎，残缺不全，极大地损伤了马克思主义的完整性和科学性，从而游离了马克思主义的原生形态”[①]。这就如同盲人摸象，虽然每个人都对大象的某一个部位有所了解，但总会有部位被遗漏，所以最终得到的结论是不全面的，甚至有可能是错误的。

高放通过研究发现，列宁最先提出将马克思主义划分为哲学、政治经济学和科学社会主义三个主要部分，但马克思恩格斯本人及后来的理论家都没有这样划分，而且列宁也只明确地讲过一次。这种划分有助于人们掌握马克思主义理论的要点，分门别类地深入研究马克思主义的主要内容。但是，这种分类方法也存在不足，它使人们将马克思主义的三个组成部分不分主次地并列，甚至看不到马克思主义的整体性。因此，“我们不能把这种划分绝对化、凝固化，机械地到处生搬硬套，而忽视马克思主义的整体研究”[②]。关于长期以来对马克思主义环境思想缺乏认识的问题，方世南指出：“必须把马克思主义的自然观、社会观、历史观、认识论、价值论、辩证法和逻辑学等作为一个具有紧密联系的有机整体，把马克思主义的自然解放、社会解放和人类解放等作为一个具有紧密联系的有机整体，全面地加以认识和理解。”[③] 要做到全面、完整地认识和理解马克思主义，尤其是了解其中的环境思想，应该重新调整思路。由于三个组成部分的划分方法本身存在缺陷，倘若继续采用这种分类方法，就很难做到全面完整地认识和理解马克思主义。要理解马克思主义的整体性，应懂得马克思主义的核心问题和基本内容，遵循马克思恩格斯的思路，深入研究和分析马克思主义的内容和结构。

第三节　马克思恩格斯的治学方法

要做到全面、完整、正确地认识和理解马克思主义，必须按照马克思恩格斯的治学方法，将环境思想纳入马克思主义理论的整体框架中进行研究和分析。

马克思恩格斯所处的时代，学科的分工已经普遍形成，这对科学的研究无疑是有好处的，但过细的分工也有弊端，那就是将研究者的眼界限制在狭小的范围内。针对这种情况，恩格斯认为，当时在自然科学中已经占统治地位的分工“使每个人都或多或少地

① 郭大俊：《从整体上研究马克思主义》，《当代世界与社会主义》，1996 年第 3 期。

② 高放：《加强对马克思主义科学的整体研究》，《马克思主义与现实》，2005 年第 2 期。

③ 方世南：《论马克思主义环境思想的中国化》，《福建师范大学学报（哲学社会科学版）》，2007 年第 1 期。

局限在自己的专业中，只有少数人没有被它夺走纵览全局的眼力”[①]。恩格斯还以康德的《自然通史和天体论》一书为例，指出在陈腐、僵化的自然观上“打开第一个突破口的，不是一位自然科学家，而是一位哲学家”[②]。正是出于这种认识，马克思恩格斯非常重视各种事物之间相互影响、相互作用、相互制约的关系，提出并大力倡导唯物辩证法。

恩格斯在《反杜林论》中指出：“马克思和我，可以说是唯一把自觉的辩证法从德国唯心主义哲学中拯救出来并运用于唯物主义的自然观和历史观的人。可是要确立辩证的同时又是唯物主义的自然观，需要具备数学和自然科学的知识。”[③]为了获得更加丰富的自然科学知识，恩格斯退出商界并移居伦敦，八年当中他把大部分时间都用在研究自然科学方面。正是在这种认识的指导下，马克思恩格斯突破了当时流行的学科分工，创造了一套独特的治学方法。他们以科学严谨的治学态度，对人类解放问题进行了“穷尽式”研究，也就是将与此相关的各种因素全部考虑进去，不仅研究人与人之间的关系，也研究人与自然之间的关系，并对与这两种关系有关的所有问题进行细致的考察和分析，不放过任何一个细小的环节，从而达到“毫无遗漏地从所有的联系中去认识世界体系”[④]。这种研究方法使得他们的结论最大限度地接近事物的本来面目，接近真理。

马克思恩格斯之前的学者在研究人和自然及二者之间的关系时，由于受到认识的局限，很难得出正确的结论。正如马克思所说：“自然科学展开了大规模的活动并且占有了不断增多的材料。而哲学对自然科学始终是疏远的，正像自然科学对哲学也始终是疏远的一样。过去把它们暂时结合起来，不过是离奇的幻想。存在着结合的意志，但缺少结合的能力。甚至历史学也只是顺便地考虑到自然科学，仅仅把它看作是启蒙、有用性和某些伟大发现的因素。”[⑤]由于那时人们对人和自然问题的研究，主要不是通过科学，而是通过哲学思辨的方式进行的，因此难免陷入唯心主义和神秘主义。甚至连牛顿这样的科学家，在解释第一推动力问题时，也不得不求助于神学，他认为：“毫无疑问，我们所看到的这个世界，其中各种形式是如此绚丽多彩，各种运动是如此错综复杂，它不是别的，而只能出于指导和主宰万物的上帝的自由意志。”[⑥]而在马克思恩格斯所处的时代，自然科学已经有长足的发展，特别是细胞学说的确立、能量守恒和转化规

① 《马克思恩格斯选集》第 3 卷，人民出版社 2012 年版，第 853 页。
② 《马克思恩格斯选集》第 3 卷，人民出版社 2012 年版，第 852 页。
③ 《马克思恩格斯选集》第 3 卷，人民出版社 2012 年版，第 385 页。
④ 《马克思恩格斯选集》第 3 卷，人民出版社 2012 年版，第 412 页。
⑤ 《马克思恩格斯全集》第 3 卷，人民出版社 2002 年版，第 307 页。
⑥ 《牛顿自然哲学著作选》，王福山等译，上海译文出版社 2001 年版，第 179 页。

律的发现、进化论的新发展，为人们正确认识人与自然的关系奠定了坚实的科学基础。正如恩格斯所说："由于这三大发现和自然科学的其他巨大进步，我们现在不仅能够说明自然界中各个领域内的过程之间的联系，而且总的说来也能说明各个领域之间的联系了，这样，我们就能够依靠经验自然科学本身所提供的事实，以近乎系统的形式描绘出一幅自然界联系的清晰图画。"①

在马克思恩格斯眼中，自然科学和人文科学之间并不存在巨大的鸿沟，而是互相联系、互相包含的。马克思说过："自然科学往后将包括关于人的科学，正像关于人的科学包括自然科学一样：这将是一门科学。"②恩格斯在《反杜林论》一书中这样强调他和马克思创立的唯物主义："这已经根本不再是哲学，而只是世界观，这种世界观不应当在某种特殊的科学的科学中，而应当在各种现实的科学中得到证实和表现出来。"③恩格斯在为《反杜林论》写的序言中，再次说明该书是对"马克思和我所主张的辩证方法和共产主义世界观的比较连贯的阐述，而这一阐述包括了相当多的领域"④。马克思恩格斯清楚地认识到，人的解放这个大问题，涉及相当多的领域，因此，他们都非常关注自然科学。马克思为了完成《资本论》，广泛收集阅读各个学科的大量资料，不仅包括史学、法学、经济学，还包括地质学、农学、工艺学、农艺学、生物学、解剖学等，《资本论》也因此被誉为百科全书。《自然辩证法》的内容涉及当时几乎所有的自然科学领域，以至学界至今仍在为《自然辩证法》属于什么学科而争论不休。其实，恩格斯并不是为了创建一门新学科，而是为了解决人与自然界的关系"问题"。马克思恩格斯在博学的基础上，将自然科学和哲学、经济学及社会发展理论巧妙地融会贯通，把人类对自然、自身和社会的认识推向了一个崭新的高度。

马克思恩格斯认为："如果存在的原则是从实际存在的事物中得来的，那么为此我们所需要的就不是哲学，而是关于世界和世界中所发生的事情的实证知识；由此产生的也不是哲学，而是实证科学。"⑤也就是说，他们认为自己从事的理论研究，不具有思辨哲学的性质，而具有实证科学的性质。因此，马克思恩格斯治学的最大特点，是从"问题"入手，并以解决"问题"为最终目的，而学科的分类对他们来说并不重要。为了解决"问题"，他们随时随地可以打破学科界限，到相关的学科领域寻求答案。马克思原本

---

①《马克思恩格斯选集》第4卷，人民出版社2012年版，第252页。

②《马克思恩格斯全集》第3卷，人民出版社2002年版，第308页。

③《马克思恩格斯选集》第3卷，人民出版社2012年版，第517页。

④《马克思恩格斯选集》第3卷，人民出版社2012年版，第383页。

⑤《马克思恩格斯选集》第3卷，人民出版社2012年版，第411页。

是学法律的，可是被“问题”带进了哲学，后来又被“问题”带进了政治经济学，《1844年经济学哲学手稿》就是将这两门学科结合起来进行研究的成果。后来，随着研究的深入，马克思恩格斯甚至对哲学采取了否定的态度。他们认为：“现代唯物主义，否定的否定，不是单纯地恢复旧唯物主义，而是把2000年来哲学和自然科学发展的全部思想内容以及这2000年的历史本身的全部思想内容加到旧唯物主义的持久性的基础上。这已经根本不再是哲学，而只是世界观。”① 事实上，马克思恩格斯也从不用“哲学”来称呼他们的理论，他们将自己的理论称为“辩证法”“唯物主义”“世界观”“自然观”“历史观”等，而不使用“哲学”这个术语。“用‘哲学’这个术语来指称马克思主义的世界观，是后来的事。”②

综上所述，我们不能用今天普遍流行的学科分类观点来看待马克思主义，马克思主义不是一门学科，而是解决问题的一个思想体系。所以，要真正理解马克思主义的整体性，理解马克思恩格斯的治学特点，就必须克服今天普遍流行的学科分类意识。因为，“归根结底，马克思主义并没有承认法律、经济或历史等等科学是独立存在的：作为一个整体，这里只有一种唯一的、统一的——辩证的和历史的——社会发展的科学”③。马克思恩格斯的这种打破学科界限的治学方法已经引起一些研究者的注意，约瑟夫·熊彼特曾在《资本主义、社会主义与民主》一书中指出：“马克思不受任何学科或专业的限制。”④

如果一定要将马克思主义理解为一门学科，就如高放所说，它是“需要几百门、几千门科学为之进行研究”⑤ 的大学科。因此，要从整体上准确认识和理解马克思主义，就必须了解他们的治学方法，遵循马克思恩格斯的思路，摒弃学科角度，从“问题”入手，以“问题”为线索，厘清马克思主义的基本内容。

第四节　马克思主义的核心问题和两种关系

马克思恩格斯的著述不但众多，而且内容十分广泛，几乎涉及社会科学和自然科学的所有领域。虽然，他们揭示的真理、回答的问题不胜枚举，但是他们全部的理论始终

① 《马克思恩格斯选集》第3卷，人民出版社2012年版，第517页。

② 王金福：《马克思、恩格斯为什么要否定哲学？——对马克思主义哲学性质、功能的再思考》，《福建论坛·人文社会科学版》，2006年第10期。

③ 卢卡奇：《历史和阶级意识》，张西平译，重庆出版社1993年版，第30~32页。

④ 俞可平主编：《全球化时代的“马克思主义”：九十年代国外马克思主义新论选编》，中央编译出版社1998年版，第85页。

⑤ 高放：《加强对马克思主义科学的整体研究》，《马克思主义与现实》，2005年第2期。

围绕着一个问题——“人的解放”及为解决这一问题而必须涉及的两种关系——人与自然的关系和人与人的关系——而展开的。

一、一个核心问题：人的解放

马克思主义是围绕“人的解放”问题而展开的一个完整的理论体系，是对无数个与“人的解放”直接或间接相关问题的回答，因此可以说马克思主义是“人类解放的科学，或者更简明地说是人的解放学”[①]。马克思主义的最高理论成果是科学社会主义理论，将人的解放理论即科学社会主义理解为马克思主义的核心最为合理，列宁就曾经不止一次地把科学社会主义当作马克思主义同义语来使用。

为了回答“人的解放”这个问题，历史上无数的思想家从不同角度、不同层面进行了大量思考和研究，他们取得了一些成果，也产生了形形色色的理论，但由于缺乏坚实可靠的论证，他们的理论最终沦为空想。马克思恩格斯的伟大之处在于他们通过无懈可击的严密论证，指出人类社会的最终归宿将是消灭工农、城乡、脑力劳动和体力劳动三大差别，实现每个人自由而全面发展，最终建立“自由人联合体”，进入人类彻底解放的共产主义社会。

马克思恩格斯深刻地认识到，“人的解放”是一个大问题、总问题，它涉及众多学科和无数个小问题，要跨越如此众多的学科、回答无数的小问题，寻找“人的解放”的最终答案，仅靠一个人短暂的一生是无论如何都难以完成的，正是这种共识促成了他们终生的友谊、合作和分工。通过长期的合作和分工，马克思恩格斯能够从不同的学科、不同的角度、不同的层面寻求关于“人的解放”问题的答案，他们的研究结论也能够更加全面完整、互相印证、互相支持，最大限度地避免了片面性。分工集中了两位思想家的智慧，起到了一加一大于二的效果，这也是马克思恩格斯之所以能超越以往单独进行思考的思想家、理论家的一个重要原因。

二、两种关系：人与自然的关系和人与人的关系

马克思主义认为，回答“人的解放”问题自始至终都离不开两种关系：人与自然的关系和人与人的关系。马克思主义是紧密围绕这两种关系而展开的。

马克思恩格斯首先指出了资本主义社会的症结所在。恩格斯在《政治经济学批判大

---

① 高放：《加强对马克思主义科学的整体研究》，《马克思主义与现实》，2005 年第 2 期。

纲》中分析私有制社会矛盾的时候指出："私有制的最直接的结果是生产分裂为两个对立的方面：自然的方面和人的方面，即土地和人的活动。"① "其次，我们看到，人的活动又怎样分解为劳动和资本，这两方面怎样彼此敌视。这样，我们已经看到的是这三种要素的彼此斗争，而不是它们的相互支持。"② 恩格斯清楚地看到，人类社会正处在消除这一弊端的大变革时期："我们这个世纪面临的大转变，即人类与自然的和解以及人类本身的和解。"③ 恩格斯提出的"两个和解"思想得到了马克思的赞同，马克思在《1844 年经济学哲学手稿》中对这一思想加以深化："这种共产主义，作为完成了的自然主义 = 人道主义，而作为完成了的人道主义 = 自然主义，它是人和自然界之间、人和人之间的矛盾的真正解决。"④ 以上论述告诉我们，要从根本上实现"人的解放"，必须正确认识和处理两种关系、两个问题：一个是人与自然的关系（环境问题），另一个是人与人的关系（社会问题），二者缺一不可。

在人类经历过的不同社会形态中，人与人的关系以斗争为主调。马克思主义认为，要实现人的解放必须结束这种斗争，实现人与人之间的和解，因为"无产阶级要解放自己，就要解放整个人类"⑤。人和自然之间的关系也是一样，人类经历过自然统治和奴役人类——人类向自然界抗争——人类统治和控制自然并遭到自然报复等不同的阶段，这些阶段的一个共同特点就是人和自然的斗争和对抗，而共产主义社会则要求人们必须放弃这种对抗，代之以人与自然的和谐相处。

因此，马克思主义理论有两条逻辑主线，一条是从政治经济学的角度揭露和批判资本主义，提倡社会革命，废除资本主义私有制，实现人与人关系的和解；另一条主线则是探索人与自然的关系，严格遵循自然规律，提倡人与自然和谐相处，实现人与自然关系的和解。"第一条逻辑主线是显性的，也是为人们所重视和熟知的；第二条主线则是隐性的，暗含在第一条主线之中，不易为人们看到。"⑥

通过上述简要分析可以知道，人的解放和自然的解放都是马克思主义为之奋斗的目标，也是实现共产主义的两个标志和条件，二者缺一不可。

① 《马克思恩格斯全集》第 3 卷，人民出版社 2002 年版，第 458~459 页。
② 《马克思恩格斯全集》第 3 卷，人民出版社 2002 年版，第 459 页。
③ 《马克思恩格斯全集》第 3 卷，人民出版社 2002 年版，第 449 页。
④ 《马克思恩格斯全集》第 3 卷，人民出版社 2002 年版，第 297 页。
⑤ 《毛泽东文集》第 6 卷，人民出版社 1999 年版，第 491 页。
⑥ 倪瑞华：《从生态学看马克思思想发展的内在逻辑》，《江西社会科学》，2008 年第 9 期。

第五节　马克思主义理论中的两种关系

十九世纪，社会科学和自然科学的分工已经基本形成。由于分工的出现，像亚里士多德、毕达哥拉斯及达·芬奇那样集哲学思想和自然科学学识于一身的学者就很少出现。当时的大多数社会科学研究者对自然科学缺乏应有的关注，他们看不到人与自然、人与人两种关系之间的内在联系，不了解二者的相互影响和制约，所以也找不到解决社会问题的正确途径。马克思恩格斯不受学科分工局限，从社会科学和自然科学的角度，对人与自然、人与人两种关系进行了深入分析和全面研究。可以说，马克思主义的全部内容都是紧密围绕这两种关系展开的。

一、人与自然的关系问题是马克思主义的理论起点

就马克思主义而言，其环境思想不应该被遗忘，因为人与自然的关系是马克思主义的理论起点。恩格斯在《在马克思墓前的讲话》中说："正像达尔文发现有机界的发展规律一样，马克思发现了人类历史的发展规律，即历来为繁芜丛杂的意识形态所掩盖着的一个简单事实：人们首先必须吃、喝、住、穿，然后才能从事政治、科学、艺术、宗教等等；所以，直接的物质的生活资料的生产，从而一个民族或一个时代的一定的经济发展阶段，便构成基础，人们的国家设施、法的观点、艺术以至宗教观念，就是从这个基础上发展起来的，因而，也必须由这个基础来解释，而不是像过去那样做得相反。"①也就是说，马克思之前的理论家都被"繁芜丛杂的意识形态"所迷惑，找不到问题的关键和症结，而马克思找到了入门的路径，即人必须首先"活着"，然后才能从事其他活动。那么，人靠什么"活着"呢？马克思的回答是："人靠自然界生活。"②他指出："全部人类历史的第一个前提无疑是有生命的个人的存在。因此，第一个需要确认的事实就是这些个人的肉体组织以及由此产生的个人对其他自然的关系。"③这就是说，在世界上的各种关系中，最基本的关系就是人和自然的关系。

整个人类文明史表明，生产活动是人类的一项最基本的活动。尽管社会形态发生了多次大的变革，但这种生产活动一刻也没有停止过。人类的生产活动正是人和自然关系最基本的内容。从各种纷繁复杂的关系中，马克思揭示了人与自然这个首要的、最基本

① 《马克思恩格斯选集》第 3 卷，人民出版社 2012 年版，第 1002 页。
② 《马克思恩格斯选集》第 1 卷，人民出版社 2012 年版，第 55 页。
③ 《马克思恩格斯选集》第 1 卷，人民出版社 2012 年版，第 146 页。

的关系，并且把这种关系当作认识的出发点。马克思主义的全部理论都从这里出发。因此，在人与自然、人与人之间两种关系的研究中，人与自然的关系是马克思主义的理论起点，具有理论上的优先性。“从马克思、恩格斯学说的整体性来看，他们的自然观和历史观是不可分割的有机统一整体。”①

二、马克思主义围绕两种关系展开

马克思恩格斯在研究中发现：“人们在生产中不仅仅影响自然界，而且也互相影响。他们只有以一定的方式共同活动和互相交换其活动，才能进行生产。为了进行生产，人们相互之间便发生一定的联系和关系；只有在这些社会联系和社会关系的范围内，才会有他们对自然界的影响，才会有生产。”②这样，“自然和历史”就成为“我们在其中生存、活动并表现自己的那个环境的两个组成部分”③。这两个部分构成了人类社会最基本的两种关系——人与自然的关系和人与人的关系。

恩格斯曾说，他和马克思对辩证方法和共产主义世界观的比较连贯的阐述，“包括了相当多的领域”④。无论哪个领域都紧密围绕“人的解放”及与之相关的两种关系——人与自然的关系和人与人的关系——展开。在马克思主义的经济、哲学、历史及其涉及众多学科的著作中，人与人、人与自然关系像一条红线，始终贯穿其中并占据重要位置。

马克思恩格斯在历史唯物主义和辩证唯物主义理论中，将人与自然、人与人的两种关系称为“自然史和人类史”；在政治经济学中，将这两种关系分别称为“生产力”“生产关系”；在社会发展理论中，则将这两种关系概括为“两个和解”“两个解放”。

在精辟分析种种问题和矛盾的基础上，恩格斯高度概括出人类社会最基本的两种关系，并进一步提出人类面临的最基本的历史任务：“我们这个世纪面临的大转变，即人类与自然的和解以及人类本身的和解。”⑤在这里，“人同自然的和解”就是人与大自然的关系，即天人关系；“人同本身的和解”就是人与人的关系，即社会关系。马克思主义的全部理论都是围绕这两种关系而展开的。

① 刘思华：《生态马克思主义经济学原理》，人民出版社 2014 年版，第 594 页。
② 《马克思恩格斯选集》第 1 卷，人民出版社 2012 年版，第 340 页。
③ 《马克思恩格斯全集》第 39 卷，人民出版社 1974 年版，第 64 页。
④ 《马克思恩格斯选集》第 3 卷，人民出版社 2012 年版，第 383 页。
⑤ 《马克思恩格斯选集》第 1 卷，人民出版社 2012 年版，第 24 页。

第六节　两种关系的相互影响和制约

为了纠正割裂人与人、人与自然两种关系的错误认识，马克思恩格斯不得不多次强调二者的紧密联系："历史可以从两方面来考察，可以把它划分为自然史和人类史。但这两方面是不可分割的；只要有人存在，自然史和人类史就彼此相互制约。"[①]这种制约表现在："人们对自然界的狭隘的关系决定着他们之间的狭隘的关系，而他们之间的狭隘的关系又决定着他们对自然界的狭隘的关系。"[②]因此，"始终必须把'人类的历史'同工业和交换的历史联系起来研究和探讨"[③]。他们批评道："迄今为止的一切历史观不是完全忽视了历史的这一现实基础，就是把它仅仅看成与历史进程没有任何联系的附带因素。……这样，就把人对自然界的关系从历史中排除出去了，因而造成了自然界和历史之间的对立。"[④]

将两种关系结合起来研究的最重要的成果就是马克思恩格斯发现了生产力和生产关系之间的关系。生产力是人类利用和改造自然的能力，因此它反映的是人和自然之间的关系；生产关系是人们在物质资料的生产过程中形成的人与人之间的关系，也就是社会关系。马克思在分析商品的时候指出，商品是使用价值和价值的统一体，使用价值反映的是商品生产过程中人与自然的关系；价值则体现商品交换过程中人与人的关系。他在分析劳动时又指出，具体劳动反映的是人与自然的关系，抽象劳动反映的是人与人的关系。

马克思恩格斯创立的唯物史观，揭示了生产力和生产关系的矛盾运动推动了人类社会发展的规律。生产力的状况决定生产关系的性质，生产关系必须适应生产力的性质和水平，因此，生产力是社会发展的终极动因。也就是说，有什么样的生产力，就会有什么样的生产关系。当生产关系基本上适应生产力状况时，它对生产力的发展起积极的促进作用；当生产关系不适应生产力状况时，就会对生产力的发展起消极的阻碍作用。当生产力发展到一定阶段，生产关系逐渐不适应生产力进一步发展的要求时，就会发生变革。生产关系的变革又促使上层建筑发生相应变革，新的上层建筑的确立为新的生产关系的形成和发展提供保证，从而促使生产力获得解放。两对矛盾不断运动，推动着社会形态由低级向高级发展。根据这一理论，较高级的社会形态会代替较低级的社会形态，社会主义社会取代资本主义社会将是不以人的意志为转移的客观规律，这就为无产阶级革命

---

①《马克思恩格斯文集》第 1 卷，人民出版社 2009 年版，第 516 页。
②《马克思恩格斯选集》第 1 卷，人民出版社 2012 年版，第 161 页。
③《马克思恩格斯选集》第 1 卷，人民出版社 2012 年版，第 160 页。
④《马克思恩格斯选集》第 1 卷，人民出版社 2012 年版，第 173 页。

提供了可靠的理论依据。

由于人与自然的关系（即生产活动）对社会产生的影响并不是立即显现的，所以要估计这种影响就比估计生产活动对自然的影响更加困难。“如果说我们需要经过几千年的劳动才多少学会估计我们的生产行为在自然方面的较远的影响，那么我们想学会预见这些行为在社会方面的较远的影响就更加困难得多了。”① 正因为如此，马克思恩格斯之前的许多研究者都没有看到这种影响，也就不能科学解释社会发展的动力问题。为了研究人类生产活动对社会的长远影响，恩格斯分析了许多这方面的例证：“同 1847 年爱尔兰因马铃薯遭受病害而发生的大饥荒比起来，瘰疬症又算得了什么呢？在这次饥荒中，有 100 万吃马铃薯或差不多专吃马铃薯的爱尔兰人进了坟墓，并有 200 万人逃亡海外。当阿拉伯人学会蒸馏酒精的时候，他们做梦也想不到，他们由此而制造出来的东西成了使当时还没有被发现的美洲的土著居民灭绝的主要工具之一。以后，当哥伦布发现美洲的时候也不知道，他因此复活了在欧洲早已被抛弃的奴隶制度，并奠定了贩卖黑奴的基础。十七世纪和十八世纪从事制造蒸汽机的人们也没有料到，他们所制作的工具，比其他任何东西都更能使全世界的社会状态发生革命，特别是在欧洲，由于财富集中在少数人一边，而另一边的绝大多数人则一无所有，起初使得资产阶级赢得社会的和政治的统治，尔后使资产阶级和无产阶级之间发生阶级斗争，而这一阶级斗争的结局只能是资产阶级的垮台和一切阶级对立的消灭。”②

关于生产关系对生产力的反作用，即人与人的关系对人与自然关系的影响和制约，马克思恩格斯也作过多次阐述。恩格斯在《反杜林论》中写道：“社会力量完全像自然力一样，在我们还没有认识和考虑到它们的时候，起着盲目的、强制的和破坏的作用。但是，一旦我们认识了它们，理解了它们的活动、方向和作用，那么，要使它们越来越服从我们的意志并利用它们来达到我们的目的，就完全取决于我们了。这一点特别适用于今天的强大的生产力。只要我们固执地拒绝理解这种生产力的本性和性质（而资本主义生产方式及其辩护士正是抗拒这种理解的），它就总是像上面所详细叙述的那样，起违反我们、反对我们的作用，把我们置于它的统治之下。但是，它的本性一旦被理解，它就会在联合起来的生产者手中从魔鬼似的统治者变成顺从的奴仆。这里的区别正像雷电中的电的破坏力同电报机和弧光灯的被驯服的电之间的区别一样，正像火灾同供人使用的火之间的区别一样。当人们按照今天的生产力终于被认识了的本性来对待这种生产力的

①《马克思恩格斯选集》第 3 卷，人民出版社 2012 年版，第 999 页。
②《马克思恩格斯选集》第 3 卷，人民出版社 2012 年版，第 999 页。

时候，社会的生产无政府状态就让位于按照社会总体和每个成员的需要对生产进行的社会的有计划的调节。”[①] 恩格斯乐观地认为，人类生产活动对社会的长远影响，包括资本主义社会中人与自然、人与人对立的现象可以得到认识和调解。“就是在这一领域中，我们也经过长期的、往往是痛苦的经验，经过对历史材料的比较和研究，渐渐学会了认清我们的生产活动在社会方面的间接的、较远的影响，从而有可能去控制和调节这些影响。”[②] 恩格斯进一步指出：“但是要实行这种调节，仅仅有认识还是不够的。为此需要对我们的直到目前为止的生产方式，以及同这种生产方式一起对我们的现今的整个社会制度实行完全的变革。”[③] 这就是说，人类要实现同自然的“和解”和同自身的“和解”，必须改变历史上出现过的生产方式及同这些生产方式相联系的私有制度。可以看出，马克思恩格斯是把消灭资本主义私有制、实现人与人之间的和解，同解决人与自然关系问题结合在一起考虑的。通过完全变革整个社会制度，实现生产关系对生产力的反作用，从宏观上可以更加合理地调节人与自然之间的物质变换，解决人与自然之间的关系、人与人之间的关系两对矛盾，进而实现人与自然、人与人的双重和谐。

第七节　马克思恩格斯的学术分工

马克思恩格斯开始合作之前，在《国民经济学批判大纲》中，恩格斯对私有制条件下的资本主义社会矛盾作出了精辟的分析：“私有制的最直接的结果是生产分裂为两个对立的方面：自然的方面和人的方面，即土地和人的活动。土地无人施肥就会荒芜，成为不毛之地，而人的活动的首要条件恰恰是土地。其次，我们看到，人的活动又怎样分解为劳动和资本，这两方面怎样彼此敌视。这样，我们已经看到的是这三种要素的彼此斗争，而不是它们的相互支持；现在，我们还看到私有制使这三种要素中的每一种都分裂。一块土地与另一块土地对立，一个资本与另一个资本对立，一个劳动力与另一个劳动力对立。换句话说，因为私有制把每一个人隔离在他自己的粗陋的孤立状态中，又因为每个人和他周围的人有同样的利益，所以土地占有者敌视土地占有者，资本家敌视资本家，工人敌视工人。在相同利益的敌对状态中，正是由于利益的相同，人类目前状态的不道

① 《马克思恩格斯选集》第 3 卷，人民出版社 2012 年版，第 667 页。
② 《马克思恩格斯全集》第 26 卷，人民出版社 2014 年版，第 770 页。
③ 《马克思恩格斯选集》第 3 卷，人民出版社 2012 年版，第 1000 页。

德已经达到极点，而这个极点就是竞争。”[①]

这样，恩格斯从纷繁复杂的多种矛盾关系中找到了最关键的两种关系：人与自然的关系和人与人的关系。他富有远见地指出：“我们这个世纪面临的大转变，即人类与自然的和解以及人类本身的和解。”[②]恩格斯将自然—人—社会看作一个整体，将解决人与人、人与自然两对矛盾联系在一起的宽阔理论视角得到马克思的高度赞同。正是在恩格斯的启发之下，马克思在《1844年经济学哲学手稿》中，对人与人和人与自然的关系问题进行了更加深入的研究和分析：“社会是人同自然界的完成了的本质的统一，是自然界的真正复活，是人的实现了的自然主义和自然界的实现了的人道主义。”[③]马克思恩格斯这种“完全一致”的认识，为他们的友谊与合作奠定了坚实的基础，也为日后的马克思主义理论定下了基本框架。

1844年8月底，恩格斯第二次会见了马克思，并在马克思家里住了十天。在这次会面当中，两人充分交流了思想，并开始了他们既有合作、又有分工的战斗历程。他们的合作和分工涉及许多方面，这里仅对他们的学术分工进行简单的探讨。

一、马克思主要研究人与人的关系，恩格斯主要研究人与自然的关系

马克思恩格斯要解决的“人类解放”问题是一个打破了学科界限、涉及众多领域的复杂问题。他们清楚地知道，只有长期合作才能集二人之力共同解决这样一个大问题。

在合作开始之后，恩格斯放弃了通过研究政治经济学揭示资本主义社会矛盾，寻求人类解放的路径，他将这一领域的研究交给马克思。恩格斯在马克思去世之前，虽然仍然关心政治经济学，并帮助马克思解决有关问题，但基本上没有再写这方面的论著。直到马克思去世后，恩格斯为了出版《资本论》第2卷、第3卷、第4卷，才重新回到这一研究领域。同样，马克思在撰写了《1844年经济学哲学手稿》之后，也没有再专门研究人与自然的关系问题。

马克思研究人与人关系的成果人所共知，但很少有人注意到恩格斯对人与自然关系的研究成果。因为，这种研究大大超出了当时及后来相当长一段时间人们的认识水平。对这种超前性，恩格斯在致友人的信中有所阐述：“马克思和我两个人，应当完成一些确定要写的科学著作。迄今我们看到，任何别的人都不能甚至也不想去写这些著作。”[④]这里

① 《马克思恩格斯选集》第1卷，人民出版社2012年版，第33~34页。
② 《马克思恩格斯选集》第1卷，人民出版社2012年版，第24页。
③ 《马克思恩格斯全集》第3卷，人民出版社2002年版，第301页。
④ 《马克思恩格斯全集》第34卷，人民出版社1972年版，第210页。

所说的“确定要写的科学著作”，对马克思来说就是《资本论》第2卷、第3卷，对恩格斯来说就是《自然辩证法》。“在恩格斯看来，这两个方面的理论研究是同样重要的。”[①] 这些著作别人没有能力完成，甚至根本没想过要去完成，即使勉强写作出来也难以被当时的人们所理解。比如，人与自然的关系问题在当时并不突出，几乎没有引起人们的注意。但是，恩格斯清晰地意识到这些已经显露的环境问题，他向人们发出警告：“我们不要过分陶醉于我们人类对自然界的胜利。对于每一次这样的胜利，自然界都对我们进行报复。每一次胜利，起初确实取得了我们预期的结果，但是往后和再往后却发生完全不同的、出乎预料的影响，常常把最初的结果又消除了。”[②] 恩格斯列举了美索不达米亚、希腊、小亚细亚等地的居民，为了得到耕地而毁灭森林，却没有想到这些地方因此成为荒芜不毛之地；阿尔卑斯山的意大利人，当他们把那些精心培育的松树林滥用个精光时，并没有预料到，此举不仅把他们的山区牧畜业的根基挖掉了，而且造成了严重的旱涝灾害……据此，恩格斯告诫人们：“因此我们每走一步都要记住：我们决不像征服者统治异族人那样支配自然界，决不像站在自然界之外的人似的去支配自然界——相反，我们连同我们的肉、血和头脑都是属于自然界和存在于自然界之中的。”[③] 由于超越了当时整体的认识水平，恩格斯敏锐的环境意识不仅在他生前没有被理解，即使在他去世后的100多年也因不为人识而成为被遮蔽的视域。可以毫不夸张地说，马克思主义环境思想超越了时代150年，直至今日，他们的环境思想仍然没有被人们深刻认识。

二、《自然辩证法》是一部没有完成的研究人与自然关系的著作

为了回答“人的解放”问题，马克思恩格斯共同构筑了一个庞大的理论框架。对资本主义条件下人与人的关系问题，马克思进行了非常深入的研究，并且写出了《资本论》那样成熟的著作。但对人与自然的关系，即唯物主义的自然观部分，虽然马克思也有一些零星分散的论述，却没有来得及进行全面、深入、系统的研究。恩格斯迫切地感到，在对自然界的认识方面，需要一部像《资本论》那样详尽、细致的著作。但这是一项异常艰难的工作，因为这需要掌握足够的自然科学知识，而恩格斯为了支持马克思的研究工作，不得不去从事自己讨厌的商务工作，他只能在业余时间进行这种研究。对此，恩格斯说道：“要确立辩证的同时又是唯物主义的自然观，需要具备数学和自然科学的知识。

① 张新编著：《恩格斯传》，当代世界出版社1998年版，第380页。
② 《马克思恩格斯选集》第3卷，人民出版社2012年版，第998页。
③ 《马克思恩格斯选集》第3卷，人民出版社2012年版，第998页。

马克思是精通数学的，可是对于自然科学，我们只能作零星的、时停时续的、片断的研究。因此，当我退出商界并移居伦敦，从而有时间进行研究的时候，我尽可能地使自己在数学和自然科学方面来一次彻底的——像李比希所说的——‘脱毛’，八年当中，我把大部分时间用在这上面。”[①] 在此期间，恩格斯“每天早上八、九点钟起床，洗漱之后，吃了早饭，就一直工作下去。除了中、晚饭或饭后稍微休息一会外，就是看书或写作，直到深夜二点多”[②]。为了从根本上弄清人与自然的关系，确立辩证的唯物主义的自然观，恩格斯不得不推掉一些其他方面的工作，他在致友人的信中说：“我不得不完全拒绝为期刊撰稿，因为我打算完成一些著作，这些著作对整个运动的意义比几篇杂志上的文章要大一些。”[③] 在另外一封信中，恩格斯写道：“我为《前进报》写完分析批判杜林的文章之后，立即就要集中全副精力去写一部篇幅巨大的独立的著作，这部著作我已经构思好几年了。”[④] 这些信中提到的“篇幅巨大的独立的著作”和比《反杜林论》“更加重要得多的著作”、“早就应当完成的巨大的工作”[⑤] 都是指《自然辩证法》。恩格斯的《反杜林论》系统论述了马克思主义哲学、政治经济学、科学社会主义及其内在联系，被公认为“马克思主义的百科全书”“马克思主义发展史上的一座丰碑”。但在马克思恩格斯看来，撰写《反杜林论》只是不得已而为之，马克思在致李卜克内西的信中说：“现在恩格斯正忙于写他的批判杜林的著作。这对他来说是一个巨大的牺牲，因为他不得不为此而停写更加重要得多的著作。”[⑥] 可见，《自然辩证法》在马克思恩格斯心目中的地位有多么重要。

令人遗憾的是，马克思的逝世打乱了恩格斯写作《自然辩证法》的计划。为了出版《资本论》的后几卷，恩格斯不得不中断《自然辩证法》的写作，转而整理马克思的遗作。虽然在此期间，恩格斯也进行了一些零星、片段的工作，写了一些札记，但在66岁时不得不终止了《自然辩证法》的写作。

三、正确评价《自然辩证法》在马克思主义理论体系中的地位

由于《自然辩证法》是一部没有完成的著作，长期以来人们未能真正认识其价值，也没有看出这一著作在马克思主义理论体系中的重要地位，更没有意识到《自然辩证法》

① 《马克思恩格斯选集》第3卷，人民出版社2012年版，第385页。
② 刘凤舞：《恩格斯传》，解放军出版社1989年版，第200页。
③ 《马克思恩格斯全集》第34卷，人民出版社1972年版，第354页。
④ 《马克思恩格斯全集》第34卷，人民出版社1972年版，第261页。
⑤ 《马克思恩格斯全集》第35卷，人民出版社1971年版，第377页。
⑥ 《马克思恩格斯全集》第34卷，人民出版社1972年版，第194页。

原本应是如《资本论》那样的鸿篇巨制，而且这一著作旨在专门分析人与自然的关系。

恩格斯从青年时代起就已经开始探索人与自然的关系。他在《政治经济学批判大纲》中剖析了资本主义社会的根本弊端："竞争的矛盾在于：每个人都必定希望取得垄断地位，可是群体本身却因垄断而一定遭受损失。"① 这里所说的"损失"包括有限资源的损失，因为在这之前恩格斯已经提道："如果土地像空气一样容易得到，那就没有人会支付地租了。既然情况不是这样，而是在一种特殊情况下被占有的土地的面积是有限的。"② 恩格斯在《自然辩证法》中针对资本主义私有制对自然环境的影响，作了更加明确的表述："在各个资本家都是为了直接的利润而从事生产和交换的地方，他们首先考虑的只能是最近的最直接的结果。当一个厂主卖出他所制造的商品或者一个商人卖出他所买进的商品时，只要获得普通的利润，他就满意了，至于商品和买主以后会怎么样，他并不关心。关于这些行为在自然方面的影响，情况也是这样。西班牙的种植场主曾在古巴焚烧山坡上的森林，以为木灰作为肥料足够最能赢利的咖啡树利用一个世代之久，至于后来热带的倾盆大雨竟冲毁毫无保护的沃土而只留下赤裸裸的岩石，这同他们又有什么相干呢？"③

在恩格斯所处的时代，奢侈和浪费只是少数人的专利，但恩格斯早已看到这种现象给社会带来的危害，他严厉指出只有消灭私有制才能消除这种危害："生产资料由社会占有，不仅会消除生产的现存的人为障碍，而且还会消除生产力和产品的有形的浪费和破坏，……此外，这种占有还由于消除了现在的统治阶级及其政治代表的穷奢极欲的挥霍而为全社会节省出大量的生产资料和产品。"④ 只有消灭私有制，实现生产资料的社会占有，才能消除商品生产，"产品对生产者的统治也将随之消除。社会生产内部的无政府状态将为有计划的自觉的组织所代替。个体生存斗争停止了"⑤。那时，生产产品不是为了利润，而是为了需要，人们也就可以合理控制和调整人与自然之间的物质变换，"人们第一次成为自然界的自觉的和真正的主人，因为他们已经成为自身的社会结合的主人了"，"这是人类从必然王国进入自由王国的飞跃"，⑥ 也是人与自然的和解和人类本身的和解。

近年来，随着研究的深入，学者开始认识到《自然辩证法》这一著作的重要性。如张新指出："如果说马克思在《资本论》中科学地揭示了人类社会史的辩证法，那么恩格

① 《马克思恩格斯选集》第 1 卷，人民出版社 2012 年版，第 34 页。
② 《马克思恩格斯选集》第 1 卷，人民出版社 2012 年版，第 29 页。
③ 《马克思恩格斯选集》第 3 卷，人民出版社 2012 年版，第 1000~1001 页。
④ 《马克思恩格斯选集》第 3 卷，人民出版社 2012 年版，第 670 页。
⑤ 《马克思恩格斯选集》第 3 卷，人民出版社 2012 年版，第 815 页。
⑥ 《马克思恩格斯选集》第 3 卷，人民出版社 2012 年版，第 815 页。

斯则科学地揭示了自然史的辩证法，而且找到了这二者的结合点，将《自然辩证法》与《资本论》有机地衔接了起来，使马克思主义哲学成为一个系统严整的理论体系。”[①] 此外有学者指出，《自然辩证法》是“一部同马克思的《资本论》相衔接的著作”[②]。上述观点将包括《自然辩证法》在内的环境思想纳入马克思主义理论体系，这种认识是很有见地的。

总之，《自然辩证法》是由恩格斯承担的一部与《资本论》相衔接、配套，本应同《资本论》分量相当的一部巨著。这两部巨著分别论述科学社会主义理论中的两种关系：《资本论》论述人与人之间的关系，《自然辩证法》论述人与自然之间的关系，二者共同构成共产主义理论的两个重要支柱。

第八节　环境思想是马克思主义的重要组成部分

马克思主义的最高理论成果和核心内容是科学社会主义理论。这一结论并不是凭空得出的，需要必要的理论支撑。通过上述分析可以看出，从马克思主义的理论起点，到整个理论体系的完整阐述，再到人类解放的终极目标的确立，人与自然的关系问题自始至终都是一个不能回避的问题。因此，按照马克思恩格斯的治学态度和治学方法，要回答和解决“人的解放”这个大问题，人与自然的关系——环境问题必然不会被排除在他们的理论视野之外。

可是，将马克思主义分为哲学、政治经济学和科学社会主义三个组成部分的方法，在一定程度上遮蔽了马克思主义环境思想。按照这种划分，马克思主义的三个组成部分之间的关系为：“科学社会主义是结论，是马克思主义的核心，其它两个部分是这一结论的论证基础。”[③] 也就是说，哲学和政治经济学是科学社会主义的两大理论基石。这种划分方法将唯物史观和剩余价值理论并列起来，成为马克思主义的理论支柱。但是，二者并不在同一个理论层次之上。唯物史观旨在说明社会的发展规律，以及决定这种规律的两种关系之间的相互影响和制约。以《资本论》为代表的马克思主义政治经济学著作，通过深入研究资本主义生产资料的所有制形式、人们在生产中的地位和相互关系、产品的分配形式等问题，揭开了资本主义生产关系中剥削的秘密，也找到了资本主义发展和灭

① 张新：《读懂恩格斯》，四川人民出版社 2001 年版，第 118 页。

② 袁方：《从“马恩对立论”透视自然辩证法的当代价值》，《科学技术与辩证法》，2007 年第 1 期。

③ 高放：《马克思主义与社会主义》，黑龙江教育出版社 1994 年版，第 284 页。

亡的根本原因，为无产阶级革命提供了理论指导。政治经济学的研究内容从表面上看是经济问题，实际上是人与人的关系问题，正如有学者所说："剩余价值理论，表面看来是在研究经济问题，其实是在研究人，研究经济关系背后隐藏着的人与人的关系。"[1] 出于研究的需要，政治经济学中也对生产力问题即人与自然的关系问题有所涉及。但是，政治经济学主要研究的仍是人与人之间的关系。对马克思主义理论体系来说，缺少对生产力（人与自然的关系）这样一个重要范畴的深入研究，显然不符合马克思恩格斯的治学态度。

倘若按照三个组成部分的划分方法，马克思主义就只包含两种关系中的一种——人与人的关系，缺少了人与自然的关系。这种划分导致人们在理解马克思主义时仅仅看到人与人的关系，而且只强调斗争的一面，对马克思主义的重要组成部分——环境思想，尤其是人与自然和谐相处的思想缺少应有的关注。

这种对马克思主义的片面认识，导致马克思主义的大多数继承者将注意力和着眼点放在如何解决人与人之间的关系尤其是阶级关系的问题上，他们将这种矛盾看成没完没了的斗争，而不是最终的和解。人们忽略了对人与人的关系影响甚大的另外一种关系——人与自然的关系。他们并没有认识到，"马克思主义环境思想是马克思主义理论体系中的一个重要组成部分"，"在作为一个完整而严密的整体的马克思主义理论体系中，如果忽视或者无视马克思主义环境思想，对于马克思主义的理解和推进马克思主义的中国化不可能达到科学和深刻的程度"[2]。由于人们对马克思主义的认识和理解缺失了一部分非常重要的内容，缺少了对人与自然关系的关注，因而这种马克思主义是缺少了环境思想的马克思主义，是不完整、不全面的马克思主义。同样，缺少了环境思想的共产主义理论，也是不全面、不完整的共产主义理论。世界共产主义运动中出现的问题和挫折，并不是马克思主义本身的问题，而是对马克思主义的认识和理解出现了偏差。只有重新认识长期以来被人们忽视的马克思主义环境思想，才能全面、准确地认识和理解马克思主义理论，为共产主义运动实践提供正确的理论指导。

同恩格斯所处的时代相比，现代工人阶级的境遇已经发生很大改变，但资本主义社会中人与人之间剥削和被剥削的不平等现象依然存在。而且，由于科学技术的"双刃剑"效应，人与自然的矛盾更加尖锐和突出，人类面临着人与自然、人与人之间的双重矛盾。因此，恩格斯当年所提出的"两个和解"的历史任务并没有改变。同众多解决人与自然、人与人之间矛盾的理论相比，马克思主义显然具有无可比拟的优越性。因为，马克思恩

---

① 郭大俊:《"马克思主义三个组成部分说"献疑》,《江汉论坛》, 2001 年第 2 期。

② 方世南:《论马克思主义环境思想的中国化》,《福建师范大学学报（哲学社会科学版）》, 2007 年第 1 期。

格斯看到了这两种矛盾相互影响、相互制约的内在联系，并提出了共产主义是根本解决这两对矛盾的出路的科学论断。

马克思主义是解决两对矛盾的理论，但是要将这种理论变为现实，并用来指导实践，我们必须加强对马克思主义环境思想的学习和研究，必须认真挖掘和整理这一理论宝库，全面、完整地理解马克思主义，进而促进马克思主义的发展和创新，让马克思主义保持旺盛的生命力。

第二章　马克思主义环境思想的萌芽、传承和实践

随着人们对环境问题研究的不断深化，以及对马克思主义的持续深入解读，马克思主义环境思想在经历了多年的沉寂之后，开始复苏和崛起。理清马克思主义环境思想从诞生、传承到实践的历史过程，对进一步发展和完善马克思主义环境思想，乃至完整认识和全面理解马克思主义理论，促进马克思主义理论创新，指导新时代中国特色社会主义建设，贯彻和落实习近平生态文明思想，都具有十分重要的理论和现实意义。

由于种种原因，马克思主义环境思想的传承和发展经历了一个曲折的历史过程。据美国学者福斯特研究考证，在马克思恩格斯去世之后，早期的马克思主义继承者对马克思主义环境思想的理解比较准确，他们将环境思想作为马克思主义的基本问题加以研究和阐述。共产主义者倍倍尔、考茨基、普列汉诺夫、列宁、卢森堡和布哈林等人都非常关注人与自然的关系问题。在他们的著述中，环境思想是一个十分重要的内容。因此，那时马克思主义环境思想是"较好地为人所知晓的（尽管它的哲学基础更含糊些），并在马克思去世后，直接影响了马克思主义接下来几十年的发展"①。从已经掌握的材料可以看出，早期的马克思主义继承者能够比较全面、准确地理解马克思主义环境思想，但他们在人与自然的关系问题上大多仅限于理论探讨，加之他们当中的一些人后来成为党内斗争的牺牲品，理论著作的出版和传播受到一定限制。列宁则由于执政时间较短，生前没有看到《自然辩证法》等集中论述人与自然关系的著作，而且当时列宁的主要精力放

① 约翰·贝拉米·福斯特:《马克思的生态学——唯物主义与自然》，刘仁胜、肖峰译，高等教育出版社2006年版，第265页。

在夺取政权和巩固政权方面，因此很难在人与自然和谐的问题上有更大建树。二十世纪二十年代至二十世纪五十年代，人们的关注点主要集中在如何改造和征服自然，而人与自然关系的和谐问题基本上被忽略了。这种现象影响了当时所有社会主义阵营的国家，全球共产主义运动的指导理论发生了一定程度的偏差。

第一节　倍倍尔和考茨基对马克思主义环境思想的继承和发展

倍倍尔是马克思恩格斯的亲密朋友，也是德国社会民主党的政治奠基人之一，他写作的《妇女与社会主义》一书虽然主要讨论的是妇女问题，但也包含了丰富的环境思想。如他指出："为了利益的缘故，疯狂牺牲森林通常引起可觉察的气候恶化，"一些地区的"土壤肥力下降。莱茵河和维斯瓦河的洪水泛滥则主要是由于瑞士和波兰的森林植被破坏"。[①]倍倍尔还运用李比希和马克思关于人与土地之间物质变换链条断裂的理论，分析当时农业生产的弊端："肥料对土地正好像食物对于人，每种肥料对于土地的价值等于每种食物对于人的营养。土壤必须确切地吸收被先前的谷物吸收走的相同的化学成分，尤其需要下次种植谷物所需要的那些化学成分……动物和人类垃圾和排泄物所包含的化学成分最适合人类食物的再生。因此，尽最大可能获取这种肥料是值得的。如今这条法则经常被违反，尤其是在大城市，消费非常大量的食物，但仅仅返还给土地很少一部分有价值的排泄物。结果是远离城镇的农田不断输送大量的产品，却不能获得所需要的养料；从住在那里的人和牛那里得到的排泄物是不充足的，因为他们仅消耗庄稼的一小部分。而且由于一种破坏性的耕作体系，使得土壤变得贫瘠，收成减少，粮食价格上涨。"这种情况致使出口土地生产作物的国家，如匈牙利、俄国、多瑙河沿岸各国和美国，"都没有给土壤归还肥料物质，其土地逐渐地且不可避免地变得荒芜"。对用人工肥料和鸟粪施肥的做法，倍倍尔认为"从数千英里之遥进口肥料而近在咫尺的肥料却被浪费掉，是违反自然规律的事情"。[②]

卡尔·考茨基在其代表作《土地问题》中，对人与土地之间物质变换链条断裂问题进行了更加深入系统的研究和介绍。通过对农业问题的深入考察，考茨基看到"改善了的耕作方法、种植深根的饲草、深耕等等固然增加了土地的收获量，但这只是更加强度

① 解保军:《生态学马克思主义名著导读》，哈尔滨工业大学出版社 2014 年版，第 130~131 页。

② 解保军:《生态学马克思主义名著导读》，哈尔滨工业大学出版社 2014 年版，第 131 页。

的和迅速的剥削土地，使土地更加枯竭而已”[①]。现代农业技术的发展，人造化学肥料的广泛应用，使得农产品数量增长，其实质是城市对“农村物质的榨取，引起土地缺乏养料。农业技术的进步，绝未补偿这种损失，而只是迅速地引起从土地中吸收地力的方法不断改善，引起每年从土地吸收的和流出到城市的食物的数量之增加而已”[②]。城市的发展和工业的扩大，增加了土壤的消耗，加重了以肥料为形式的农业的负担，“英国每年所输入的大批肥料大部分又经过河流被冲入海，而赖此种肥料生产出的生产品，不足以供应人口增殖的需要。……一切不幸在于，这一自行毁灭的过程在欧洲各国都发生着，虽然不像英国那样大规模的发生。”[③] 因此，需要同这种现象作斗争。

考茨基极力宣传、推介李比希的将城市排泄物归还农田的理论：“这些道理在五十年前就已经被李比希说过了。人类排泄物当作肥料的较高价值，以及把它们回复到农业正面的必要性从那时候起就得到了一般的承认。但是污秽的问题在现时离李比希所要求的这一问题解决为期尚远。”[④] 考茨基调查分析了当时各大城市处理排泄物的具体做法，其结论是：“直到现在还不曾发明出将人类排泄物从大城市移出的办法，这种办法无需过分的耗费，既可满足卫生的要求，又可满足农业的利益。”“柏林所采用的灌溉土地的方法，从卫生学的观点说来，我们觉得直到现在所应用的一切方法中最合理的一种方法，因为这种方法可以免除河流为经过沟渠排出去的不洁物所传染。”他认为，在当时的生产方式之下，这些问题不可能从根本上彻底解决。倘若要真正解决这些问题，必须废除城乡的对立，实现人口的均匀分布，“但是在目前的生产方式之下，关于这一层连想都不曾想到”。[⑤]

考茨基还批评了为保护农作物而杀死食用昆虫的鸟，为了经济利益而“除去生长缓慢的落叶树，用生长较快、更早得到利用的针叶树来代替”[⑥] 等违背生态规律的做法。考茨基分析：“助长荒芜的原因之一，就是食虫鸟的绝迹，食虫鸟的绝迹不仅是由于对它们的迫害所引起的，而且是由于农业作物的发达使它们在筑巢时遇到更大的阻碍所引起的。在森林业方面，现代的大生产——建筑用的木料为薪柴所排挤和生长很慢的宽叶树为生长很快、迅速变为资财的针叶树所排挤，这都是因害虫促成森林的荒芜。……如

① 考茨基：《土地问题》，梁琳译，生活·读书·新知三联书店出版1955年版，第64页。
② 考茨基：《土地问题》，梁琳译，生活·读书·新知三联书店出版1955年版，第252页。
③ 考茨基：《土地问题》，梁琳译，生活·读书·新知三联书店出版1955年版，第65页。
④ 考茨基：《土地问题》，梁琳译，生活·读书·新知三联书店出版1955年版，第65~66页。
⑤ 考茨基：《土地问题》，梁琳译，生活·读书·新知三联书店出版1955年版，第65~66页。
⑥ 约翰·贝拉米·福斯特：《马克思的生态学——唯物主义与自然》，刘仁胜、肖峰译，高等教育出版社2006年版，第268页。

果现代经营的选择和方法降低植物及家畜的抵抗能力，使它们不能抵抗威胁它们的那些小生物，那么交通的发达便帮着这些有害的生物的迅速推广，使整个区域变为荒芜。"[①]

第二节 普列汉诺夫对马克思主义环境思想的继承和发展

普列汉诺夫是俄国马克思主义政党的创始人和领导人之一，他是较早在俄国传播马克思主义的思想家、理论家和社会活动家，被誉为"俄国马克思主义之父"[②]。

普列汉诺夫是一位学识渊博的马克思主义理论家，对哲学、政治经济学、史学、文学艺术和自然科学都有所涉猎。不拘于学科限制的治学方法使普列汉诺夫能够深刻理解马克思恩格斯所提倡的历史唯物主义和辩证唯物主义。普列汉诺夫指出："马克思和恩格斯的唯物主义世界观，——如我们刚才所看到的——既包括自然界，也包括历史。无论是在自然界或是历史方面，这种世界观'都是本质上辩证性的'。"[③]普列汉诺夫坚持马克思主义基本原理，认为自然条件是人类历史的前提条件，社会和自然、人和环境之间存在着密切的相关性。人们在研究社会发展问题时，不应孤立看待社会问题，而应将自然、人、社会当作一个整体，充分考察三者之间相互作用、相互影响的情况，进而得出符合事实的正确结论。普列汉诺夫按照马克思恩格斯所说的"任何历史记载都应当从这些自然基础以及它们在历史进程中由于人们的活动而发生的变更出发"[④]原则，对地理环境在人类历史中的作用问题进行了深入的研究和探讨。

一、地理环境对社会发展的作用

在自然地理环境和社会发展关系的问题上，有一种观点认为，自然地理环境对人类社会的发展没有太大影响，即使有影响也不起决定性作用，人的理性和智慧才对人类社会的发展具有决定性作用。法国启蒙思想家伏尔泰就是持这种观点的代表人物之一。普列汉诺夫坚持马克思主义基本原理，认为推动社会发展的动力是生产力，生产力是决定

① 考茨基:《土地问题》，梁琳译，生活·读书·新知三联书店出版 1955 年版，第 255~256 页。

② 斯蒂芬·茨威格:《群星闪耀》，冀洲译，北京联合出版公司 2014 年版，第 215 页。

③《普列汉诺夫哲学著作选集》第 2 卷，生活·读书·新知三联书店 1961 年版，第 311 页。

④《马克思恩格斯选集》第 1 卷，人民出版社 2012 年版，第 146~147 页。

其他因素的基本因素。他指出："决定任何现存社会的经济关系的，不是人类本性的属性，而是社会生产力的状况。"[①]"人类历史发展的谜底，归根到底正是应当到生产力的发展中去找。"[②]

社会发展的动力是生产力，那么决定生产力发展的又是什么呢？普列汉诺夫认为，决定生产力发展的重要条件是自然地理环境，因为生产力的所有要素都是由自然地理环境提供的。无论劳动对象还是制造劳动工具的材料，都是自然界提供的，甚至作为劳动者的人也是自然界的产物。因此，"地理环境是通过在一定地方、在一定生产力的基础上发生的生产关系来影响人的，而生产力发展的头一项条件就是这种地理环境的特性"[③]。普列汉诺夫具体分析了地理环境的各种因素，如土地、矿藏、河流、山川、海洋、动植物、气候影响社会发展的大量实例，得出了这样的结论：人为了生存，就必须从自然界摄取必需的物质资料，而"无论是用来满足人的需要的自然物品的性质，或者是人们自己为着同样的目的而生产的物品的性质，都是受着地理环境的特性决定的"[④]。如果没有金属，土著部落就不能凭借自己的力量走出石器时代；如果没有相当的动物区系和植物区系，原始的渔猎部落就不能发展畜牧业和农业。基于这一点，普列汉诺夫指出："自然界本身，亦即围绕着人的地理环境，是促进生产力发展的第一推动力。"[⑤]遗憾的是，由于普列汉诺夫长期以来在政治上遭到排斥，他的理论也遭到不公正的对待。他提出的地理环境学说被视为"地理环境决定论"而受到批评。实际上，普列汉诺夫虽然强调自然环境对生产力发展的重要影响，但他绝不是一个地理环境决定论者。他认为，地理环境决定论"仅仅局限于探究人们周围的自然界在心理方面或者生理方面对人的影响，而完全忽视了自然界对社会生产力状况，并且通过生产力状况而对人类的全部社会关系以及人类的整个思想上层建筑的影响"[⑥]。他进一步指出："生产关系和生产力的相互影响，造成了一个社会运动，这个社会运动有它自己的逻辑和它自己独立于自然环境的规律。"[⑦]也就是说，人类社会发展的根本动力在于社会自身的内在矛盾，而不是取决于周围的地理环境。这样，就合理地解释了为什么在同样的自然地理条件下，同一民族在不同的历史时期会具有不同社会制度的现象。

① 《普列汉诺夫哲学著作选集》第 2 卷，生活·读书·新知三联书店 1961 年版，第 318~319 页。
② 《普列汉诺夫哲学著作选集》第 2 卷，生活·读书·新知三联书店 1961 年版，第 250 页。
③ 《普列汉诺夫哲学著作选集》第 2 卷，生活·读书·新知三联书店 1961 年版，第 170 页。
④ 《普列汉诺夫哲学著作选集》第 2 卷，生活·读书·新知三联书店 1961 年版，第 164 页。
⑤ 《普列汉诺夫哲学著作选集》第 2 卷，生活·读书·新知三联书店 1961 年版，第 227 页。
⑥ 《普列汉诺夫哲学著作选集》第 2 卷，生活·读书·新知三联书店 1961 年版，第 484~485 页。
⑦ 《普列汉诺夫哲学著作选集》第 2 卷，生活·读书·新知三联书店 1961 年版，第 169 页。

在全面研究地理环境、生产力和社会关系的基础上，普列汉诺夫对三者之间的相互关系作出了合理的说明："生产力的发展归根到底决定着一切社会关系的发展，而决定生产力的发展的则是地理环境的性质。但是，某种社会关系一旦发生以后，它本身对于生产力的发展就给予很大的影响。这样，起初是结果的东西，现在又变成原因了；在生产力的发展和社会制度之间发生了相互影响，这种相互影响在不同的时代带着各种不同的样式。"① 在这里，普列汉诺夫深入研究了地理环境对生产力发展的影响，他将地理环境作为社会发展的一个内部因素来看待，"运用历史唯物主义的逻辑思路，来探寻地理环境作用于生产力和社会关系的内在机制，从而揭示社会存在、社会意识、生产力、生产关系、社会关系的内在联系"。② 普列汉诺夫的这一研究是对马克思主义生产力和生产关系理论的补充和说明。

二、生产力是地理环境作用于社会发展的"中介"

普列汉诺夫的另一个重要理论贡献是，他提出在自然地理环境对社会发展的作用过程中，生产力发挥着"中介"作用。普列汉诺夫认为："人们在生产过程中的相互关系，决定于他们的生产力状况，而生产力又极其密切地依赖于该民族的自然生存条件，即依赖于该民族在其中生活的地理环境。这就是科学在研究关于自然界对'社会人'的影响问题时所得到的结论。"③ 也就是说，地理环境不是"直接的"，而是通过生产力"间接地"对社会发展产生影响。在这里，普列汉诺夫把生产力看作地理环境作用于社会发展的"中介"，地理环境正是通过生产力这个"中介"才对民族特征、社会结构、政治制度甚至是科学艺术等社会关系产生作用。有学者认为，这是普列汉诺夫"生态环境思想的核心内容"，"也可称得上是对马克思主义生态思想发展的一大贡献"。④

三、地理环境对社会发展的影响是一个"可变的量"

普列汉诺夫认为，自然地理环境通过生产力这一"中介"对社会发展产生影响，由于生产力是不断发展变化的，因而这种影响也是发展变化的。普列汉诺夫对这一思想进行过多次表述：

① 《普列汉诺夫哲学著作选集》第 2 卷，生活·读书·新知三联书店 1961 年版，第 167 页。
② 刘增惠：《马克思主义生态思想及其实践研究》，北京师范大学出版社 2010 年版，第 108 页。
③ 《普列汉诺夫哲学著作选集》第 4 卷，生活·读书·新知三联书店 1974 年版，第 293 页。
④ 刘增惠：《马克思主义生态思想及其实践研究》，北京师范大学出版社 2010 年版，第 113 页。

社会人和地理环境之间的相互关系，是出乎寻常地变化多端的。人的生产力在它的发展中每进一步，这个关系就变化一次。因此，地理环境对社会人的影响在不同的生产力发展阶段中产生着不同的结果。①

地理环境对于社会人类的影响，是一种可变的量。被地理环境的特性所决定的生产力的发展，增加了人类控制自然的权力，因而使人类对于周围的地理环境发生了一种新的关系。现在英国人对于这种地理环境的反应自然同凯撒时代移居英国的部落对于这种地理环境的反应完全不同。②

为了进一步说明这一观点，普列汉诺夫写道："黑格尔说过：海洋和河流使人们接近，反之，山岳使人们分离。不过海洋使人们接近只有在生产力发展到较高的阶段上；而在生产力较低的阶段上，据拉采尔公正的意见，海洋却大大地阻碍了被它所隔离开来的各个部落间的关系。"③ 地理环境通过生产力这一"中介"对人类社会的发展产生影响，随着生产力的发展变化，地理环境对人类社会的影响也会不断发生变化，因此，这种影响是一种"可变的量"。普列汉诺夫的这一思想继承和深化了马克思主义环境思想，从更深层次揭示了人类社会发展与地理环境的关系。

四、地理环境的变与不变

辩证唯物主义告诉我们，世间的万事万物都处在相互作用的普遍联系之中，都处在不断运动、变化和发展的过程之中。世界上不存在绝对静止之物，自然地理环境也是如此，我们绝不能用形而上学的、静止的观点来看待它。地球自身的内部和外部运动，诸如地壳变迁、火山喷发、地震海啸、洪水泛滥、沧海桑田、陨石降落、生物演化等自然现象都改变着自然地理环境。通常情况下，自然地理环境的变化同人的生命周期相比缓慢得多，因此，有些人认为自然地理环境是一成不变的。

不过，我们可以用地理环境的相对静止来说明，相近的地理环境在生产力发展程度不同时对人类社会产生的不同影响。如地下的煤炭、石油和各种金属资源生成的时间比人类诞生的时间要早得多，也就是说，这些矿藏在人类诞生之前早已存在，它们早已成为地理环境的一个组成部分。但是，在原始社会和农业社会时期，人类没有能力大规模开采和利用这些矿藏，因此，这些矿藏对人类社会的影响非常小。直到进入工业社会，

① 《普列汉诺夫哲学著选集》第 3 卷，生活 · 读书 · 新知三联书店 1962 年版，第 170~171 页。

② 《普列汉诺夫哲学著选集》第 3 卷，生活 · 读书 · 新知三联书店 1962 年版，第 170~171 页。

③ 《普列汉诺夫哲学著选集》第 3 卷，生活 · 读书 · 新知三联书店 1962 年版，第 165 页。

这些矿藏才对人类社会产生了巨大影响。

五、地理环境变化的原因

上面提到的地壳变化、沧海桑田等现象都属于地理环境变化的自然方面的原因。实际上，地理环境变化还有另外一个原因，就是人为的原因。对这种情况，我们要结合马克思主义人化自然理论来认识和理解。

为了深入分析和说明人与自然的关系问题，马克思恩格斯创建了人化自然理论，这一理论将之前研究者心目中抽象的自然概念变得具体起来。这一理论的重要观点是：自从人类出现以来，自然就是经过人的实践中介过的自然，也就是“人化”了的自然。而且，随着生产力和科学技术的发展，人化自然的范围越来越大。每一个时代人们面对的自然，都是前人改造之后的自然，“日耳曼民族移入时期的德意志‘自然界’，现在只剩下很少很少了。地球的表面、气候、植物界、动物界以及人类本身都不断地变化，而且这一切都是由于人的活动，可是德意志自然界在这个时期中没有人的干预而发生的变化，实在是微乎其微的”。[①] 因此，我们现在所面对的地理环境，实际上是“人化”了的地理环境。人类“不仅变更了植物和动物的位置，而且也改变了他们所居住的地方的面貌、气候，他们甚至还改变了植物和动物本身，使他们活动的结果只能和地球的普遍死亡一起消失”[②]。因此，我们在研究和讨论地理环境及生产力发展对社会影响问题的时候，不能把地理环境看成一成不变的。生产力不断发展的过程就是自然不断“人化”的过程，也是地理环境不断变化的过程。

普列汉诺夫的地理环境理论继承并发展了马克思恩格斯关于自然条件对社会生存和社会生产产生作用的思想，全面系统论述了地理环境对社会发展的作用，其“基本思想是正确的，其中所蕴涵的生态意蕴是无法否定的”[③]。

第三节　布哈林对马克思主义环境思想的继承和发展

在马克思恩格斯的早期追随者中，布哈林在理解和运用马克思主义环境思想方面比

---

① 《马克思恩格斯全集》第 20 卷，人民出版社 1971 年版，第 574 页。

② 《马克思恩格斯全集》第 20 卷，人民出版社 1971 年版，第 373~374 页。

③ 杜秀娟：《马克思主义生态哲学思想历史发展研究》，北京师范大学出版社 2011 年版，第 73 页。

较全面和深刻。

一、布哈林继承了马克思恩格斯的治学思想

布哈林深刻理解了马克思恩格斯的治学思想，从问题出发而不拘泥于学科分工。他的研究涉及的学科，“从自然世界到人类社会；从存在、思维到辩证法；从实践、理论到真理、艺术几乎无所不包”[①]。布哈林继承了马克思恩格斯将自然—人—社会作为一个整体的理论框架的基本原则。

如果我们把社会当作体系加以考察，那末这个体系的环境就是“外部自然界”，即首先是我们的地球及其全部天然的（自然的）特性。脱离开这一环境，就说不上什么人类社会。自然界还是人类社会的培养基。这就决定着它具有极其重要的意义。……作为动物物种之一的人，以及人类社会本身，都是自然界的产物，是这个巨大无限的整体的一部分。人永远也不可能逸出自然界。甚至就是在人征服自然界的时候，他也不外是利用自然规律为自身的目的服务。[②]

布哈林在考察社会问题的时候，不是孤立研究人类社会，而是将人类社会的外部环境——自然界纳入视野：“对于人来说，他的环境首先是他所生活于其中的人类社会；对于人类社会来说，外部自然界就是环境。……在环境和体系之间存在着经常的联系；‘环境’作用于‘体系’，‘体系’反过来又作用于‘环境’。”[③]关于人类活动对环境的影响问题，布哈林举例说明：

假定人们把伏尔加河沿岸的森林采伐光了。一旦发生了这种情况，水涵就会减少，在一定程度上气候将发生变化，伏尔加河将要“变浅”，河道上的航行日渐困难，因而就需要使用浚泥船，需要更多地生产这种机械；就会有更多的人从事制造它，等等；从另方面看，原来生活在这些森林中的动物消失了，出现了过去没有的一些新的动物；原先的那些或是绝了种，或是逃到多林地区，如此等等；我们还可以想到另一些问题：既然气候逐渐改变，那末显然整个星球的总的状况也逐渐改变，伏尔加流域气候的这种变化或多或少要波及一切地区。[④]

这一举例包含深刻的辩证法精神和生态意蕴，也包含对后人的警示。布哈林总结道：

---

① 孙国徽：《鲁比扬卡的彩屏：布哈林最后的哲学》，《内蒙古大学学报（人文社会科学版）》，2007年第3期。

② 尼·布哈林：《历史唯物主义理论》，李光谟等译，东方出版社1988年版，第113页。

③ 尼·布哈林：《历史唯物主义理论》，李光谟等译，东方出版社1988年版，第78页。

④ 尼·布哈林：《历史唯物主义理论》，李光谟等译，东方出版社1988年版，第65~66页。

“世上的一切都被不可分割的联系结合起来，没有一样东西是孤立的。”[①]这种将自然—人—社会联系起来当作一个整体的宽阔理论视角，继承了恩格斯的人与人、人与自然“两个和解”的思想。

二、布哈林的社会与自然界之间动的平衡理论

布哈林对马克思主义环境思想的一个重要贡献是，提出了“社会与自然界之间的动的平衡”[②]理论。布哈林认为，平衡是一种普遍现象，不仅存在于自然界和人类社会，也存在于自然和人类社会之间。在生物与自然界的关系方面，平衡表现在生物对自然界的“适应”，某种生物适应相应的环境，就可以在该环境中继续生存下去，如鱼适应于水。在无机界中，平衡表现为物体与物体之间的平衡，如太阳系中的行星围绕太阳运转，“整个太阳系与它周围的世界处在一种可以长期存在下去的关系中”[③]，等等。资本主义社会同时拥有资本家和工人，二者之间呈现某种适应，也是一种平衡。布哈林从辩证法基本原理出发，指出绝对的静止、平衡状态是不存在的，一切事物都处于不断的发展、运动、变化之中，而发展、运动、变化则是对原有相对平衡状态的破坏。“在自然界和社会中所看到的那种平衡，并不是绝对的、静的平衡，而是动的平衡。……平衡一经确立，随即就被破坏；又在新的基础上重新确立起来，又再度被破坏，如此循环往复。”[④]在关于社会与自然界之间的关系问题的分析中，布哈林始终坚持马克思主义关于人与自然之间物质变换的理论原则。布哈林说：“人类社会只要存在，就需要从外部自然界汲取物质能量。没有这种汲取能量的过程，人类社会也就无法存在。”[⑤]汲取能量的过程就是劳动过程。劳动作为人类社会与自然界之间的物质变换过程，就是环境与人类社会之间的基本的相互关系。人类社会要发展下去，生产过程就必须不断更新，以满足人类社会消费的需要，这一过程就是再生产过程。布哈林认为：“再生产过程是一个社会与自然界之间的平衡不断破坏和恢复的过程。”[⑥]

布哈林将平衡区分为“稳定的平衡”和“不稳定的平衡”。“要是平衡的破坏很快停止，物质恢复到原来的状态，这种平衡就称为稳定的平衡；否则就称为不稳定的平衡。”[⑦]布哈

① 尼・布哈林：《历史唯物主义理论》，李光谟等译，东方出版社 1988 年版，第 66 页。
② 尼・布哈林：《历史唯物主义理论》，李光谟等译，东方出版社 1988 年版，第 117 页。
③ 尼・布哈林：《历史唯物主义理论》，李光谟等译，东方出版社 1988 年版，第 75 页。
④ 尼・布哈林：《历史唯物主义理论》，李光谟等译，东方出版社 1988 年版，第 76 页。
⑤ 尼・布哈林：《历史唯物主义理论》，李光谟等译，东方出版社 1988 年版，第 117 页。
⑥ 尼・布哈林：《历史唯物主义理论》，李光谟等译，东方出版社 1988 年版，第 131 页。
⑦ 尼・布哈林：《历史唯物主义理论》，李光谟等译，东方出版社 1988 年版，第 76 页。

林认为，在“现实中往往是没有稳定的平衡的。这只是想象的、只是设想的或者所谓‘理想的’情况”[①]。原有的平衡破坏之后，不会在原有基础上恢复平衡，而是会建立新的平衡，也就是动的平衡。

动的平衡又分为两种情况：一种是带正号的动的平衡；另一种是带负号的动的平衡。带正号的动的平衡，是积极的动的平衡，它是指在新的基础上建立的新的平衡，是更高基础上的平衡。“其特点是旧矛盾为新矛盾所代替，而矛盾在数量上发生了变化，平衡有了更高级的基础，是体系的前进和发展。”[②]带正号的动的平衡带来的是社会和环境关系的进步和发展，如土壤更肥沃了，新的工具出现了。“社会与自然界之间的矛盾每一次都将在新的、‘更高级的’基础上重现，而且这样的基础将导致体系的增长和发展。”[③]带负号的动的平衡，则是消极的、倒退的平衡，即在“低级的”基础上确立的新的平衡，如物种的减少或灭绝，土壤肥力日益下降，技术每况愈下等。如果新的平衡每一次都由于社会的一部分毁灭而在降低的基础上确立起来，社会将会趋于毁灭和瓦解。

引起平衡的破坏并建立新平衡的矛盾多种多样，布哈林将这些矛盾分为两大类：“环境和体系之间的矛盾以及体系本身各个要素之间的矛盾。”[④]两种矛盾对体系的发展所起的作用各不相同。环境和体系之间的矛盾是运动的基础，对体系的发展起主要的、决定性作用。“体系内部构造（内部平衡）的变化，应当取决于体系和环境之间存在的关系。体系和环境之间的关系是决定因素。因为体系的整个状况，它的运动的基本形式（衰落、发展、停滞）正是由这种关系决定的。……内部（结构）平衡是依赖于外部平衡的因素（是这种外部平衡的‘函数’）。”[⑤]

布哈林对马克思主义环境思想进行了深入的研究和探索，他的社会与自然界之间动的平衡理论建立在历史唯物主义和辩证唯物主义基础之上。这一理论虽称不上尽善尽美，但从总体上看，比较符合马克思主义环境思想的理论内涵。特别是在阐述这一理论的过程中，布哈林通过引用大量事实，充分肯定了自然界对人类社会发展的重要影响和关键作用。同时，该理论特别强调了“系统的整体性、开放性和动态相关性，警示人类必须重新审视自己在生态系统中的位置”[⑥]，为可持续发展理论的诞生奠定了基础。

① 尼・布哈林：《历史唯物主义理论》，李光谟等译，东方出版社 1988 年版，第 79 页。
② 杜秀娟：《马克思主义生态哲学思想历史发展研究》，北京师范大学出版社 2011 年版，第 77 页。
③ 尼・布哈林：《历史唯物主义理论》，李光谟等译，东方出版社 1988 年版，第 80 页。
④ 尼・布哈林：《历史唯物主义理论》，李光谟等译，东方出版社 1988 年版，第 81 页。
⑤ 尼・布哈林：《历史唯物主义理论》，李光谟等译，东方出版社 1988 年版，第 81~82 页。
⑥ 杜秀娟：《马克思主义生态哲学思想历史发展研究》，北京师范大学出版社 2011 年版，第 80 页。

三、社会生产力是衡量人与自然界关系的指标

在人与自然界关系的问题上，布哈林能够深刻理解并深化马克思关于生产劳动是人与自然界联系的纽带，人与自然界之间物质变换观念，创造性地提出衡量社会与自然界关系的指标是社会劳动生产率。布哈林指出："自然界与社会之间的关系，表现为开发出来的有用能量的数量和社会劳动的消耗量之间的关系，即社会劳动生产率。"[①] 由于"社会劳动生产率十分准确地反映了社会与自然界之间的整个'平衡'。社会劳动生产率也就是环境与体系之间那种相互关系的指标，它决定着这一体系在环境中的状况，它的变化标示着社会全部内在生活不可避免的变化"[②]。据此，布哈林"得出如下的科学原则：在考察社会、社会的发展条件、形态、内容等等时，应当从分析生产力或从社会的技术基础着手"[③]。

布哈林认为，本身就存在于自然界的那些要素，是比较固定地处于自然界之中的，因此它们不可能解释变化。技术则是一个变数，技术的变动会引起社会与自然界之间关系的变动，因此，"对社会变化的分析也应当以此为起点"[④]。

通过对社会技术装备体系问题的研究，布哈林有了对社会更加全面的认识，即社会不只是人们的集合体，"从更为广泛的意义上说，社会还包括物"，"社会也包括具有'社会存在'的物，即首先是社会的技术装备体系。这是社会的物质的即物的部分、它的物的劳动机构"。[⑤]

由于布哈林深刻认识了人与自然关系对人与人关系的影响和制约，因此，对马克思主义环境思想的理解也就较为深刻，即使身陷囹圄，他依然能够写出被称为具有"深层生态学特征"的狱中笔记，被誉为那个时代"马克思主义理论的先驱""一位与自然科学联系最紧密的人"。[⑥] 由于历史原因，布哈林曾受到不公正对待，其环境思想在他去世后相当长一个时期内未得到广泛传播。

---

① 尼·布哈林：《历史唯物主义理论》，李光谟等译，东方出版社 1988 年版，第 126 页。

② 尼·布哈林：《历史唯物主义理论》，李光谟等译，东方出版社 1988 年版，第 125 页。

③ 尼·布哈林：《历史唯物主义理论》，李光谟等译，东方出版社 1988 年版，第 133 页。

④ 尼·布哈林：《历史唯物主义理论》，李光谟等译，东方出版社 1988 年版，第 134 页。

⑤ 尼·布哈林：《历史唯物主义理论》，李光谟等译，东方出版社 1988 年版，第 149 页。

⑥ 约翰·贝拉米·福斯特：《马克思的生态学——唯物主义与自然》，刘仁胜、肖峰译，高等教育出版社 2006 年版，第 255 页。

第四节　列宁对马克思主义环境思想的继承和实践

列宁在一定程度上继承了马克思恩格斯的环境思想。

在人与自然的关系问题上，列宁坚持辩证唯物主义立场。在《唯物主义和经验批判主义》等著作中，他全面阐述了对自然规律的认识。列宁认为，自然规律是客观的存在，人只能认识、发现而不能创造和消灭。人类只有在已有的条件下“创造”历史，而不可能在无视自然的前提下“捏造”历史。列宁认为，自然规律无论是否已经被人们认识，都是客观存在的，“当我们不知道自然规律的时候，自然规律是在我们的认识之外独立地存在着并起着作用，使我们成为“盲目的必然性”的奴隶。一经我们认识了这种不依赖于我们的意志和我们的意识而起着作用的（如马克思千百次反复说过的那样）规律，我们就成为自然界的主人”[①]。

当时普遍流行的一种轻视自然环境作用的观点认为，科学发展可以使人力代替自然力。针对这种错误认识，列宁批评道：“一般说来，人的劳动是无法代替自然力的，就像普特不能代替俄尺一样。无论在工业或农业中，人只能在认识到自然力的作用以后利用这种作用，并借助机器和工具等等以减少利用中的困难。”[②] 列宁十分重视马克思恩格斯提出的环境污染和人与土地之间物质变换链条断裂问题。针对当时城市的环境污染状况，列宁指出：“在大城市中，用恩格斯的话来说，人们都在自己的粪便臭味中喘息，所有的人，只要有可能，都要定期跑出城市，呼吸一口新鲜的空气，喝一口清洁的水。”[③] 当时化学肥料代替了有机肥料被广泛应用于农业，大量人畜排泄物被排放到江河之中。针对这种现象，考茨基极力宣传和主张李比希的肥料归还土地理论，但他的观点遭到了“马克思的批评家”的激烈反对。鉴于此，列宁写出了《土地问题和“马克思的批评家”》一文，明确支持考茨基的观点：“十分明显，人造肥料代替天然肥料的可能性以及这种代替（部分地）的事实，丝毫也推翻不了下述事实：把天然肥料白白抛掉，同时又污染市郊和工厂区的河流和空气，这是很不合理的。就在目前，一些大城市周围也还有一些农田利用城市的污水进行灌溉，使农业受益很大，但是，能这样利用的只是很少一部分污水。”[④] 为了消除这种不合理的现象，列宁指出：“为了合理地利用对于农业十分重要的城市污水特别是人的粪便，也要求

① 《列宁全集》第 18 卷，人民出版社 2017 年版，第 195 页。

② 《列宁全集》第 5 卷，人民出版社 2013 年版，第 90 页。

③ 《列宁全集》第 5 卷，人民出版社 2013 年版，第 133 页。

④ 《列宁全集》第 5 卷，人民出版社 2013 年版，第 134 页。

消灭城乡对立。”[①] 列宁的这些思想可以说是循环经济和生态农业思想的萌芽。

列宁也十分重视环境保护工作。他任命有献身精神的环保主义者卢那察尔斯基为人民教育部门的负责人，这个部门负责全国的环境保护工作。1920 年前后，应科学家的要求，列宁支持在南乌拉尔建立了苏联的第一个自然保护区。“苏联的环保运动在 20 世纪 20 年代（尤其是在 1921—1928 年的新经济政策时期）兴旺起来。”[②] 在列宁的支持和领导下，早期苏维埃时期的环境保护工作也取得了较好的成绩。“有根据说，20 世纪 20 年代苏联的生态学在世界上是最先进的。当生态学的西方模式仍然倾向于依赖还原论、线性论和意识形态导向的模式，以适合自然的连续性时，苏联的生态学则率先向更加辩证复杂、动态的、历史的和共同进化的模式发展。”[③]

当时的苏联，出现了一大批支持马克思主义环境思想的自然科学家，这些科学家坚持辩证唯物主义的思维方式，在开发和利用自然资源的同时注意对自然资源的保护，关注土地耗竭和物种保护等问题。[④] 维尔纳茨基和瓦维洛夫是这些科学家当中最杰出的两位生态学家。1926 年，维尔纳茨基出版了《生物圈》，其对生态圈的分析和作为地球化学的创始人而获得国际声望，他被视为“历史上第一个把握了地球是一个独立圈层的真实含义的人”。瓦维洛夫是杰出的遗传学家，是列宁农业科学院的第一任院长，在苏维埃国家的支持下，他将唯物主义的方法运用于农业起源问题的研究。瓦维洛夫认为，存在着植物基因多样性的许多中心，也就是最丰富的种子银行是人类所有耕种的基础。这些植物基因多样性的中心是人类文化的产物，所有主要的农作物由此起源，其中最丰富的基因库、数千年培育出来的产品最终被发现。[⑤] 由于受到特殊历史条件的限制，列宁难以在继承和发扬马克思主义环境思想方面作出更大的贡献。后又因列宁去世过早，由他开创地注重环境保护的治国策略没能延续下去。

---

① 《列宁全集》第 5 卷，人民出版社 2013 年版，第 133 页。

② 约翰·贝拉米·福斯特:《马克思的生态学——唯物主义与自然》，刘仁胜、肖峰译，高等教育出版社 2006 年版，第 273 页。

③ 约翰·贝拉米·福斯特:《马克思的生态学——唯物主义与自然》，刘仁胜、肖峰译，高等教育出版社 2006 年版，第 271 页。

④ 约翰·贝拉米·福斯特:《马克思的生态学——唯物主义与自然》，刘仁胜、肖峰译，高等教育出版社 2006 年版，第 271-273 页。

⑤ 约翰·贝拉米·福斯特:《马克思的生态学——唯物主义与自然》，刘仁胜、肖峰译，高等教育出版社 2006 年版，第 272 页。

第三章　马克思主义环境思想的沉寂、复苏和崛起

列宁去世后，在苏联，马克思主义环境思想遭到严重冲击，日渐式微，甚至被人们遗忘。直至二十世纪中叶，全球性环境保护运动的兴起成为马克思主义环境思想复苏的契机。共产党人鲁道夫·巴赫罗和亚当·沙夫来到西方社会之后，深受“绿色”思想的影响，并很快投入到环境运动之中。他们的“红色”背景和“绿色”运动相结合，很自然地将生态运动与社会主义联系起来，他们开始倡导“社会主义生态运动”，谋求“红色”和“绿色”力量的结合。

最初的生态社会主义者虽然没有真正发现马克思主义环境思想这一理论宝藏，但他们不自觉、无意识地接近了该思想，并为后继学者深入了解马克思主义环境思想开辟了道路。之后，越来越多的学者开始重视对马克思主义经典著作文本的研究。在众多中外学者中，中国学者的研究处于领先地位，他们为马克思主义环境思想的复苏和崛起作出了贡献。

中国共产党人是马克思主义环境思想的真正继承者和发展者，他们不仅在理论上有所建树，在实践层面上也作出了巨大贡献。科学发展观和习近平生态文明思想继承和发展了马克思主义环境思想，标志着马克思主义环境思想的复苏和崛起。

第一节　马克思主义环境思想的沉寂

二十世纪二十年代开始，马克思主义环境思想在苏联受到“与日俱增的攻击，被

说成是属于资产阶级的东西”。在二十世纪三十年代的大规模快速工业化运动中，“苏联的环保运动已经被彻底扼杀。许多环保思想家遭到清洗，包括布哈林、瓦维洛夫、乌兰诺夫斯基等”①。

在片面的环境思想指导下，不学无术的李森科借用政治手段对付科学界的反对者。李森科把那些坚持科学精神，反对“春化处理”育种方法的科学家称为“阶级敌人”，并利用手中的权力将他们打倒。李森科在自然科学界开展政治大清洗，苏联的遗传学因此受到致命打击，一大批研究机构、实验室被关闭、撤销或改组，3 000 多名遗传学家失去了在大学、科研机构中的工作，并受到不同程度的迫害。当时的苏联农业科学研究院院长、杰出的生态学家瓦维洛夫被迫害致死。李森科的倒行逆施使原本处于领先地位的苏联生物科学连连倒退，并远远落后于西方，苏联的科学发展和农业、林业等都受到致命打击。同时，马克思主义环境思想和科学精神也被反科学的错误观点取代。这种情况也影响到其他社会主义国家，一时间，各种各样的环境问题日益显著。

在列宁的领导下，苏联是世界上较早建立自然保护区的国家。但是，二十世纪五十年代初，苏联自然保护区的总面积从顶峰时的 48 000 平方英里减少到 5 700 平方英里。而且，人们在保护区里进行各种经济活动，违反了环保法规而没有受到惩罚，即使受到惩罚，也往往由于过度轻微而没有任何效果。②那时人们对环境保护有多么淡漠和无知，可以从 1926 年苏联作家萨苏柏林在第一次西伯利亚作家大会上的讲话中看出来：

我希望，西伯利亚那柔弱的绿色胸膛上披上城市的水泥盔甲，戴上工厂烟囱的坚硬口罩，拴上铁路线的锁链。针叶林应该被燃烧成灰烬，变得稀疏，大草原应该被践踏在脚下。让所有这一切变成现实吧，那将是不可避免的。只有水泥和钢铁才是所有人类的至亲至爱，全人类的钢铁之躯将被建造起来。③

用今天的眼光来看，这位苏联作家的话可以说十分荒谬，但这段话真实反映了一个刚刚迈上工业化道路国家的急迫心情。如有人写诗赞美被印染厂废水污染的河流为“彩色的河流”；有人形容工厂的烟囱像巨大的画笔，在篮天画出“美丽壮观”的图画；也有人将工业和交通噪声、马达的轰鸣声比喻为“美妙”的交响乐；就连一首歌唱草原美景的歌曲，也没有忘记告诉人们，这些美景中包括远处出现的一座“冒青烟”的

① 约翰·贝拉米·福斯特:《马克思的生态学——唯物主义与自然》，刘仁胜、肖峰译，高等教育出版社 2006 年版，第 273 页。
② 萨拉·萨卡:《生态社会主义还是生态资本主义》，张淑兰译，山东大学出版社 2008 年版，第 45 页。
③ 萨拉·萨卡:《生态社会主义还是生态资本主义》，张淑兰译，山东大学出版社 2008 年版，第 46 页。

工厂。上述例子丝毫没有嘲笑作家和诗人的意思。因为，在一个刚刚走上工业化道路的国家中，人们对未来充满了美好的憧憬，由此产生这种漠视生态环境的观念不足为奇。

马克思主义环境思想不仅在苏联受到排斥，在西方国家也受到攻击和诋毁。西方马克思主义的代表人物卢卡奇，批评恩格斯在《反杜林论》中阐述的自然辩证法思想，以及布哈林在《历史唯物主义理论》中阐述的环境思想，是“自然科学优先性”理论，他认为辩证法只能严格限制在历史领域（主张二元化，反对自然和社会的统一性），进而从根本上否认自然辩证法。其后的 A. 施密特在《马克思的自然概念》一书中，也秉承了这一观点，他试图证明自然辩证法的不可能性，进而否认辩证法的存在和唯物辩证法概念的合理性。但是，正如福斯特所评论的那样，这种批评“在形式上完全是文化性，缺乏任何生态科学（或生态学内容）的知识，一般性地将人类从自然界的异化归咎于科学和启蒙，这更多地源于浪漫主义之根基……所缺乏的是对实在的、物质的异化的任何分析，例如马克思关于新陈代谢裂缝的理论”[①]。

总之，从二十世纪二十年代开始，直到二十世纪六十年代环境保护浪潮兴起之前，马克思主义环境思想都处于沉寂状态。直到二十世纪八九十年代，西方形形色色的环境思想才被介绍到国内。与此同时，中国许多历史人物也被当作拥有“生态智慧”的偶像，其中包括中国古代的道家、佛家、儒家的代表人物。但是在这长长的“环保先驱”名单中，唯独没有马克思恩格斯的名字。相反，他们被一些人当成了批判的对象。正如福斯特所说：“马克思实际上对规范我们与自然界的关系，对环境进程与社会发展和社会关系的紧密联系的方式提供了深刻的见解。不幸的是，后来的马克思主义分析传统并没有——至少在很长时间内——真正按照这个方向追随马克思，他的生态思想的核心部分被丢失了。”[②] 福斯特的阐述符合实际，但是不够全面。因为，被丢失的不只是马克思的“生态思想的核心部分”，还包括恩格斯的环境思想。

第二节　马克思主义环境思想的复苏

西方世界出现的生态马克思主义，打破了马克思主义环境思想多年的沉寂状态。

① 约翰·贝拉米·福斯特：《马克思的生态学——唯物主义与自然》，刘仁胜、肖峰译，高等教育出版社 2006 年版，第 275 页。
② 约翰·贝拉米·福斯特、丹尼斯·瑟龙：《马克思主义生态学与资本主义》，刘仁胜译，《当代世界与社会主义》，2005 年第 3 期。

“生态学马克思主义”“生态社会主义”“马克思的生态学”，等等，尽管称谓各异，产生的年代不同，主张也不尽相同，但从总体上看，并没有超出马克思主义环境思想的范畴，它们的差别仅在于对马克思主义环境思想的认识角度和理解程度有所不同。因此，我国学者大多将他们放在一起进行研究，或者将他们视作一个学术流派的不同发展阶段。

一、生态马克思主义的研究成果

最早的生态马克思主义者是共产党人。第一代生态马克思主义的代表人物鲁道夫·巴赫罗，原为东德统一社会党党员，后因政见不同离开东德。巴赫罗在研究生态马克思主义时开始倡导“社会主义生态运动”，谋求“红色”力量和“绿色”力量的结合。另外一个代表人物亚当·沙夫，原是波兰共产党意识形态负责人和马克思主义哲学家。1968 年沙夫被解职后任奥地利大学客座教授、维也纳大学哲学教授，1972 年后成为罗马俱乐部最早的成员之一，1980 年任罗马俱乐部执行委员会主席。以上二人来到西方社会之后，都受到“绿色”思想的影响，并很快投入环境运动之中。他们的“红色”背景和“绿色”运动相结合，很自然地将社会主义和生态运动联系起来，提出了生态社会主义的新理念。

生态马克思主义的出现，结束了“大多数的马克思主义者极少关心自然界，而大多数的生态学家和地理学家对马克思主义理论则更少关注”[①]的局面，使马克思主义和生态运动紧密结合起来。

最初的生态马克思主义者将马克思主义与生态运动结合起来，并不说明他们对马克思主义环境思想有深刻的认识和理解。经过斯大林时代及西方马克思主义的围攻，马克思主义环境思想在人们心目中已经淡化。因此，第一代生态马克思主义者并没有认真研究马克思主义经典著作中的环境思想，甚至认为马克思恩格斯根本就没有关注过环境问题。他们认为，将马克思主义和生态运动结合起来是自己的发明。但实际上，环境思想隐含在马克思主义之中，它是马克思主义的有机组成部分。熟悉并掌握马克思主义的人，都会很自然地运用历史唯物主义和辩证唯物主义的观点来分析和看待环境问题。所以，这种“红绿结合”的现象，看似偶然，实则必然，它是一条隐性的逻辑主线。

---

① 詹姆斯·奥康纳：《自然的理由——生态学马克思主义研究》，唐正东、臧佩洪译，南京大学出版社 2003 年版，第 11 页。

较早出现的生态马克思主义者不自觉、无意识地接近了马克思主义环境思想，但并没有深入发掘这一理论宝藏来指导环境运动，反而“主张马克思主义应当重构，重新认识人和自然的关系”[①]。他们“想把绿色理论移接给马克思”，或是“把马克思移接给绿色理论”[②]，即使较晚出现的生态马克思主义者——奥康纳，也认为马克思主义存在“理论空场”，历史唯物主义理论只是潜在地存在生态学思想。基于这种认识，他的代表性著作《自然的理由——生态学马克思主义研究》，并不是致力于马克思主义环境思想的阐发，而是致力于马克思主义环境思想的重构。

在后来的生态马克思主义者那里，这一缺陷逐渐得到了弥补。越来越多的学者开始重视对马克思主义经典著作文本的研究，正是由于“有众多学者的工作，才有相当多的文献证明马克思写过很多关于生态危机问题和解决生态危机的文章”[③]。福斯特在这方面取得了一定的成绩。在《马克思的生态学——唯物主义与自然》一书中，“福斯特跟随马克思的生命和理论足迹，以充分的理论根据展示了作为生态学家的马克思”。[④]一些日本学者如岛崎隆、岩佐茂等也比较重视从马克思恩格斯原著中发掘环境思想，认为“马克思恩格斯的思想本来就含有生态学观点的一面”，“马克思主义哲学对当代环境问题同样适用”[⑤]。

从总体上看，尽管许多生态马克思主义者尚未完成福斯特那样的转变，但从远离马克思主义到靠近马克思主义、回到马克思主义，发掘马克思主义环境思想成为生态马克思主义发展的总体趋势。从这一点上看，生态马克思主义的发展过程，也就是马克思主义环境思想复苏的过程。

二、苏联学者的研究成果

尽管苏联在对待环境问题的理论和实践上出现了种种问题，但马克思主义环境思想在苏联学术界的影响力仍然不可低估。二十世纪后半叶，全球性环境危机出现时，苏联在马克思主义环境思想研究方面取得了令人瞩目的成就，不仅出现了许多新概念，而且出现了马克思主义环境思想的理论框架。苏联学者在研究分析环境问题时，能够自觉坚持马克思主义立场和观点，且出版了大量著作，其数量之多，“一一列举是十分困

---

① 徐艳梅：《生态学马克思主义研究》，社会科学文献出版社2007年版，第3页。

② 约翰·贝拉米·福斯特：《马克思的生态学——唯物主义与自然》，刘仁胜、肖峰译，高等教育出版社2006年版，第Ⅳ页。

③ 约翰·贝拉米·福斯特、丹尼斯·瑟龙：《马克思主义生态学与资本主义》，刘仁胜译，《当代世界与社会主义》，2005年第3期。

④ 刘仁胜：《生态马克思主义概论》，中央编译出版社2007年版，第10页。

⑤ 庞正元主编：《全球化背景下的环境与发展》，当代世界出版社2005年版，第22~25页。

难的”[①]。

苏联哲学家基鲁索夫在《生态意识是社会和自然最优相互作用的条件》一文中提出，现代生态形势证明了马克思主义这样的论点，即科学技术发展本身不仅没有导致社会问题的自动解决，相反，由于自然资源的消耗和环境质量的降低，可能使社会生活的许多方面恶化。因此，应当树立生态意识。“生态意识是从根据社会和自然的具体可能性，最优解决社会和自然关系问题方面反映社会和自然相互关系问题的诸观点、理论和情感的总和。”[②]“生态意识是在人们对自然环境的整体性规律的认识,以及人类为保持对生命有益的自然界状态在活动过程中必须考虑到的其他规律的认识的基础上形成的。”[③]生态意识具有以下特点：考虑反映对象特点的综合性质；善于把握认识客体的全部多质性和异源性，善于在这种多样性后面发现生态学方面重要的本质的统一；要求我们不仅有看到自然界中所发生变化的最近结果的能力，而且有看到几十年甚至几百年后更远结果的能力，不仅能看到自然界和社会中正在发生的变化的正的联系，而且能看到其负的联系。“总之,生态意识是人们了解生态规律,遵循生态规律,防止生态危机的最重要的认识论条件。只有认识和考虑到生态规律，才能把保持自然环境的有益状态视为社会发展的最重要的目标之一。”[④]

苏联学者还提出了“社会生态学”的概念。他们认为，社会生态学不仅要实现自然科学各学科的相互作用，而且要实现自然科学和社会科学的相互作用。科学家要和经济学家、社会学家、法学家和心理学家联合起来，协同工作，才能解决环境问题。在各学科学者的共同努力之下,“生物圈”“智慧圈”“协同演化”等概念发展起来了。“协同演化”意味着人类社会的定向发展和对生物圈的定向作用，即不仅不破坏生物圈，而且促进生物圈的进一步发展和保证人类进步。因此，苏联学者关于“协同演化”的概念实际上指人类同自然生物和谐相处，共同发展。

苏联学者的生态学理论，在很大程度上依据马克思主义的自然辩证法思想进行阐发，其中不乏可资我们研究借鉴的地方。

在环境思想研究方面，苏联学者始终坚持以马克思主义为指导。在研究分析生态问题时，他们把环境问题、社会问题和人联系起来：“最重要的是准确地表达马克思主义关

---

① 弗罗洛夫:《人的前景》，王思斌、潘信之译，中国社会科学出版社 1989 年版，第 152 页。

② 广州市环境保护宣传教育中心编:《马克思恩格斯论环境》，中国环境科学出版社 2003 年版，第 229 页。

③ 广州市环境保护宣传教育中心编:《马克思恩格斯论环境》，中国环境科学出版社 2003 年版，第 229~230 页。

④ 广州市环境保护宣传教育中心编:《马克思恩格斯论环境》，中国环境科学出版社 2003 年版，第 230 页。

于生态问题的观念，这一观念为人类、为人类在此观念的基础上所可能采取的实际行动提出了有益的前景。”[①]“在这种理解、方法和观点的基础上，现代马克思主义就人和自然的相互作用问题进行了一系列研究和争论，并在一些基本问题上取得了一致的意见，如社会生态学的对象、处理这些问题的基本方法以及在理论和实践上解决这些问题的形式和方法等。”[②]

苏联学者在研究环境问题时，凸显了马克思主义环境思想与西方相关思想的明显区别。1978 年召开的世界哲学大会热烈地讨论了影响人发展的社会因素和自然生物因素。面对西方学者形形色色的观点，苏联学者明确指出：“无论现在的生态环境与马克思当时所处的情况多么不同，马克思对这个问题的理解、他的方法、他解决社会和自然相互作用问题的观点，在今天仍然是非常现实而有效的。”[③] 对这一时期马克思主义环境思想的发展情况，苏联学者骄傲地认为：“马克思主义向全世界表明自己是卓有成效的，……特别是最近几年来，社会主义国家的学者在这方面表现出了巨大的积极性，捍卫并发展了马克思主义生态学理论。”[④]

苏联学者不像一些西方学者那样，孤立地研究环境问题，而是坚持马克思主义观点。他们认为：“人与自然、人与自己的居住环境的辩证的对立统一，以及它们之间的相互作用都是在物质生产所提供的基础之上进行的。”[⑤]

苏联哲学家弗罗洛夫在谈到这一问题时，援引马克思的话语：“劳动首先是人和自然之间的过程，是人以自身的活动来中介、调整和控制人和自然之间的物质变换的过程。”[⑥] 他进而分析道：“正是由于这种物质变换，人和自然才获得了统一，人们才能改造自然并使之适合自己的需要；也正是由于这种物质变换；人们才创造了受其文化和社会组织的特点所制约的‘第二自然’——人居住的人造环境。这样，马克思主义就指出了解决这里所发生的矛盾的方法，即要分析社会的因素，并弄清受这些因素制约的生产的特点。”[⑦]

弗罗洛夫还指出：“辩证的方法要求把这一思想进一步深化和具体化，因此，它决不单纯是分析社会的形式——在其中存在着历史上形成的人与环境的相互联系，而且要分析在一定的社会经济形态内那些社会形式的具体特点。这种态度是许多旨在解决生态问

① 弗罗洛夫：《人的前景》，王思斌、潘信之译，中国社会科学出版社 1989 年版，第 147 页。
② 弗罗洛夫：《人的前景》，王思斌、潘信之译，中国社会科学出版社 1989 年版，第 153 页。
③ 弗罗洛夫：《人的前景》，王思斌、潘信之译，中国社会科学出版社 1989 年版，第 153 页。
④ 弗罗洛夫：《人的前景》，王思斌、潘信之译，中国社会科学出版社 1989 年版，第 167 页。
⑤ 弗罗洛夫：《人的前景》，王思斌、潘信之译，中国社会科学出版社 1989 年版，第 153 页。
⑥《马克思恩格斯选集》第 2 卷，人民出版社 2012 年版，第 169 页。
⑦ 弗罗洛夫：《人的前景》，王思斌、潘信之译，中国社会科学出版社 1989 年版，第 153 页。

题的西方模型和方案所难以接受的，它们往往把生态问题的全球性绝对化，而赋予它以某种超社会、超民族的意义。”①

弗罗洛夫认为：“努力揭示出生态问题同社会生活各方面的联系并重视这些问题的重大社会意义和人道主义意义，这是马克思主义科学地分析生态问题的特点。”② 在揭示了生态问题本质的基础上，他进一步指出：“生态问题是一个社会问题，虽然它由直接的技术手段所引发，但要想全面解决这个问题却只有依靠根本性的社会变革。而这种社会变革则必须保证（为消除生态危机所必须的）经济、生产、社会文化、以及价值说的全面发展。就是说，在马克思主义看来，这一问题只有靠与消灭生产资料私人占有制、消灭阶级对立相联系的对社会总体的改造才能得到彻底解决。”③ 这样，弗罗洛夫就把马克思主义的共产主义理论同环境思想结合起来了，同时指明了实现共产主义是彻底解决社会问题和环境问题的根本途径。

令人惋惜的是，苏联学者对马克思主义环境思想研究的成果受到一些历史原因的负面影响，传播受到一定限制。由于中苏关系的长期淡漠，我国对苏联学者的研究成果也所知甚少。他们的成果究竟是否正确地体现了马克思主义环境思想，他们的研究有没有夸大社会主义制度的优越性，忽视社会主义社会也可能发生环境问题，他们的理论对苏联的环境保护工作究竟起到了什么样的作用？这些问题都有待于我们进一步研究。

第三节　马克思主义环境思想研究在中国

介绍和研究国外生态马克思主义，虽然不能代替全面的马克思主义环境思想研究，但这种介绍和研究能够启发和拓展思路，对马克思主义环境思想的研究有一定的推动和促进作用，因此，可以将这方面的工作看作马克思主义环境思想研究的内容之一。

一、对生态马克思主义的介绍和研究

笔者检索到的资料显示，王谨的《生态学马克思主义》是较早向国内介绍生态马克思主义的文章。之后，更多的介绍开始出现。2000 年以后，研究和介绍生态马克思主义

① 弗罗洛夫：《人的前景》，王思斌、潘信之译，中国社会科学出版社 1989 年版，第 156 页。

② 弗罗洛夫：《人的前景》，王思斌、潘信之译，中国社会科学出版社 1989 年版，第 154 页。

③ 弗罗洛夫：《人的前景》，王思斌、潘信之译，中国社会科学出版社 1989 年版，第 155 页。

的文章越来越多、不胜枚举。

日本学者岩佐茂的《环境的思想——环境保护与马克思主义的结合处》是较早在我国翻译出版的国外马克思主义环境思想专著。在这一著作中，作者不仅介绍了马克思主义环境思想，而且一针见血地指出，社会主义国家在马克思主义环境思想方面的研究，“是极不充分的”[①]。这一著作的翻译出版，对国内学界研究探索马克思主义环境思想起到了一定的促进作用。此后，岩佐茂与中国学者展开了频繁的学术交流活动，通过学术研讨、讲学等方式积极宣传和介绍马克思主义环境思想。1998年，刘大椿和岩佐茂主编的《环境思想研究：基于中日传统与现实的回应》出版。此外，韩立新、冯雷、袁方等人也介绍了日本学者研究马克思主义环境思想的成果。

不过，在2000年之前，整个学术界对国际上前沿的环境理论知之甚少（指人文学科方面，而非技术性问题）。西方一些主流的环境理论著作，如《马克思生态学》等，我国就没有翻译出版。

二十一世纪以来，介绍生态马克思主义的文章逐渐增多。同时，一些西方生态马克思主义代表人物的著作也陆续翻译出版。如詹姆斯·奥康纳的《自然的理由——生态学马克思主义研究》、戴维·佩珀的《生态社会主义：从深生态学到社会正义》、约翰·贝拉米·福斯特的《马克思的生态学——唯物主义与自然》《生态危机与资本主义》、萨拉·萨卡的《生态社会主义还是生态资本主义》。此外，一些有关国外环境政治方面的研究著作，如郇庆治的《绿色乌托邦——生态主义的社会哲学》《欧洲绿党研究》也大量涉及生态马克思主义问题。

二、国内学者对马克思主义环境思想的研究

有人认为，我国学者对马克思主义环境思想的研究和探索，源于对西方生态马克思主义的译介。但实际上，我国学者对马克思主义环境思想的研究，不仅在时间上不晚于国外学者，而且更注重从马克思主义经典著作中发掘环境思想，且达到了相当的深度。

西方生态马克思主义虽然早在二十世纪七十年代就已经出现，但最初西方生态马克思主义学者并没有意识到马克思主义本身就包含丰富的环境思想，他们提出将生态运动同社会主义和马克思主义相结合的主张，就是要修正和重构马克思主义。真正发现马

① 岩佐茂：《环境的思想——环境保护与马克思主义的结合处》，韩立新、张桂权、刘荣华译，中央编译出版社1997年版，第115页。

克思主义的环境内涵，并从马克思恩格斯原著中发掘和整理环境思想，始于二十世纪九十年代以后。与之相比，我国学者对马克思主义环境思想的探索和研究，要领先十年左右。

1. 二十世纪八十年代的研究

我国著名经济学家、环境经济学奠基人许涤新，于1983年发表了《马克思与生态经济学——纪念马克思逝世一百周年》一文。通过研究《资本论》《自然辩证法》《反杜林论》等著作，许涤新深入发掘马克思主义环境思想，并对资源浪费、生态环境保护、城市环境污染、物质变换、社会制度等对环境的影响进行了阐述。许涤新充分肯定了马克思主义对环境经济学的理论贡献，也批驳了资产阶级经济学家诋毁马克思主义的谰言。尤为可贵的是，他以马克思主义环境思想为理论武器，超越了当时只将环境问题看作人与自然之间关系的视界，将环境问题的解决与改变不合理的社会制度联系起来。他指出，我们决不能“把资本主义制度作为千年王国，去研究人类与自然之间的物质变换”①。

周义澄从马克思主义经典著作出发，在《自然理论与现时代——对马克思哲学的一个新思考》这部著作中全面而详尽地阐述了马克思自然概念的主要理论原则及时代意义。他指出：“马克思关于自然概念的论点散见于众多的著述，但其中贯穿的理论原则又明白清晰；这些原则与他所创建的辩证唯物主义、历史唯物主义哲学以及政治经济学的基本原理协调一致，成为他整个理论体系的一个重要内容，占有不容忽视的位置。”②

可惜的是，在二十世纪八十年代，环境问题还没有引起整个社会的高度重视。即使对环境危机有一定的认识，也大多停留在问题表面，缺乏对环境问题更深层次的了解，对马克思主义环境思想的发掘还不够深入，甚至存在一定程度的误解。因此，上述研究成果在当时的影响比较有限。

2. 二十世纪九十年代的研究

我国历来高度重视自然辩证法研究，不仅在全国及地方成立了自然辩证法研究会等组织，而且创办了多种专门的学术刊物，高等院校的理工农医科还开设了“自然辩证法”课程（后改为“科学技术哲学”）。虽然，最初只是将“自然辩证法”当作一门科学哲学和科学方法论来推广，并挖掘和整理其中的马克思主义环境思想，但由于“自然辩证法”本身就包含丰富的环境思想，所以“自然辩证法”在我国得到快速推广和传播，对马克思主义环境思想在中国的崛起起到了重要的促进作用。

---

① 许涤新：《马克思与生态经济学》，《社会科学战线》，1983年第3期。

② 周义澄：《自然理论与现时代——对马克思哲学的一个新思考》，上海人民出版社1988年版，第78页。

1993年，姚炎祥主编的《环境保护辩证法概论》出版。这一著作以马克思主义唯物辩证法的世界观和方法论为指导，研究、探讨环境保护工作中的种种矛盾的相互关系，它“是国内第一本比较系统地研究关于环境保护领域哲学问题的专著”①。长期从事自然辩证法研究的柳树滋，于1993年出版了《大自然观——关于绿色道路的哲学思考》一书。与当时一些研究环境问题著作的最大区别是，该书提出的“大自然观”中所说的自然，不同于生态中心主义者所指的纯粹的天然自然界，而是马克思主义环境思想所指的自然，也就是包括了天然自然、人化自然，以及人和由人组成的社会甚至精神的“大自然”。基于这种认识，该书不是孤立地谈论人与自然的关系，而是结合人与人的关系进行讨论，即“要从人与自然的关系着眼，从人与人的关系着手。要以整个人类同自然界的协调发展为目标、为前提，去协调处理人与人的关系问题，并通过解决这种关系问题来解决人与自然的关系问题”②。虽然这种讨论只是初步的，但是作者提出了研究环境思想的根本问题，意义十分深远。三年后，柳树滋在《春风吹又生——通向21世纪的绿色道路》一书中，对绿色道路和红色道路的一致性进行了更加深入的论证。他指出，绿色道路和红色道路“本来就应当是互相依存不可分离的”③，这是对恩格斯提出的“两个和解”思想的正确解释。

赵红州也极力宣传这种红绿结合的思想，他撰文指出，马克思主义不仅提出了“红色思想”，而且“‘绿色思想’最早同样是出自马克思”④。他向人们介绍了“自然主义—人道主义—共产主义”三位一体的“绿色道路”思想。他指出，人同自然关系的恶化，不仅是人与自然之间的生产关系恶化所致，还是人与人之间的关系恶化导致的。因此，要协调人与自然的关系，必须首先协调人与人的关系。他提醒我们，中国的可持续发展战略应当以马克思主义的“绿色道路”思想为指导。

柳树滋和赵红州原本从事自然科学研究，但他们能够突破学科界限，深入人文社会科学领域，率先提出自然的解放和人的解放、绿色道路和红色道路、实现可持续发展和实现共产主义远大目标相结合的主张，说明他们对马克思主义环境思想有深刻理解，而这种理解与他们深入研究自然辩证法密切相关。研究自然辩证法要求学者将自然科学和社会科学结合起来，同马克思恩格斯的治学方法一致，这易于我们全

① 陈汤臣主编：《中国大学校长名典》中卷，中国人事出版社1994年版，第376页。
② 柳树滋：《大自然观——关于绿色道路的哲学思考》，人民出版社1993年版，第322页。
③ 柳树滋：《春风吹又生——通向21世纪的绿色道路》，东北林业大学出版社1996年版，第34页。
④ 赵红州：《人与自然生态共荣》，《方法》，1996年第7期、第8期。

面准确地把握马克思主义的实质和精髓。在随后出现的大批马克思主义环境思想研究者之中，有许多是原本从事“自然辩证法”研究和教学的人员，这说明此种现象并非偶然。

二十世纪九十年代涉足马克思主义环境思想研究和探索的学者大幅增加，包括郇庆治（《自然环境价值的发现——现代环境中的马克思恩格斯自然观研究》，广西人民出版社，1994 年）、俞吾金（《论马克思的人化自然辩证法》，《学术月刊》，1992 年第 12 期）、肖中舟（《论马克思的自然观》，《武汉大学学报（哲学社会科学版）》，1997 年第 1 期）、魏洪钟（《马克思主义自然观与可持续发展》，《自然辩证法研究》，1998 年第 1 期）、冯敏（《关于马克思主义生态哲学的思考》，《北方论丛》，1998 年第 6 期）、张云飞（《社会发展生态向度的哲学展示——马克思恩格斯生态发展观初探》，《中国人民大学学报》，1999 年第 2 期）、李万古（《马克思自然观中的一个重大理论问题》，《成都行政学院学报》，1999 年第 3 期）等。

3. 二十一世纪的研究

进入二十一世纪以来，国内对马克思主义环境思想的研究更加广泛深入，不仅发表的论文数量非常多，而且出版了许多专著，马克思主义环境思想在各个相关学科的影响迅速扩大。

环境伦理学是争议最激烈、最引人注目的学科。在这一学科最初被介绍到中国的很长一段时间里，几乎所有的环境伦理学专著都以颠覆者的姿态出现，马克思主义当然也在被颠覆之列。2000 年，邝福光《环境伦理学教程》的出版打破了这种局面。该著作以马克思主义为指导，在主体性、环境价值、人化自然等重要问题上都坚持了马克思主义环境思想。傅华 2002 年出版的《生态伦理学探究》，则更加明确地强调了坚持马克思主义指导对研究环境伦理学的重要性和必要性。作者运用马克思主义观点，对西方和我国环境伦理学界所提出的环境伦理基本问题，即人与自然的关系问题、环境伦理学的学科性质问题、人与自然是否存在伦理关系问题、自然的“价值”和“权利”问题、生态伦理学的主体问题，以及“走进”还是“走出”人类中心主义问题等进行了深入研究和分析。作者对环境伦理学长期争论不休的问题，给予了马克思主义的回答，并详细提出了建构具有中国特色环境伦理学的基本原则。

在环境哲学方面，解保军的《马克思自然观的生态哲学意蕴——“红”与“绿”结合的理论先声》深入挖掘和整理了星散在马克思恩格斯众多著作中的环境思想。作者充分肯定了马克思恩格斯在环境思想方面的理论成就：“在某种意义上，我们可以说马克思恩格斯是人类历史上第一批生态学家，尤其是人类生态学家，是社会生态学家。”[①] 孙道进的《马克思主义环境哲学研究》，全面、深刻地研究了马克思主义环境哲学，分别从本体论、价值论、方法论、认识论、辩证法、历史观的维度对环境哲学中非人类中心主义和人类中心主义两大流派进行了整合和超越，将马克思主义环境哲学研究推上了一个更高的阶段。

在环境史学方面，张岂之较早提出用马克思主义环境思想指导环境史学研究。他指出：“摆在我们面前的重要研究任务之一，就是探讨马克思、恩格斯著作中的环境思想。”[②] 梅雪芹在《环境史研究叙论》中提出：“中国环境史学科的建设和发展，理应旗帜鲜明地坚持唯物史观的指导，以形成马克思主义环境史学派。”[③]

在环境经济学方面，刘思华的《生态马克思主义经济学原理》是代表作之一。作者沿着许涤新倡导的马克思主义环境经济学道路，在系统全面研究马克思恩格斯环境经济思想的基础上写成了这一 60 多万字的著作。该书不仅材料翔实，分析深刻，而且不乏真知灼见，是一部关于马克思主义环境经济学的重要成果。

在法学界，李可的《马克思恩格斯环境法哲学初探》是代表作之一。该著作提出“创立一门马克思主义环境法哲学的初步设想”[④]，同时专门研究探索了马克思恩格斯及其继承者在环境法制问题上的论述和见解，为我国环境法制建设提供了理论依据和方法指导。

在马克思主义环境思想的总体研究方面，广州市环境保护宣传教育中心编的《马克思恩格斯论环境》，将马克思恩格斯星散于众多著述中有关环境问题的论述集中起来，并分类对马克思主义环境思想进行了全面的发掘、整理和研究。该书“代前言”《马克思主义环境思想的现代解读》是研究的初步成果。2008 年，在《马克思主义环境思想释义》一文中，臧立发表了对马克思主义环境思想的称谓问题的见解。方世南的《论马克思主义环境思想的中国化》一文，充分肯定了马克思主义博大精深的环境思想，并提出了马克思主义环境思想中国化的目标，以及实现这一目标必须坚持的科学研究方法和原则。此外，王建辉的《马克思主义生态思想研究》，杜秀娟的《马克思主义生态哲学思想历史发展研究》，刘增惠的《马克思主义生态思想及实践研究》等，都对马克思主义环境思想研究作出了贡献。

---

① 解保军：《马克思自然观的生态哲学意蕴——“红”与“绿”结合的理论先声》，黑龙江人民出版社 2002 年版，第 5 页。

② 张岂之：《关于生态环境问题的历史思考》，《史学集刊》，2001 年第 3 期。

③ 梅雪芹：《环境史研究叙论》，中国环境科学出版社 2011 年版，第 94 页。

④ 李可：《马克思恩格斯环境法哲学初探》，法律出版社 2006 年版，第 3 页。

此外，共产主义理论、自然辩证法、科学技术哲学、主体性、价值观、发展观、人学理论、人的全面发展理论、环境政治学，以及马克思主义整体研究等，也都不同程度地涉及马克思主义环境思想。

第四节 马克思主义环境思想的崛起

由于马克思主义环境思想长期被遮蔽，以往的世界共产主义运动都在缺少环境思想的马克思主义理论指导下进行，这也是导致许多社会主义国家在环境建设方面不断受挫的原因之一。

长期以来，人们对马克思主义的认识和理解缺失了环境思想这一重要组成部分，没有真正理解马克思恩格斯的深刻思想。人们将两个大的变革当作一个变革，即社会关系的变革，把人与自然的关系单纯地理解为发展生产力，把人与人的关系单纯地理解为阶级关系，而且在相当大的程度上把“和解”单纯地理解为“斗争”和“征服”。世界共产主义运动中出现问题和挫折就是因为对马克思主义的认识和理解出现了偏差。当下，日益严峻的环境危机告诉我们，如果不关注人与自然和解的环境问题，失去资源和环境的支撑，人类社会将难以持续，又怎么能够谈得上实现共产主义呢?

真正继承和发展马克思主义环境思想的是中国共产党人。习近平生态文明思想全面继承和发展了马克思主义，尤其是继承和发展了马克思主义环境思想。习近平生态文明思想的主要内容包括：人与自然、人与人双重和谐的生态文明观；良好生态环境是最普惠的民生福祉的生态民生观；绿水青山就是金山银山的绿色发展观；运用最严格的制度和最严密的法制保护生态环境的生态法治观；以“生态红线”为生命线的生态安全观；等等。进一步而言，它解析了生态兴衰与文明变迁的关系、揭示了生态环境的历史唯物主义本质，指出了生态文明的终极价值取向，是对人类生态文明发展趋势的自觉顺应，是对马克思主义环境思想的创新应用，是对生态文明和环境建设规律的理性认识及对党的执政思想的丰富拓展。

党的十七大报告首次把建设生态文明作为一项战略任务明确下来，党的十七届四中全会再次将其提升到与经济建设、政治建设、文化建设、社会建设并列的战略高度，成为中国特色社会主义事业总体布局的组成部分。党的十八大报告进一步提出了将生态文明放在突出地位的决定：“面对资源约束趋紧、环境污染严重、生态系统退化的严峻形势，必须树立尊重自然、顺应自然、保护自然的生态文明理念，把生态文明建设放在突出地位，融入经济建设、政治建设、文化建设、社会建设各方面和全过程，努力建设美丽中国，实现中华民族永续发展。”①

党的十八大以来，习近平多次强调生态文明建设问题，并作了一系列重要论述。这些重要论述从中国特色社会主义事业“五位一体”总体布局的战略高度，对生态文明建设提出了一系列新思想、新观点、新论断、新要求，把生态文明建设提升到一个新高度、新境界。习近平强调:“良好生态环境是最公平的公共产品,是最普惠的民生福祉。”②“生态环境保护是功在当代、利在千秋的事业。要清醒认识保护生态环境、治理环境污染的紧迫性和艰巨性，清醒认识加强生态文明建设的重要性和必要性，以对人民群众、对子孙后代高度负责的态度和责任，真正下决心把环境污染治理好、把生态环境建设好，努力走向社会主义生态文明新时代，为人民创造良好生产生活环境。”③习近平要求:“要正确处理经济发展同生态环境保护的关系，牢固树立保护生态环境就是保护生产力、改善生态环境就是发展生产力的理念，更加自觉地推动绿色发展、循环发展、低碳发展，决不以牺牲环境为代价去换取一时的经济增长。”④

建设生态文明必须依靠法制，“只有实行最严格的制度、最严密的法治，才能为生态文明建设提供可靠保障”⑤。因此,必须建立体现生态文明发展要求的目标体系、考核办法、奖惩机制，使其在生态文明建设中发挥引导、规制、激励、服务和保障作用。

一是加强对国土资源的管理。“国土是生态文明建设的空间载体。要按照人口资源环境相均衡、经济社会生态效益相统一的原则，整体谋划国土空间开发，科学布局生产空间、生活空间、生态空间，给自然留下更多修复空间。”⑥要整体谋划国土空间，坚定不移加快实施主体功能区战略，严格按照优化开发、重点开发、限制开发、禁止开发的主体功能定位，划定并严守生态红线，构建科学合理的城镇化推进格局、农业发展格局、生态安全格局，保障国家和区域生态安全，提高生态服务功能。“要牢固树立生态红线的观念。在生态环境保护问题上，就是要不能越雷池一步，否则就应该受到惩罚。”⑦

二是健全环境管理体制。“我国生态环境保护中存在的一些突出问题，一定程度上

① 《十八大以来重要文献选编》上，中央文献出版社 2014 年版，第 30~31 页。
② 《十八大以来重要文献选编》中，中央文献出版社 2016 年版，第 493 页。
③ 《习近平谈治国理政》，外文出版社 2014 年版，第 208 页。
④ 《十八大以来重要文献选编》上，中央文献出版社 2014 年版，第 629 页。
⑤ 《习近平谈治国理政》，外文出版社 2014 年版，第 210 页。
⑥ 《习近平谈治国理政》，外文出版社 2014 年版，第 209 页。
⑦ 《习近平谈治国理政》，外文出版社 2014 年版，第 209 页。

与体制不健全有关，原因之一是全民所有自然资源资产的所有权人不到位，所有权人权益不落实。”[①] 针对这一问题，必须健全国家自然资源资产管理体制。

三是建立责任追究制度。主要是对领导干部的责任追究。“对那些不顾生态环境盲目决策、造成严重后果的人，必须追究其责任，而且应该终身追责。”[②] 城市规划建设要考虑对自然的影响，不能破坏自然系统。为什么很多城市缺水？其中一个重要原因是水泥地太多，占用了能够涵养水源的林地、草地、湖泊、湿地，切断了自然的水循环。当雨水积聚时，只能当作污水排走，地下水越抽越少。倘若要解决城市缺水问题，必须要顺应自然规律。比如，在提升城市排水系统时把有限的雨水存留下来，优先考虑利用自然力量排水，建设自然积存、自然渗透、自然净化的“海绵城市”。当下，许多地方提出建设生态城市，但采取的措施是让大树进城、开山造地、人造景观、填湖填海等，这不是生态文明建设，而是破坏自然生态。党的十九大总结了党的十八大以来我国生态文明建设取得的成就，并在此基础上明确提出：“坚持人与自然和谐共生。建设生态文明是中华民族永续发展的千年大计。必须树立和践行绿水青山就是金山银山的理念，坚持节约资源和保护环境的基本国策，像对待生命一样对待生态环境，统筹山水林田湖草系统治理，实行最严格的生态环境保护制度，形成绿色发展方式和生活方式，坚定走生产发展、生活富裕、生态良好的文明发展道路，建设美丽中国，为人民创造良好生产生活环境，为全球生态安全作出贡献。”[③] 另外，党的十九大规定了接下来五年我国生态文明建设的基本目标，即加快生态文明体制改革，建设美丽中国。具体而言，必须从推进绿色发展、着力解决突出环境问题、加快生态系统保护力度和改革生态环境监管体制四个方面入手。

2018 年 5 月，习近平在全国生态环境保护大会上指出：“深刻认识加强生态文明建设的重大意义”[④]，强调要学习和实践马克思主义关于人与自然关系的思想。习近平在会上提出了生态文明思想的主要内容和基本原则，构建了生态文明“五大体系”，即生态文化体系、生态经济体系、目标责任体系、生态文明制度体系、生态安全体系。这次大会将党和国家对生态文明的认识提升到了新高度，正式确立了习近平生态文明思想。

党的二十大延续了党的十九大和全国生态环境保护大会对生态文明建设的高度重

① 《十八大以来重要文献选编》上，中央文献出版社 2014 年版，第 507 页。
② 《十九大以来重要文献选编》上，中央文献出版社 2019 年版，第 453 页。
③ 《十九大以来重要文献选编》上，中央文献出版社 2019 年版，第 17 页。
④ 《十九大以来重要文献选编》上，中央文献出版社 2019 年版，第 443 页。

视。首先，党的二十大报告肯定了我国在生态文明建设方面已经取得的成绩："我们坚持绿水青山就是金山银山的理念，坚持山水林田湖草沙一体化保护和系统治理，全方位、全地域、全过程加强生态环境保护，生态文明制度体系更加健全，污染防治攻坚向纵深推进，绿色、循环、低碳发展迈出坚实步伐，生态环境保护发生历史性、转折性、全局性变化，我们的祖国天更蓝、山更绿、水更清。"①其次，党的二十大报告还从生态角度对现代化提出了要求，即中国式现代化是人与自然和谐共生的现代化。因为，"人与自然是生命共同体，无止境地向自然索取甚至破坏自然必然会遭到大自然的报复。我们坚持可持续发展，坚持节约优先、保护优先、自然恢复为主的方针，像保护眼睛一样保护自然和生态环境，坚定不移走生产发展、生活富裕、生态良好的文明发展道路，实现中华民族永续发展"②。最后，党的二十大报告还对促进人与自然和谐共生提供了方法论指导。第一，加快发展方式绿色转型；第二，深入推进环境污染防治；第三，提升生态系统多样性、稳定性、持续性；第四，积极稳妥推进碳达峰、碳中和。

此外，党的二十大报告为我国的生态文明建设指明了方向。党的二十大报告指出："大自然是人类赖以生存发展的基本条件。尊重自然、顺应自然、保护自然，是全面建设社会主义现代化国家的内在要求。必须牢固树立和践行绿水青山就是金山银山的理念，站在人与自然和谐共生的高度谋划发展。"③党的二十大报告强调："马克思主义是我们立党立国、兴党兴国的根本指导思想。"④

拥有马克思主义科学理论指导是我们党坚定信仰信念、把握历史主动的根本所在。因此，生态文明建设离不开马克思主义环境思想的指导，它理应成为我国生态文明建设的指导思想。但马克思恩格斯所处时代的环境状况与我国的生态现状有较大差别，如果照搬照抄马克思主义环境思想，难免产生"水土不服"的症状。也就是说，只有把马克思主义环境思想同我国生态文明建设实际结合起来，才能解决生态文明建设中的重大问题，才能保持马克思主义的蓬勃生机和旺盛活力。正如党的二十大报告所指出的那样："我们坚持以马克思主义为指导，是要运用其科学的世界观和方法论解决中国的问题，

---

① 习近平：《高举中国特色社会主义伟大旗帜　为全面建设社会主义现代化国家而团结奋斗——在中国共产党第二十次全国代表大会上的报告》，人民出版社 2022 年版，第 11 页。

② 习近平：《高举中国特色社会主义伟大旗帜　为全面建设社会主义现代化国家而团结奋斗——在中国共产党第二十次全国代表大会上的报告》，人民出版社 2022 年版，第 23 页。

③ 习近平：《高举中国特色社会主义伟大旗帜　为全面建设社会主义现代化国家而团结奋斗——在中国共产党第二十次全国代表大会上的报告》，人民出版社 2022 年版，第 49~50 页。

④ 习近平：《高举中国特色社会主义伟大旗帜　为全面建设社会主义现代化国家而团结奋斗——在中国共产党第二十次全国代表大会上的报告》，人民出版社 2022 年版，第 16 页。

而不是要背诵和重复其具体结论和词句，更不能把马克思主义当成一成不变的教条。我们必须坚持解放思想、实事求是、与时俱进、求真务实，一切从实际出发，着眼解决新时代改革开放和社会主义现代化建设的实际问题，不断回答中国之问、世界之问、人民之问、时代之问，作出符合中国实际和时代要求的正确回答，得出符合客观规律的科学认识，形成与时俱进的理论成果，更好指导中国实践。”① 综上所述，习近平生态文明思想与马克思主义环境思想是高度契合的。尤其是马克思主义环境思想中人与自然之间的辩证统一，人与人、人与自然的双重“和解”，人类史与自然史的彼此相互制约，等等，都成为习近平生态文明思想产生和发展的重要理论渊源。对此，有研究者明确指出：“马克思主义经典作家的生态思想为习近平生态文明思想奠定了重要理论基础。”② 具体来说，马克思的人与自然关系的理论和生态危机理论，恩格斯的自然观和自然辩证法都为习近平生态文明思想奠定了理论基础。总之，习近平生态文明思想的提出，预示着马克思主义环境思想开始了新的崛起，同时标志着马克思主义环境思想从理论转化为实践的重大飞跃。

① 习近平：《高举中国特色社会主义伟大旗帜　为全面建设社会主义现代化国家而团结奋斗——在中国共产党第二十次全国代表大会上的报告》，人民出版社 2022 年版，第 17~18 页。

② 佟玲：《习近平生态文明思想及践行研究》，东北师范大学博士学位论文，2022 年，第 13 页。

第四章　敲响环境问题的警钟

一个较为普遍的看法是，全球性环境问题在二十世纪出现。殊不知，早在十九世纪英国刚刚完成制造业机械化的时候，恩格斯就开始关注并研究工业化引起的环境问题，并作出了科学的、实事求是的分析。可以毫不夸张地说，恩格斯可能是最早关注工业社会环境问题的研究者。

许多回顾和介绍环境保护发展历史的文章认为，1962 年美国学者蕾切尔·卡森的《寂静的春天》敲响了环境问题的警钟。其实，确切点说，卡森是再次敲响了环境问题的警钟。因为，早于卡森约一个世纪，恩格斯针对当时科学技术和生产力快速发展、人类改造自然界取得巨大的成就并准备夺取更大战果时就向人们发出了警告：

我们不要过分陶醉于我们人类对自然界的胜利。对于每一次这样的胜利，自然界都对我们进行报复。每一次胜利，起初确实取得了我们预期的结果，但是往后和再往后却发生完全不同的、出乎预料的影响，常常把最初的结果又消除了。①

恩格斯在列举了世界各地的生态环境因人类活动而遭到破坏的事实之后，告诫人们："我们每走一步都要记住：我们决不像征服者统治异族人那样支配自然界，决不像站在自然界之外的人似的去支配自然界——相反，我们连同我们的肉、血和头脑都是属于自然界和存在于自然界之中的。"② 在这里，恩格斯十分明确地警告我们，人类生存于大自然之中，和大自然的命运休戚相关，因此，必须同大自然友好相处。

---

①《马克思恩格斯选集》第 3 卷，人民出版社 2012 年版，第 998 页。

②《马克思恩格斯选集》第 3 卷，人民出版社 2012 年版，第 998 页。

在马克思恩格斯所处的时代，尽管环境问题还没有像今天这样突出和严重，但刚露端倪的各种环境问题已经引起了他们的密切关注。恩格斯在《自然辩证法》手稿中阐述的关于保护环境的想法，因手稿未能完成而没有得到进一步充分系统的发挥和论述，也由于当时的环境问题尚未像今天这样严峻，所以恩格斯的警告并没有引起人们足够的理解和重视。随着岁月的流逝，人们日渐淡忘了马克思主义环境思想，甚至还出现了一种奇怪的现象：有些学者一方面重复着马克思恩格斯曾经的观点，另一方面狂妄地批评他们的看法。如美国环境史学家唐纳德·沃斯特就认为，马克思主义只关心人与社会的关系，而忽视了人与自然关系的和谐，在马克思那里"无法找到多少对保护任何古老的自然观的关心以及对环境保护的任何关注"[①]。再如，英国学者克莱夫·庞廷在《绿色世界史——环境与伟大文明的衰落》中，用大量事实分析农业在世界的三个核心地区展开后所造成的环境问题。他所谈论的内容，恩格斯早在100多年前就论述过，作者却大肆批评马克思恩格斯。但值得肯定的是，《绿色世界史——环境与伟大文明的衰落》的中文译者王毅和张学广在向中国读者介绍这本书的时候，指出了这个问题。[②] 这比不加批判的态度要高明得多。

第一节　青年恩格斯对环境污染问题的关注

恩格斯出生于德国巴门市（今伍珀塔尔市）的一个工厂主家庭，他的家族从16世纪开始就定居于伍珀河谷。他的曾祖父创办了一个集漂白、纺纱和编织花边为一体的小作坊，经过辛勤经营，小作坊逐渐发展成为巴门较大的企业，到恩格斯父亲时，这个家庭已经成为当地的名门望族。

由于恩格斯的家庭从事的是纺织行业，伍珀河谷又是纺织业的集中地，这就使恩格斯从小就对纺织工业对环境的污染有十分深刻的印象。他在19岁时发表的第一篇文章《伍珀河谷来信》中，对家乡的伍珀河受到严重污染的景象进行了生动的描述：

伍珀河谷……是指伸延在大约3小时行程的伍珀河沿岸的埃尔伯费尔德和巴门两个城市。这条狭窄的河流泛着红色波浪，时而急速时而缓慢地流过烟雾弥漫的工厂厂房和堆满棉纱的漂白工厂。然而它那鲜红的颜色并不是来自某个流血的战场……而是完全源

① 唐纳德·沃斯特：《自然的经济体系——生态思想史》，侯文蕙译，商务印书馆1999年版，第491页。

② 克莱夫·庞廷：《绿色世界史——环境与伟大文明的衰落》，王毅、张学广译，上海人民出版社2002年版，第5~6页。

于许多使用土耳其红颜料的染坊。[①]

虽然当时伍珀河谷也有尚未受到污染的地区，那里的山峦很青翠，小河的水很清澈，巴门富人居住的地区也很漂亮，但是，在桥的另外一边，埃尔伯费尔德成千上万的工人生活环境非常糟糕。那些没有固定住所和工资收入的人，“天蒙蒙亮从自己的栖身之所——干草棚、马厩等处爬出来，如果不是在粪堆或房屋台阶上度过整个夜晚的话”[②]。工人的工作环境也同样恶劣，他们“在低矮的房子里劳动，吸进的煤烟和灰尘多于氧气，而且大部分人从6岁起就在这样的环境下生活，这就剥夺了他们的全部精力和生活乐趣。单干的织工从早到晚蹲在自己家里，躬腰曲背地坐在织机旁，在炎热的火炉旁烤着自己的脊梁”[③]。沉重的劳动和恶劣的环境，极大地损害了工人的健康，“在那里碰到的一些健康人，几乎全是细木工或其他手艺人，他们都是从别的地方来的；在当地的皮匠中间也会见到一些身强力壮的人，但用不了3年，他们的肉体和精神就会被毁掉；5个人中有3个人死于肺结核”[④]。“下层等级，特别是伍珀河谷的工厂工人，普遍处于可怕的贫困境地；梅毒和肺部疾病蔓延到难以置信的地步。”[⑤]恩格斯在这篇文章中，表现出对刚刚兴起的资本主义工业生产给家乡带来的环境污染问题的深切关注。这种敏锐的环境意识在当时是极为难得的。同时，工人群众的恶劣生存环境给青年恩格斯带来了极大的感情冲击，这激励他关注环境问题，尤其是关注工人群众的生存环境，这成为他以后深入研究环境问题的强大推动力。

第二节　关注城市环境问题

1842年11月，一个雾气弥漫的日子，恩格斯来到了伦敦。此时的英国已是典型的资本主义国家，与以农业为主的德国大不相同。恩格斯曾经看到的伍珀河谷的污染状况，同英国比起来，可以说是小巫见大巫了。

恩格斯在英国首先看到的是工业造就的繁华城市。在《英国工人阶级状况》一书中，他赞叹从海面向伦敦桥溯流而上时看到的泰晤士河的壮观景色：“这一切是这样雄伟，这

① 《马克思恩格斯全集》第2卷，人民出版社2005年版，第39页。
② 《马克思恩格斯全集》第2卷，人民出版社2005年版，第43~44页。
③ 《马克思恩格斯全集》第2卷，人民出版社2005年版，第44页。
④ 《马克思恩格斯全集》第2卷，人民出版社2005年版，第44页。
⑤ 《马克思恩格斯全集》第2卷，人民出版社2005年版，第44页。

样壮丽，简直令人陶醉，使人还在踏上英国的土地以前就不能不对英国的伟大感到惊奇。”①不过，赞美伦敦的繁华景象并不是恩格斯的最终目的，他要告诉人们：“为这一切付出了多大的代价，这只有在以后才看得清楚。”②

令人称奇的是，恩格斯亲眼看到了他自己的预言变为现实。1892年《英国工人阶级状况》再版的时候，恩格斯在这段赞美伦敦的话后面加上了注释：“这是差不多五十年前，在美丽如画的帆船时代写的。现在，这样的船如果还出现在伦敦，那就只有停在船坞里面了，而布满太晤士河的已是熏得漆黑的丑陋的轮船。”③

恩格斯利用约两年的时间考察了英国许多城市，在调查了解工人阶级生存状况的同时，对英国的环境状况也有了充分的了解和认识。他在《英国工人阶级状况》一书中，对英国恶劣的环境状况作了深入细致的描写。

一、英国工人恶劣的居住环境

“像波尔顿、普累斯顿、威根、柏立、罗契得尔、密得尔顿、海华德、奥尔丹、埃士顿、斯泰里布雷芝、斯托克波尔特等城市”的共同特点是，“这些城市本身都建筑得坏而杂乱，有许多肮脏的大杂院、街道和小胡同，到处都弥漫着煤烟，由于它们的建筑物是用鲜红的、但时间一久就会变黑的砖（这里普遍使用的建筑材料）修成的，就给人一种特别阴暗的印象”。④在恩格斯去过的城市中，“除普累斯顿和奥尔丹外，位于曼彻斯特西北11英里的波尔顿算是这些城市中最坏的了。……即使在天气最好的时候，这个城市也是一个阴森森的讨厌的大窟窿，……一条黑水流过这个城市，很难说这是一条小河还是一长列臭水洼。这条黑水把本来就很不清洁的空气弄得更加污浊不堪”⑤。在曼彻斯特，恩格斯看到了“最糟糕的房子”，“陷入一种不能比拟的肮脏而令人作呕的环境里”⑥，也看到了“桥底下流着，或者更确切地说，停滞着艾尔克河，这是一条狭窄的、黝黑的、发臭的小河，里面充满了污泥和废弃物，河水把这些东西冲积在右边的较平坦的河岸上。天气干燥的时候，这个岸上就留下一长串龌龊透顶的暗绿色的淤泥坑，臭气泡经常不断地从坑底冒上来，散布着臭气，甚至在高出水面四五十英尺的桥上也使人感到受不了。此外，河本

① 《马克思恩格斯全集》第2卷，人民出版社1957年版，第303页。
② 《马克思恩格斯全集》第2卷，人民出版社1957年版，第303页。
③ 广州环境保护宣传教育中心编：《马克思恩格斯论环境》，中国环境出版社2003年版，第78页。
④ 《马克思恩格斯全集》第2卷，人民出版社1957年版，第323页。
⑤ 《马克思恩格斯全集》第2卷，人民出版社1957年版，第323~324页。
⑥ 《马克思恩格斯全集》第2卷，人民出版社1957年版，第330页。

身每隔几步就被高高的堤堰所隔断，堤堰近旁，淤泥和垃圾积成厚厚的一层并且在腐烂着。桥以上是制革厂；再上去是染坊、骨粉厂和瓦斯厂，这些工厂的脏水和废弃物统统汇集在艾尔克河里，此外，这条小河还要接纳附近污水沟和厕所里的东西。这就容易想像到这条河留下的沉积物是些什么东西。桥以下，可以看到陡峭的左岸上大杂院里的垃圾堆、脏东西、泥土和瓦砾……”[①]。

之后，恩格斯又写道：“重读了一遍自己对它的描写，我应当说，我不仅丝毫没有夸大，而且正好相反，对这个至少住着两三万居民的区域，我还远没有把它的肮脏、破旧、昏暗和违反清洁、通风、卫生等一切要求的建筑特点十分鲜明地表现出来。而这样一个区域是在英国第二大城，世界第一个工厂城市的中心呀！”[②]

恩格斯在《英国工人阶级状况》一书中，对各城市工人居住区的环境状况作了详细的描述，由于这些文字的数量太多，这里只能选取几段：

小宅子都很破旧，肮脏，小得不能再小；街道坑坑洼洼，高低不平，大部分没有铺砌，也没有污水沟。到处都是死水洼，高高地堆积在这些死水洼之间的一堆堆的垃圾、废弃物和令人作呕的脏东西不断地发散出臭味来染污四周的空气，而这里的空气由于成打的工厂烟囱冒着黑烟，本来就够污浊沉闷的了。[③]

大城市工人区里的脏东西和死水洼对公共卫生总要引起最恶劣的后果，因为正是这些东西散发出制造疾病的毒气；被污染了的河流冒出来的水蒸气也是一样。……一切用来保持清洁的东西都被剥夺了，水也被剥夺了，因为自来水管只有出钱才能安装，而河水又弄得很脏，根本不能用来洗东西。他们被迫把所有的废弃物和垃圾、把所有的脏水、甚至还常常把最令人作呕的脏东西倒在街上，因为他们没有任何别的办法扔掉所有这些东西。[④]

恩格斯总结道：“我在二十个月的时间内有机会亲身观察到的曼彻斯特各工人区就是如此。如果把我们在这些地方游历的结果概括一下，我们应当说，曼彻斯特及其郊区的35万工人几乎全都是住在恶劣、潮湿而肮脏的小宅子里，而这些小宅子所在的街道又多半是极其糟糕极不清洁的，建造时一点也没有考虑到空气是否流通，所考虑的只是业主的巨额利润。”[⑤]

---

① 《马克思恩格斯全集》第2卷，人民出版社1957年版，第330~331页。
② 《马克思恩格斯全集》第2卷，人民出版社1957年版，第335页。
③ 《马克思恩格斯全集》第2卷，人民出版社1957年版，第342页。
④ 《马克思恩格斯全集》第2卷，人民出版社1957年版，第381~382页。
⑤ 《马克思恩格斯全集》第2卷，人民出版社1957年版，第345页。

二、恶劣的工作环境对工人健康的损害

恩格斯还调查了工人恶劣的工作环境及其对健康的损害情况。“漂白工的工作对健康是非常有害的，因为他们不得不经常把氯气这种对肺部极有害的物质吸进去”[①]；“对健康最有害并引起工人早死的，是磨刀叉的工作，特别是在干石头上磨的时候。这种工作之所以有害，一半是由于必须弯着腰工作，因而胸部和胃部经常受到压迫，但主要是由于在磨刀叉时有大量灰尘状的、极细微的、有尖锐棱角的金属屑飞出来，弥漫在空气中，从而不可避免地要吸到肺里去。干磨工平均很难活到三十五岁，湿磨工也很少能活到四十五岁”[②]；“在磨光陶器的工房里，空气中充满了微细的矽土尘埃，把这种尘埃吸到肺里并不比设非尔德的磨工把钢屑吸进去的害处小些。工人们患着喘病，要静静地躺一回都不可能，喉咙溃烂，咳嗽得很厉害，说话的声音小得几乎听不见。他们也都是得肺结核死掉的”[③]。通过这些描述我们可以看出，恩格斯早在工业革命于英国刚刚兴起的时候就已经开始关注环境问题（包括城市的卫生问题）。同时，恩格斯对环境问题的详细调查，为我们留下了当时世界上第一个工业化国家环境状况的宝贵资料。

第三节　分析城市环境污染的原因

恩格斯不仅深入调查了英国的环境污染问题，而且细致分析了这些问题产生的原因。

恩格斯认为城市化是导致环境污染的一个重要原因。在《英国工人阶级状况》中，他写道：

人口向大城市集中这件事本身就已经引起了极端不利的后果。伦敦的空气永远不会像乡间那样清新而充满氧气。250 万人的肺和 25 万个火炉集中在三四平方德里的地面上，消耗着极大量的氧气，要补充这些氧气是很困难的，因为城市建筑本身就阻碍着通风。呼吸和燃烧所产生的碳酸气，由于本身比重大，都滞留在房屋之间，而大气的主流只从屋顶掠过。住在这些房子里面的人得不到足够的氧气，结果身体和精神都萎靡不振，生活力减弱。因此，大城市的居民患急病的，特别是患各种炎症的，虽然比生活在清新

① 《马克思恩格斯全集》第 2 卷，人民出版社 1957 年版，第 482 页。
② 《马克思恩格斯全集》第 2 卷，人民出版社 1957 年版，第 490 页。
③ 《马克思恩格斯全集》第 2 卷，人民出版社 1957 年版，第 494 页。

的空气里的农村居民少得多，但是患慢性病的却多得多。如果说大城市里的生活本身已经对健康有不好的影响，那末工人区里的污浊空气的危害又该多么大呵，我们已经看到，一切能使空气变得更坏的东西都聚集在那里了。在乡间，就是在房子旁边有一个污水坑，也不会那么有害，因为那里空气可以四面八方地自由流通。但是在大城市的中心，在四周全是建筑物、新鲜空气全被隔绝了的街道上和大杂院里，就完全是另外一回事了。一切腐烂的肉皮菜帮之类的东西都散发着对健康绝对有害的臭气，而这些臭气又不能自由地散出去，势必要把空气搞坏。①

经过多年的研究和思索之后，恩格斯对造成这种情况的原因有了更加深刻的认识。他指出，大工业生产所需要的动力，主要是水力和蒸汽力（当时电力工业还没有发展起来），水力是受到地方局限的，而蒸汽力则是自由的。"如果说水力必然存在于乡村，那么蒸汽力却决不是必然存在于城市。只有蒸汽力的资本主义应用才使它主要集中于城市，并把工厂乡村转变为工厂城市。但是这样一来，蒸汽力的资本主义应用就同时破坏了自己的运行条件。蒸汽机的第一需要和大工业中差不多一切生产部门的主要需要，就是比较干净的水。但是工厂城市把所有的水都变成臭气熏天的污水。因此，虽然向城市集中是资本主义生产的基本条件，但是每个工业资本家又总是力图离开资本主义生产所必然造成的大城市，而迁移到农村地区去经营。"②

恩格斯的上述分析建立在有事实依据的调查基础之上："关于这一过程，可以在兰开夏郡和约克郡的纺织工业地区详细加以研究；在那些地方，资本主义大工业不断地从城市迁往农村，因而不断地造成新的大城市。在金属加工工业地区也有类似的情形，在那里，一部分另外的原因造成同样的结果。"③这样，恩格斯就抓住了问题的主要症结，找到了资本主义工业发展造成环境污染的深层次的、最根本的原因——资本主义无计划的、纯粹为了获得利润的生产方式。因此，恩格斯认为："要消灭这种新的恶性循环，要消灭这个不断重新产生的现代工业的矛盾，又只有消灭现代工业的资本主义性质才有可能。只有按照一个统一的大的计划协调地配置自己的生产力的社会，才能使工业在全国分布得最适合于它自身的发展和其他生产要素的保持或发展。"④恩格斯指出："城市和乡村的对立的消灭不仅是可能的，而且已经成为工业生产本身的直接需要，同样也已经成为农业生

① 《马克思恩格斯全集》第 2 卷，人民出版社 1957 年版，第 380~381 页。
② 《马克思恩格斯选集》第 3 卷，人民出版社 2012 年版，第 683 页。
③ 《马克思恩格斯选集》第 3 卷，人民出版社 2012 年版，第 683 页。
④ 《马克思恩格斯选集》第 3 卷，人民出版社 2012 年版，第 683~684 页。

产和公共卫生事业的需要。只有通过城市和乡村的融合，现在的空气、水和土地的污染才能排除，只有通过这种融合，才能使目前城市中病弱群众的粪便不致引起疾病，而被用做植物的肥料。”[①]

恩格斯不仅分析了城市环境恶化的表面原因，而且指出了其根本原因：“要知道，一切最使我们厌恶和愤怒的东西在这里都是最近的产物，工业时代的产物。”[②] 恩格斯还分析道：“伦敦人为了创造充满他们的城市的一切文明奇迹，不得不牺牲他们的人类本性的优良品质；才会开始觉察到，潜伏在他们每一个人身上的几百种力量都没有使用出来，而且是被压制着，为的是让这些力量中的一小部分获得充分的发展，并能够和别人的力量相结合而加倍扩大起来。”[③] 在这里，恩格斯对环境问题的分析已经深入到实质性层面，涉及物质文明和精神文明的关系问题、人的异化和人的全面发展问题，这些问题不仅是与环境理论相关的重大问题，也是社会发展理论中的重大问题。恩格斯认识环境问题的理论深度，不仅在当时无可比拟，即使在今天也是学者需要认真学习的。

虽然上面引用的材料只是恩格斯叙述、描写英国环境问题的一些片段，但通过这些片段可以看到，恩格斯对环境问题有着非常敏锐的意识。要知道，在当时访问过英国的许多人眼里，那里发达的工业是多么令人惊奇和振奋。他们普遍认为，英国是世界上最先进、最令人向往的国家。

当时，法国印象派画家莫奈到英国伦敦著名的威斯敏斯特教堂写生。那个时期的伦敦被茫茫大雾所笼罩，雄伟的教堂在迷雾中半遮半掩、若隐若现，充满了神秘感。莫奈被眼前的景象陶醉了，立即拿起画笔画了起来。令莫奈没有想到的是，这幅画在伦敦展出的时候引起了一场风波。原来，一些人看到莫奈在画上把笼罩着教堂的雾画成了紫红色，认为莫奈歪曲了事实。伦敦的雾怎么会是紫红色呢？有人指责莫奈胆大妄为、哗众取宠。当这些愤愤不平的人们走出展览大厅时，都不自觉地抬头看看天空，想看清楚伦敦的雾究竟是什么颜色。令他们震惊的是，伦敦上空的雾的确是紫红色的。原来，由于伦敦工厂太多，烟囱林立，排出的烟尘和废气整天不散。空气中的杂质遇到水蒸气之后，就会凝结成细小的水珠形成雾，伦敦也因此被称为“雾都”。这种大雾在阳光的照射下，就会呈现出紫红色。由于伦敦人习以为常、见怪不怪，反倒不清楚伦敦上空的雾究竟是什么颜色。

莫奈敏锐地运用色彩告诉了人们伦敦大雾的颜色，但是他没有认识到大雾的危害，

---

① 《马克思恩格斯选集》第 3 卷，人民出版社 2012 年版，第 684 页。

② 《马克思恩格斯全集》第 2 卷，人民出版社 1957 年版，第 335 页。

③ 《马克思恩格斯全集》第 2 卷，人民出版社 1957 年版，第 303~304 页。

更没有意识到环境污染问题。莫奈本人也好，当时的伦敦人也好，都把伦敦的雾当作审美对象，他们将这种违反自然的污染现象当成一种朦胧之美。莫奈去伦敦的时间没有详细记载，不过可以大体推算一下。莫奈生卒年为1840—1926年，他去英国应该在20岁以后即1860年以后。所以可以推断，恩格斯1842年初次去伦敦时，至少比莫奈早18年。恩格斯能够透过英国工业城市表面的繁华，看到环境污染等城市问题，并预见到繁华背后可能出现的巨大隐患，表现出了超群的环境意识。

第四节　关注土地资源

土地，是人类最初的劳动对象，在漫长的农业社会，人们把土地看作命根子。马克思在《资本论》中写道："土地是他的原始的食物仓，也是他的原始的劳动资料库。例如，他用来投、磨、压、切等等的石块就是土地供给的。土地本身是劳动资料"[①]"它给劳动者提供立足之地，给他的劳动过程提供活动场所。"[②]即使在今天，土地仍然是人类最重要的资源。不但耕种需要土地，建房、修路、造桥，一切活动都离不开土地。对这一点，恩格斯有非常清醒的认识，他在《国民经济学批判大纲》中写道："土地是我们的一切，是我们生存的首要条件。"[③]

马克思恩格斯特别重视土地的特殊地位。在许多论述当中，他们将土地作为自然环境的代名词加以使用。在他们看来，土地及各类自然资源，都是人类生存和发展的物质基础，是人类的劳动对象，而人类的一切劳动和生产活动都在土地上进行。人们常说，劳动创造世界。这句话看似正确，实则片面，如果没有劳动对象，人们并不能凭空创造出任何产品和财富。因此，"劳动并不是它所生产的使用价值即物质财富的唯一源泉。正像威廉·配第所说，劳动是财富之父，土地是财富之母"[④]。

马克思恩格斯不仅看到了土地的重要性，而且看到了土地的有限性。恩格斯说："如果土地像空气一样容易得到，那就没有人会支付地租了。既然情况不是这样，而是在一种特殊情况下被占有的土地的面积是有限的。"[⑤]马克思也曾指出："土地是有限的，而有

① 《马克思恩格斯选集》第2卷，人民出版社2012年版，第171页。
② 《马克思恩格斯选集》第2卷，人民出版社2012年版，第172页。
③ 《马克思恩格斯选集》第1卷，人民出版社2012年版，第31页。
④ 《马克思恩格斯选集》第2卷，人民出版社2012年版，第103页。
⑤ 《马克思恩格斯选集》第1卷，人民出版社2012年版，第29页。

水力资源的土地更是有限的。”①

马克思在《哲学的贫困》中指出：“地质科学目前又在开始推翻过去对相对肥力的估价，……肥力并不像人们所想的那样是一种天然素质，它和当前的社会关系有着密切的联系。”②可以看出，一方面，马克思认为化学在农业上的应用可以提高土地的肥力，另一方面反映出马克思对当时尚不十分严重、没有充分表现出来的化工产品对农业所造成的影响，已经有相当的警惕。

通过广泛了解和深入思考大量的生态环境问题，恩格斯得出了一个结论。他在一封致友人的信中写道：“所有已经或者正在经历这种过程的国家，或多或少都有这样的情况。地力耗损——如在美国；森林消失——如在英国和法国，目前在德国和美国也是如此；气候改变、江河干涸在俄国大概比其他任何地方都厉害，因为给各大河流提供水源的地带是平原，没有像为莱茵河、多瑙河、罗讷河及波河提供水源的阿尔卑斯山那样的积雪。农业旧有条件遭到破坏，向大农场资本主义经营方式逐渐过渡——这些都是在英国和德国东部已经完成了的而在其他地方正在普遍进行着的过程。”③后来，恩格斯在准备《自然辩证法》的材料时进一步阐述了对这一问题的认识：“文明是一个对抗的过程，这个过程以其至今为止的形式使土地贫瘠，使森林荒芜，使土壤不能产生其最初的产品，并使气候恶化。土地荒芜和温度升高以及气候的干燥，似乎是耕种的后果。”④

恩格斯列举了破坏生态环境的种种现象，并指出这是一种在世界各地普遍进行着的过程，而这一过程产生的原因，则是“农业旧有条件遭到破坏，向大农场资本主义经营方式逐渐过渡”⑤。这个结论和马克思所说的资本主义生产“破坏着人和土地之间的物质变换”⑥，“从而破坏土地持久肥力的永恒的自然条件”⑦的论述，是完全一致的。

正是基于对土地资源有限性的认识，马克思恩格斯高度重视土地资源的保护问题。马克思对土地所有制和对地租问题的深入研究，也是对土地资源开发、利用及保护的研究。马克思发现，在原始社会，土地为部落（马克思称其为“共同体”）所公有。在那里，“土地是一个大实验场，是一个武库，既提供劳动资料，又提供劳动材料，还提供共同体居住

① 《马克思恩格斯选集》第 2 卷，人民出版社 2012 年版，第 619 页。
② 《马克思恩格斯选集》第 1 卷，人民出版社 2012 年版，第 265~266 页。
③ 《马克思恩格斯选集》第 4 卷，人民出版社 2012 年版，第 628 页。
④ 恩格斯：《自然辩证法》，人民出版社 1984 年版，第 311 页。
⑤ 《马克思恩格斯文集》第 10 卷，人民出版社 2009 年版，第 627 页。
⑥ 《马克思恩格斯选集》第 2 卷，人民出版社 2012 年版，第 233 页。
⑦ 《马克思恩格斯选集》第 2 卷，人民出版社 2012 年版，第 233 页。

的地方，即共同体的基础。人类素朴天真地把土地当做共同体的财产”[①]。在土地公有的情况下，尽管也会出现土地退化问题，但同土地私有情况下土地退化的情况相比要轻微得多。因为土地私有制出现以后，“社会上一部分人向另一部分人要求一种贡赋，作为后者在地球上居住的权利的代价，因为土地所有权本来就包含土地所有者剥削地球的躯体、内脏、空气，从而剥削生命的维持和发展的权利”[②]。尤其是资本主义的高速发展给土地带来更加严重的危害，如果说在此之前的土地私有制度只是“更直接地滥用和破坏土地的自然力”，那么“大工业和按工业方式经营的大农业共同发生作用”，“二者会携手并进，因为产业制度在农村也使劳动者精力衰竭，而工业和商业则为农业提供使土地贫瘠的各种手段”。[③]

马克思在1868年3月25日致恩格斯的信中，谈到对《各个时代的气候和植物界，二者的历史》一书的看法。该书的作者弗腊斯既是化学家、农学家，又是知识渊博的语言学家，马克思称他为“达尔文以前的达尔文主义者”[④]。弗腊斯认为，耕作的最初影响是有益的，但是由于砍伐树木等，最后会使土地荒芜。对此，马克思在信中写道：“结论是：耕作——如果自发地进行，而不是有意识地加以控制（他作为资产者当然想不到这一点）——会导致土地荒芜，像波斯、美索不达米亚等地以及希腊那样。”[⑤]

在这封信中，马克思表示了对弗腊斯观点的赞同，但同时指出了弗腊斯的局限性——作为一个资产者，他是不会想到土地环境保护问题的。正如恩格斯所说：“西班牙的种植场主曾在古巴焚烧山坡上的森林，以为木灰作为肥料足够最能赢利的咖啡树利用一个世代之久，至于后来热带的倾盆大雨竟冲毁毫无保护的沃土而只留下赤裸裸的岩石，这同他们又有什么相干呢？”[⑥]在这里，马克思恩格斯不仅看到了环境问题产生的技术方面的原因，而且看到了更加深刻的制度方面的原因。

马克思从最基本的层次，也就是从人和自然之间物质循环的层次来分析土地问题。马克思通过对比农业生产和工业生产，发现了两者之间的巨大差异。在传统的农业生产中，人和自然之间形成了一种比较接近于自然形态的物质循环关系，即人从自然界（主要是土地）获取的原料，在经过简单的加工之后，就可以成为人类所需要的食物和生活用品。如将种子变成粮食；将棉花纺成线织成布，并制成衣服；把木头制成桌子；等等。这些食

---

①《马克思恩格斯选集》第2卷，人民出版社2012年版，第726页。
②《马克思恩格斯全集》第46卷，人民出版社2003年版，第875页。
③《马克思恩格斯全集》第46卷，人民出版社2003年版，第919页。
④《马克思恩格斯选集》第4卷，人民出版社2012年版，第471页。
⑤《马克思恩格斯选集》第4卷，人民出版社2012年版，第471页。
⑥《马克思恩格斯选集》第3卷，人民出版社2012年版，第1001页。

物和生活用品在生产过程中产生的废物，包括秸秆、碎布、木屑，以及产品被人类消费之后产生的废物，又返还给大自然。它们很容易被降解，重新成为土地中的肥料被植物吸收，并参与自然界的物质循环。资本主义工业的发展虽然大大提高了生产力，但是工业生产使产业链条拉长。许多产品经过多次加工而成，完全改变了原料在自然界中的原始形态，变得不容易被自然界降解和吸收。尤其是钢铁、机械、化工等行业，其产品生产中产生的废物及产品本身，在消费之后很难返回到大自然，重新参与自然界的物质循环（这种情况在他们之后发展起来的塑料工业中表现得尤其突出）。即使可以直接返回土地的城市粪便，也因为管理方面的原因，不能转化为土地的肥料，而成为污染物。

针对这种情况，马克思指出："资本主义生产使它汇集在各大中心的城市人口越来越占优势，这样一来，它一方面聚集着社会的历史动力，另一方面又破坏着人和土地之间的物质变换，也就是使人以衣食形式消费掉的土地的组成部分不能回归土地，从而破坏土地持久肥力的永恒的自然条件。"[①]"资本主义农业的任何进步，都不仅是掠夺劳动者的技巧的进步，而且是掠夺土地的技巧的进步，在一定时期内提高土地肥力的任何进步，同时也是破坏土地肥力持久源泉的进步。一个国家，例如北美合众国，越是以大工业作为自己发展的基础，这个破坏过程就越迅速。因此，资本主义生产发展了社会生产过程的技术和结合，只是由于它同时破坏了一切财富的源泉——土地和工人。"[②]在这里，马克思在看到资本主义生产聚集着社会发展动力的同时，发现了这种生产方式的巨大弊端。那就是"资本主义生产通过破坏这种物质变换的纯粹自发形成的状况，同时强制地把这种物质变换作为调节社会生产的规律，并在一种同人的充分发展相适合的形式上系统地建立起来。在农业中，像在工场手工业中一样，生产过程的资本主义转化同时表现为生产者的殉难史，劳动资料同时表现为奴役工人的手段、剥削工人的手段和使工人贫穷的手段，劳动过程的社会结合同时表现为对工人个人的活力、自由和独立的有组织的压制"[③]。马克思认为，资本主义制度带来的破坏是双重的，一重是对人的摧残和奴役，另一重是对自然的破坏。马克思所关心的不只是工人的命运，也关心土地（可以引申为自然）的命运。他和恩格斯共同创建的共产主义理论，不仅要解决人和人之间的关系问题，而且要解决人和自然之间的关系问题。

马克思恩格斯还注意到了土地资源的可持续利用。马克思认为："个别人对土地的私

① 《马克思恩格斯选集》第 2 卷，人民出版社 2012 年版，第 233 页。
② 《马克思恩格斯选集》第 2 卷，人民出版社 2012 年版，第 234 页。
③ 《马克思恩格斯选集》第 2 卷，人民出版社 2012 年版，第 233~234 页。

有权，和一个人对另一个人的私有权一样，是十分荒谬的。甚至整个社会，一个民族，以至一切同时存在的社会加在一起，都不是土地的所有者。他们只是土地的占有者，土地的受益者，并且他们应当作为好家长把经过改良的土地传给后代。”[①] 在这里，马克思实际上提出了人类社会可持续发展的问题。

第五节　关注森林、矿产等资源及生态破坏问题

在马克思恩格斯的著作中，虽然很少提到“资源”一词，但他们多次用“自然界”“自然物”“自然力”“自然前提”“有用物”“生活资料”“劳动对象”“产品的原始要素”“外界自然条件”等称谓，从不同角度来说明资源的性质和特点，并强调资源的重要性。

他们十分重视物质资源对人类生存的基础作用：“没有自然界，没有感性的外部世界，工人什么也不能创造。”[②]“人并没有创造物质本身。甚至人创造物质的这种或那种生产能力，也只是在物质本身预先存在的条件下才能进行。”[③]“政治经济学家说：劳动是一切财富的源泉。其实，劳动和自然界在一起才是一切财富的源泉，自然界为劳动提供材料，劳动把材料转变为财富。”[④] 马克思在《资本论》中对自然资源是这样分类的：“外界自然条件在经济上可以分为两大类：生活资料的自然富源，例如土壤的肥力，鱼产丰富的水域等等；劳动资料的自然富源，如奔腾的瀑布、可以航行的河流、森林、金属、煤炭等等。在文化初期，第一类自然富源具有决定性的意义；在较高的发展阶段，第二类自然富源具有决定性的意义。”[⑤]

随着农业环境问题研究的深入，恩格斯扩大了研究范围。在《自然辩证法》中，恩格斯列举了美索不达米亚、希腊、小亚细亚及其他地方的居民，为了得到耕地而毁灭了森林，却没有想到，这些地方竟因此成为不毛之地，因为他们在这些地方毁灭了森林，也就毁灭了水分的积聚中心和贮存器。还有阿尔卑斯山的意大利人，当他们在山南坡把那些在北坡得到精心培育的松树林滥用个精光时，没有预料到，这样一来，他们把那里的山区牧畜业的根基挖掉了；他们更没有预料到，这样做竟使山泉在一年中的大部分时

---

① 《马克思恩格斯选集》第 2 卷，人民出版社 2012 年版，第 641 页。
② 《马克思恩格斯选集》第 1 卷，人民出版社 2012 年版，第 52 页。
③ 《马克思恩格斯全集》第 2 卷，人民出版社 1957 年版，第 58 页。
④ 《马克思恩格斯选集》第 3 卷，人民出版社 2012 年版，第 988 页。
⑤ 《马克思恩格斯选集》第 2 卷，人民出版社 2012 年版，第 239 页。

间内枯竭了，而在雨季又使更加凶猛的洪水倾泻到平原。

随着劳动生产率的提高，森林和矿产资源的藏量会日益减少，从而对人类社会的可持续发展造成威胁。马克思恩格斯注意到，森林的破坏随着“文明”的发展而加重，以至于“欧洲没有一个‘文明’国家没有出现过无林化。美国，无疑俄国也一样，目前正在发生无林化”①。“由于森林砍伐殆尽和农业发展，木炭的产量愈来愈少，价钱也愈来愈贵。”②对“这些自然条件的丰饶度往往随着社会条件所决定的生产率的提高而相应地减低。……我们只要想一想决定大部分原料产量的季节的影响，森林、煤矿、铁矿的枯竭等等，就明白了”③。面对森林资源日益枯竭，难以保证木材资源的可持续利用问题，马克思在《资本论》中写道：“前面引用的基尔霍夫的那段话中，有一句特别值得注意：‘此外，持久的木材生产本身要求有一个活树储备，它应是年利用额的10倍到40倍。’”④

恩格斯还高度关注人类活动带来的各种生态破坏问题和气候变化问题。恩格斯认为：“所有已经或者正在经历这种过程的国家，或多或少都有这样的情况。地力耗损——如在美国；森林消失——如在英国和法国，目前在德国和美国也是如此；气候改变、江河干涸在俄国大概比其他任何地方都厉害。”⑤

①《马克思恩格斯全集》第38卷，人民出版社1972年版，第311页。
②《马克思恩格斯全集》第2卷，人民出版社1957年版，第292页。
③《马克思恩格斯全集》第46卷，人民出版社2003年版，第289页。
④《马克思恩格斯全集》第45卷，人民出版社2003年版，第272页。
⑤《马克思恩格斯选集》第4卷，人民出版社2012年版，第628页。

第五章　人与自然关系的全面阐发

马克思恩格斯认为，实现“人的解放”和人的全面发展必须实现人与自然的和解和人类自身的和解。因此，人与自然的关系问题是马克思恩格斯重点关注的问题，也是马克思主义环境思想的基础问题。马克思恩格斯严谨的治学态度，决定了他们的研究工作根据事物之间广泛的内在联系而展开。要正确认识人和自然界的关系问题，首先要弄清楚什么是自然界、什么是人、人和动物的共性和区别是什么、自然界和人是怎样产生和发展的、这个过程是如何实现的、人和自然界之间联系的纽带是什么等一系列问题。正是通过这种全面、系统的研究，马克思恩格斯才建立了完整的马克思主义环境思想体系。因此，马克思主义环境思想并不是零星、片段地对个别问题的观点和看法，而是对人与自然关系全面、系统、完整认识的思想体系。

马克思恩格斯关于人与自然关系的论述，散见于众多著述之中。因此，只有在全面研读这些著作并进行必要归纳和整理的基础上，才有可能全面理解马克思主义环境思想。

第一节　人是自然界的产物

通过科学研究和考察人类的发展历史，马克思恩格斯发现，人是自然界发展到一定历史阶段的产物，人的肉体、能力甚至语言和思维都是以自然界为基础发展起来的。因此，

“人直接地是自然存在物”①。恩格斯在《反杜林论》中指出:“人本身是自然界的产物,是在自己所处的环境中并且和这个环境一起发展起来的。”②而且,人的思维和意识也是自然界的产物,因为思维和意识依赖于人类思维的器官——大脑,它们“归根到底也是自然界产物的人脑的产物”③。

人类既然是自然界的产物,那么,人类的生存也就离不开自然界。人类生存所必需的一切,脚下踏着的土地、呼吸的空气、活动的空间都属于自然界,自然界是人类生存的物质基础。对这种情况,马克思指出:“人在肉体上只有靠这些自然产品才能生活,不管这些产品是以食物、燃料、衣着的形式还是以住房等等的形式表现出来。”④这与我们今天所说的“环境和资源是人类生存发展的物质基础”是同样的意思。

马克思恩格斯还认为,自然界不仅是人类生存的物质基础,也是人类精神世界的源泉,是人的意识、思维、艺术和审美的对象。“植物、动物、石头、空气、光等等,一方面作为自然科学的对象,一方面作为艺术的对象,都是人的意识的一部分,是人的精神的无机界,是人必须事先进行加工以便享用和消化的精神食粮。”⑤

人离不开自然界,必须依靠自然界生活,离开了自然界,人类将无法生存。因此,马克思把自然界比作人类的身体。“自然界,就它自身不是人的身体而言,是人的无机的身体。人靠自然界生活。这就是说,自然界是人为了不致死亡而必须与之处于持续不断的交互作用过程的、人的身体。所谓人的肉体生活和精神生活同自然界相联系,不外是说自然界同自身相联系,因为人是自然界的一部分。”⑥这样,马克思恩格斯就从人和自然界两个角度,说明了二者之间的密切关系。从自然界角度,人是自然界的一部分;从人的角度,自然界是人身体的一部分,二者是不可分离的。基于人与自然的这种一致性,“那种关于精神和物质、人类和自然、灵魂和肉体之间的对立的荒谬的、反自然的观点,也就越不可能成立了”⑦。

在人和自然界之间的关系问题上,恩格斯反对那种将自然界看作敌人,而一味斗争的态度。他认为:“自然界中无生命的物体的相互作用既有和谐也有冲突;有生命的物体的相互作用则既有有意识的和无意识的合作,也有有意识的和无意识的斗争。因此,在

① 《马克思恩格斯全集》第3卷,人民出版社2002年版,第324页。
② 《马克思恩格斯选集》第3卷,人民出版社2012年版,第410页。
③ 《马克思恩格斯全集》第26卷,人民出版社2014年版,第39页。
④ 《马克思恩格斯选集》第1卷,人民出版社2012年版,第55页。
⑤ 《马克思恩格斯选集》第1卷,人民出版社2012年版,第55页。
⑥ 《马克思恩格斯选集》第1卷,人民出版社2012年版,第55~56页。
⑦ 《马克思恩格斯选集》第3卷,人民出版社2012年版,第999页。

自然界中决不允许单单把片面的‘斗争’写在旗帜上。”[①] 基于这种认识，他主张人类应采取与自然界“和解”的态度，与自然界和谐相处。即使人类的发展需要人们对自然加以改造、利用的时候，也要时刻意识到，“我们连同我们的肉、血和头脑都是属于自然界和存在于自然界之中的”[②]。因此，人类要摆脱环境危机，就必须彻底抛弃那种把自然界当作敌人、非要斗个你死我活的错误认识和做法，树立人与自然休戚相关、生死相依的环境意识，真正把自己看作自然界的一部分，把自然界当作自己“无机的身体”，像保护自己的身体一样地保护自然环境。

第二节　人在自然界中具有双重属性和双重地位

马克思恩格斯认为，人在自然界中具有双重属性，即自然属性和社会属性，因此，人在自然界中也具有双重地位。

一、人的自然属性

马克思恩格斯从唯物主义立场出发，指出人类并非上帝所造，而是从动物发展进化而来的。“人作为自然的、肉体的、感性的、对象性的存在物，同动植物一样，是受动的、受制约的和受限制的存在物，就是说，他的欲望的对象是作为不依赖于他的对象而存在于他之外的。”[③] 人类的这种自然属性决定了人类的活动也必然要受到自然规律的制约和控制，不能随心所欲，人类必须服从大自然的发展规律。

恩格斯通过研究历史学、生物学、生理学等，得出了人类由猿进化而来、人的意识由动物心理发展而来的结论。他在 1858 年 7 月 14 日致马克思的信中写道：“可以肯定地说，人们在接触到比较生理学的时候，对人类高于其他动物的唯心主义的矜夸是会极端轻视的。人们到处都会看到，人体的结构同其他哺乳动物完全一致，而在基本特征方面，这种一致性也表现在一切脊椎动物身上，甚至表现在昆虫、甲壳动物和绦虫等等身上（比较模糊一些）。……最后，人们能从最低级的纤毛虫身上看到原始形态，看到独立生活的单细胞，这种细胞又同最低级的植物（单细胞的菌类——马铃薯病菌和葡萄病菌等等）、

① 《马克思恩格斯选集》第 3 卷，人民出版社 2012 年版，第 986~987 页。
② 《马克思恩格斯选集》第 3 卷，人民出版社 2012 年版，第 998 页。
③ 《马克思恩格斯全集》第 3 卷，人民出版社 2002 年版，第 324 页。

同包括人的卵子和精子在内的处于较高级的发展阶段的胚胎并没有什么显著区别，这种细胞看起来就同生物机体中独立存在的细胞（血球，表皮细胞和黏膜细胞，腺、肾等等的分泌细胞）一样……”[①]

在《劳动在从猿到人的转变中的作用》一文中，恩格斯指出：“我们并不想否认，动物是有能力采取有计划的、经过事先考虑的行动方式的。”他甚至认为：“哪里有原生质和活的蛋白质生存着并发生反应，即由于外界的一定刺激而发生某种哪怕极简单的运动，那里就已经以萌芽的形式存在着这种有计划的行动方式。”恩格斯认为，食虫植物捕捉猎物的方法，虽然是无意识的，但从某个角度来看显得是有计划的。“在动物中，随着神经系统的发展，作出有意识有计划的行动的能力也相应地发展起来了，而在哺乳动物中则达到了相当高的阶段。”他以在英国追猎狐狸为例，说明狐狸懂得准确运用它们关于地形的丰富知识来逃避追逐者，知道和利用一切有利的地势来隐藏自己的踪迹。恩格斯进一步指出：“在我们身边的那些由于和人接触而获得较高发展的家畜中间，每天都可以观察到一些和小孩的行动同样机灵的调皮行动。”他对此的分析是，因为，“正如母体内的人的胚胎发展史，仅仅是我们的动物祖先以蠕虫为开端的几百万年的躯体发展史的一个缩影一样，孩童的精神发展则是我们的动物祖先、至少是比较晚些时候的动物祖先的智力发展的一个缩影，只不过更加压缩了”。[②] 恩格斯给予达尔文的《物种起源》高度评价，认为它彻底驳倒了上帝造物的目的论和“物种不变论”等唯心主义、形而上学观念，揭示了整个生物界发生发展的客观规律。

马克思恩格斯在研究人的时候，从生物学角度分析人和动物的共同点，科学地解释了生命的本质，以及人类和动物的起源和发展过程。恩格斯认为，细胞的发现使我们知道一切高等有机体都按照共同规律发育和成长。这个发现打破了动物和植物的界限，揭示了二者的辩证联系，说明有机自然界本身遵循量变引起质变的规律，并由低级向高级发展。这样，马克思主义就同上帝造人的神学观念划清了界限，同时肯定了人的自然属性。

二、人的社会属性

马克思恩格斯看到了人和动物的诸多相同之处，肯定了人的自然属性。但如果仅看到人的自然属性，就断定人和动物没有区别，这显然是片面的。马克思恩格斯没有停留

① 《马克思恩格斯选集》第 4 卷，人民出版社 2012 年版，第 433 页。
② 《马克思恩格斯选集》第 3 卷，人民出版社 2012 年版，第 997 页。

在这一点上，而是以更加宽阔的理论视野对人和动物进行了详细研究，从而不仅看到了人和动物的诸多相同之处，而且看到了人和动物的更多不同之处。

马克思恩格斯认为："可以根据意识、宗教或随便别的什么来区别人和动物。"①而最根本的一条，是"动物仅仅利用外部自然界，简单地通过自身的存在在自然界中引起变化；而人则通过他所作出的改变来使自然界为自己的目的服务，来支配自然界。这便是人同其他动物的最终的本质的差别，而造成这一差别的又是劳动"②。也就是说，劳动不仅是人和自然联系的纽带，而且是人类发展的根本原因和动力，因而也是人同动物的主要区别。

有的环境伦理学家举出蜘蛛织网、蜜蜂采蜜、鸟类筑巢等例子，证明动物也会劳动。对这种现象，马克思的看法是："诚然，动物也生产。它为自己营造巢穴或住所，如蜜蜂、海狸、蚂蚁等。但是，动物只生产它自己或它的幼仔所直接需要的东西；动物的生产是片面的，而人的生产是全面的。"③而且，更为重要的是，劳动"带有经过事先思考的、有计划的、以事先知道的一定目标为取向的行为的特征"④，而这种特征是动物根本不具备的。"蜘蛛的活动与织工的活动相似，蜜蜂建筑蜂房的本领使人间的许多建筑师感到惭愧。但是，最蹩脚的建筑师从一开始就比最灵巧的蜜蜂高明的地方，是他在用蜂蜡建筑蜂房以前，已经在自己的头脑中把它建成了。"⑤

人类通过劳动，不但改变了自然界，也改变了自身。人类的手和猿类的"手"，在"骨节和筋肉的数目和一般排列，两者是相同的，然而即使最低级的野蛮人的手，也能做任何猿手都模仿不了的数百种动作。任何一只猿手都不曾制造哪怕是一把最粗笨的石刀"⑥。而人类的手，则在愈来愈复杂的操作中不断完善，"以致像施魔法一样产生了拉斐尔的绘画、托瓦森的雕刻和帕格尼尼的音乐"⑦。

随着人类手的发展，头脑也逐步发展起来了。"首先产生了对取得某些实际效益的条件的意识，而后来在处境较好的民族中间，则由此产生了对制约着这些条件的自然规律的理解。随着自然规律知识的迅速增加，人对自然界起反作用的手段也增加了；如果人脑不随着手、不和手一起、不是部分地借助于手而相应地发展起来，那么单靠手是永远

① 《马克思恩格斯选集》第 1 卷，人民出版社 2012 年版，第 147 页。
② 《马克思恩格斯选集》第 3 卷，人民出版社 2012 年版，第 997~998 页。
③ 《马克思恩格斯全集》第 3 卷，人民出版社 2002 年版，第 273 页。
④ 《马克思恩格斯选集》第 3 卷，人民出版社 2012 年版，第 996 页。
⑤ 《马克思恩格斯选集》第 2 卷，人民出版社 2012 年版，第 169~170 页。
⑥ 《马克思恩格斯选集》第 3 卷，人民出版社 2012 年版，第 989 页。
⑦ 《马克思恩格斯选集》第 3 卷，人民出版社 2012 年版，第 990 页。

造不出蒸汽机来的。”[①] 人类头脑的发展，使得人类能够“比其他一切生物强，能够认识和正确运用自然规律”[②]，从而成为有意识、有目的、能动的自然存在物。“鹰比人看得远得多，但是人的眼睛识别东西远胜于鹰。狗比人具有锐敏得多的嗅觉，但是它连被人当做各种物的特定标志的不同气味的百分之一也辨别不出来。至于触觉，在猿类中刚刚处于最原始的萌芽状态，只是由于劳动才随着人手本身而一同形成。”[③] 语言，也是在劳动中产生并成为人和动物的根本区别的一个重要方面，“动物，甚至高度发达的动物，彼此要传递的信息很少，不用分音节的语言就可以互通信息”[④]。

人类智慧的发展使人类对自然的利用和改造具有明确的目的性，让自然界更好地为自己服务，而动物则不具备这样的能力。“一切动物对待食物都是非常浪费的，并且常常毁掉还处在胚胎状态中的新生的食物。狼不像猎人那样爱护第二年就要替它生小鹿的牝鹿；希腊的山羊不等幼嫩的灌木长大就把它们吃光，它们把这个国家所有的山岭都啃得光秃秃的。”[⑤] 动物在消灭某一地区的植物时，并不明白自己在干什么。人就不同了，“人消灭植物，是为了腾出土地播种五谷，或者种植树木和葡萄，他们知道这样可以得到多倍的收获。他们把有用植物和家畜从一个地区移到另一个地区，这样就把各大洲动植物的生活都改变了”[⑥]。即使和人类最接近、智慧最高的猿群，“除了无意中用自己的粪便肥沃土地以外，它们没有能力从觅食地区索取比自然界的赐予更多的东西”[⑦]。

劳动是人类能动性的集中表现，劳动具有社会性，需要人与人之间互相协作，从而形成一定的社会关系。马克思说：“人们在生产中不仅仅影响自然界，而且也互相影响。他们只有以一定的方式共同活动和互相交换其活动，才能进行生产。为了进行生产，人们相互之间便发生一定的联系和关系；只有在这些社会联系和社会关系的范围内，才会有他们对自然界的影响，才会有生产。”[⑧] 因此，人不仅是自然存在物，具有自然属性，还是社会存在物，具有社会属性。正如恩格斯总结的那样：“我们不仅生活在自然界中，而

---

① 《马克思恩格斯选集》第 3 卷，人民出版社 2012 年版，第 859 页。
② 《马克思恩格斯选集》第 3 卷，人民出版社 2012 年版，第 998 页。
③ 《马克思恩格斯选集》第 3 卷，人民出版社 2012 年版，第 992 页。
④ 《马克思恩格斯选集》第 3 卷，人民出版社 2012 年版，第 991 页。
⑤ 《马克思恩格斯选集》第 3 卷，人民出版社 2012 年版，第 993 页。
⑥ 《马克思恩格斯选集》第 3 卷，人民出版社 2012 年版，第 996~997 页。
⑦ 《马克思恩格斯选集》第 3 卷，人民出版社 2012 年版，第 993 页。
⑧ 《马克思恩格斯选集》第 1 卷，人民出版社 2012 年版，第 340 页。

且生活在人类社会中。”[①]

三、人的自然属性和社会属性的辩证统一

马克思认为:“人不仅仅是自然存在物，而且是人的自然存在物。”[②]这就是说，人在自然界中具有双重属性，即自然属性和社会属性，“人的自然性，就是人的一般本性；人的社会性,就是人的变动的本性”[③]。因此,人是自然性和社会性的统一。要正确认识人在自然界中的地位和人与自然界的关系，“首先要研究人的一般本性，然后要研究在每个时代历史地发生了变化的人的本性”[④]。在这里,马克思将自然—人—社会看作一个统一的系统，在社会基本矛盾运动中把握自然环境问题，克服了旧唯物主义将自然、人、社会割裂开来的弊端。人的双重属性和双重地位使人们认识到，人与自然的矛盾和人与人的矛盾是紧密联系、相互制约、相互促进的,不能抛开社会关系来认识和解决人与自然的关系。

忽视人的双重属性，或是只看到其中的一种属性，都不能正确认识人与自然界的关系。全面理解和把握人在自然界中具有双重属性、双重地位的观点，可以避免在环境问题上出现两种极端认识：一种认识是忽视人的自然属性，看不到人和自然界之间休戚相关的密切关系，把自然界当作敌人，只知索取、不知保护，或是狂妄自大，认为人可以在自然界中为所欲为，不受自然规律的制约，凭借掌握的知识、技术和生产工具毫无节制地开发自然、浪费资源、破坏生态平衡，污染人类生存环境，导致人类社会发展的不可持续。另一种认识是只看到人的自然属性，忽略人的社会属性，将人类和动物不加区别地对待，否认二者的区别。比如，在一些环境保护宣传中，宣传人员为了强调保护动物的重要性，极力称赞动物的能力、智慧和感情。他们寻找各种依据，企图证明人和动物没有区别。他们列举大猩猩能够使用简单的工具，一些动物能够制造自己的巢穴，还有一些动物能够表达简单的感情等事例，同智障人、婴儿、植物人相比，得出“人和动物没有什么不同”的结论，进而提出动物和人应该享受平等权利的主张。这种观点看不到或不愿看到人和动物的根本区别，无视人的社会属性，把人贬低到动物水平，把自然界看得至高无上、神圣不可侵犯，将一切人类的生产活动都看作对自然界的侵犯，从而主张“零增长”，甚至主张回到“田园时代”，并提出一些极端口号。由于上述观点都是

---

① 《马克思恩格斯选集》第 4 卷，人民出版社 2012 年版，第 237 页。

② 《马克思恩格斯全集》第 3 卷，人民出版社 2002 年版，第 326 页。

③ 刘增惠:《马克思论自然的人和社会的人》,《中国社会科学院院报》，2006 年第 8 期。

④ 《马克思恩格斯文集》第 5 卷，人民出版社 2009 年版，第 704 页。

在环境保护的名义之下提出的，所以颇能迷惑人。甚至有人认为，口号喊得越响、越极端，环境意识就越强，觉悟就越高。这种激进的认识将保护环境同社会和经济发展对立起来，对正确处理人与自然关系问题产生了不可低估的消极影响。

总之，按照马克思恩格斯的基本观点，人作为一种生命物种，既是自然的人，属于自然界，是自然的存在物，是自然生态系统的一个成员；又不是纯粹的自然生物，而是一种社会性的生物，是社会的人，属于社会和历史，是社会经济系统的主体。这是人的本性，是双重性的统一。正如恩格斯所说，人“不仅生活在自然界中，而且生活在人类社会中”[①]。人就是生态自然因素和经济社会因素的有机统一体。正是自然生态属性和社会历史属性的统一，才构成了人的本性。这两种属性相互依存、相互制约、相互作用，渗透于人的一切现象，是自然、人、社会有机统一的体现。[②]

第三节　坚持人与自然关系方面的主体性原则

马克思主义诞生之前，唯心主义用精神解释世界的本质。唯心主义离开人的现实活动，片面强调人的意识的作用，最终以人的抽象精神来解释外部世界。费尔巴哈的旧唯物主义虽然承认外部世界的客观性，承认人是自然界的产物，是自然界的一部分，人的活动必然受到周围环境的制约，但“对对象、现实、感性，只是从客体的或者直观的形式去理解，而不是把它们当做人的感性活动，当做实践去理解，不是从主体方面去理解”[③]。所以，旧唯物主义虽然也强调人和自然的统一，“但只是归结于没有分化的纯自然的统一，这是最低层次的统一”[④]。旧唯物主义脱离了人的主体性，片面强调外部世界的自在性，仅把客观世界看作人们消极直观反映的对象，这种观点是消极、被动的观点。

马克思主义克服了旧唯物主义的根本缺陷，在实践中找到了理解人类社会和自然关系本质的钥匙。马克思恩格斯认为，在人类还没有从动物中分离出来之前，人和自然界是融为一体的，当然也不存在主体和客体的区别。但是人绝不是像动物那样消极地依靠自然界来维持生存，而是通过自己的劳动生产实践，来改变自然界原有的状态，使之成

---

① 《马克思恩格斯选集》第 4 卷，人民出版社 2012 年版，第 237 页。

② 刘思华、方时姣：《马克思主义经济学双重价值取向理论初探——兼论建设生态文明的双重终极目的》，《湖北民族学院学报（哲学社会科学版）》，2008 年第 5 期。

③ 《马克思恩格斯选集》第 1 卷，人民出版社 2012 年版，第 137 页。

④ 辛敬良：《走向实践的唯物主义》，复旦大学出版社 2005 年版，第 135 页。

为满足自己需要的对象。“环境是由人来改变的，……环境的改变和人的活动或自我改变的一致，只能被看做是并合理地理解为革命的实践。”[①]这样，人类通过劳动实践，成为认识和变革自然的主体，自然成为被人认识、变革的客体。也就是说，人与自然之间主客体关系的生成在社会劳动实践过程中得以完成，因此，“人的主体性，从根本上说就是人的实践性。人在实践中展现自己的自主、自为、自由的主体性特征”[②]。马克思主义从主体方面去解释自然，把自然界首先看作主体实践的对象、改造的对象，人类“通过实践创造对象世界，改造无机界”[③]，并且通过实践“再生产整个自然界”[④]。这就在旧唯物主义的基础上充分肯定了主体的能动性，使唯物主义世界观扬弃了旧的形式，成为能动地改造世界的世界观。坚持“主体是人，客体是自然”[⑤]的观点，即“在人类与自然这个相互联系、相互作用的关系网络中，人始终处于主体地位”[⑥]的观点，是我们认识环境问题的出发点和立足点。

在当前的环境理论研究中，有一种否认主体性原则的倾向。一些生态中心主义者打着批判“人类中心主义”的旗号，实则在反对人的主体性原则。他们提出，人类是自然之子，是自然大家庭中的普通一员，因而人类只能顺应自然而不能征服自然，只能保护自然而不能占有自然。他们提出“自然的权利”“环境自身的价值”等概念，旨在否认人的主体性原则。

这些激进的观点理所当然地遭到马克思主义学者的批判。因为，人与自然的关系是多维度、多层面的，既包括人对自然的依赖关系，也包括自然对人的制约关系，还包括人对自然的认知关系、实践关系、审美关系乃至价值关系等。在诸多关系之中，最基本的关系是价值关系，其他关系都同价值关系相联系。

价值关系，就是在主体与客体的关系中，客体满足主体需要的关系，即自然对人的有用关系。自然对人有价值，就是说自然对人的有用性，因此，价值关系和主体性原则密不可分。坚持主体性原则，就是以主体的需求为尺度去认识和改造世界，实现自然对人的价值。“使自然界（不管是作为消费品，还是作为生产资料）服从于人的需要。”[⑦]一切为了人，为了人的生存、人的解放，为了人的自由全面发展，这是马克思主义的根

① 《马克思恩格斯选集》第 1 卷，人民出版社 2012 年版，第 134 页。
② 邱少全主编：《人及其世界——马克思主义哲学与现代西方哲学思想比较研究》，上海人民出版社 2000 年版，第 59 页。
③ 《马克思恩格斯全集》第 3 卷，人民出版社 2002 年版，第 273 页。
④ 《马克思恩格斯全集》第 3 卷，人民出版社 2002 年版，第 274 页。
⑤ 《马克思恩格斯文集》第 8 卷，人民出版社 2009 年版，第 9 页。
⑥ 王丹：《马克思主义生态自然观研究》，大连海事大学出版社 2014 年版，第 83 页。
⑦ 《马克思恩格斯选集》第 2 卷，人民出版社 2012 年版，第 716 页。

本宗旨和终极目标。虽然这一观点被生态中心主义者认为是人类的“自私”，却是不可改变的现实。“我们不可能从无主体来讨论任何问题，包括生态环境的恶化和治理的问题。……人成为认识自然的主体，成为利用、控制和改造自然的主体，不管其是好是坏，乃是‘无可奈何’的事——因为这是历史深化的现实。”[①]

承认人是主体、自然是客体这种现实关系，不仅不会成为环境问题产生的原因，而且可以帮助人们正确认识和处理人与自然的关系。因为主体改造客体的活动不能超越客体的制约，主体的可持续发展必须建立在客体可持续发展的基础之上，即人类的发展不能超过自然资源的承载能力。由于人是主体，就要在改造自然、占有自然的过程中，自觉肩负起保护自然的重任。但是，我们保护环境的最终目的，不是为了原生态的“美丽和完整”，而是为了保护人类的生存环境。我们保护野生动物和自然资源，也是为了实现人类社会的可持续发展。总而言之，我们保护环境的根本出发点是“以人为本”。

① 陈昌曙:《哲学视野中的可持续发展》，中国社会科学出版社 2000 年版，第 111 页。

第六章 “人化自然”理论

在环境问题日益严峻的同时，自然环境的保护也成为热点话题。但是，我们要保护的自然环境究竟指的是什么，这是长期以来没能达成共识的问题。

“自然”一词本来就有两种含义。吴国盛认为：“无论是西文还是中文，‘自然’一词向来都有两种含义，第一义略与‘本性’、‘天然’同义，第二义略与‘天然万物’同义。”① 老子所主张的“道法自然”指的是第一种含义，即主张顺应事物发展趋势，追求本性、反对人为、顺其自然、无为而治的意思。有些人没有注意到这种差别，将“道法自然”中的“自然”作为自然界解释，并以此为依据大谈老子的自然观，明显不合适。

不过，“自然”一词的难以捉摸，不在于它有两种含义，包括两种以上含义的词汇数不胜数，人们多半都能区分和正确使用。“自然”一词的意思难以厘清的原因在于，生活在不同时代、不同国家（或地域）的人，对“自然”的理解各不相同。比如，有的人来到公园，看到绿树成荫、芳草萋萋、鲜花盛开，以及美丽的假山和人工湖，就觉得自己走进（或走近）了“自然”。也有人在提到“自然”时会想到农村里绿油油的庄稼、清澈见底的河流，还有牧童骑在牛背上吹笛的景象。因为在他们的心目中，“自然”就是绿色植物加美景。

上述看法遭到一些人的反对：公园里的树木是人种植的，草坪是人铺设的，山和湖都是人打造的，所以不能称之为“自然”。同样，庄稼是人种植的，小桥是人架设的，房子

① 吴国盛：《追思自然》，《中国环境报》，1997 年 4 月 20 日第 4 版。

是人盖的，至于牧童放牧的牛，由于被穿了鼻子，按照庄子的说法，也是不自然的。这种观点认为，真正的“自然”，仅指人类未涉足的地方，如原始森林、人迹罕至的草原。

上述情况说明，人们囿于各种限性，如时代的局限性、地域的局限性、认识水平的局限性，对自然界的认识往往不全面、不完整。

马克思主义诞生之前，无数思想家研究和探讨过有关“自然”的问题，产生了形形色色的自然观。但直至黑格尔，都没有脱离唯心主义范畴，因而也不可能对“自然”有正确的认识和解释。费尔巴哈对宗教神学和黑格尔的唯心主义自然观进行了批判，创立了唯物主义自然观，这是人类认识自然水平的一次大飞跃。但是，费尔巴哈所看到的，只是抽象的自然和抽象的人，他只看到了自然界对人的作用，而没有看到人对自然界积极的、能动的反作用，因此也不可能对“自然”作出合理解释。

在费尔巴哈旧唯物论的基础上，马克思恩格斯综合了当时自然科学和社会科学所取得的最新成果，运用唯物辩证的思维方法，从不同层次和各种角度，对自然及人与自然的关系进行了全方位的研究，创立了崭新的、实践的“人化自然”理论，达到了认识自然的新高度。

第一节　自然是一个发展着的概念

马克思恩格斯研究自然问题的一个重要贡献是，指出了自然不是静止的、僵化的、一成不变的，而是发展着的。

一些自然问题的研究者经常忽略自然界是不断发展和变化的事实，这种形而上学的观点由来已久，恩格斯在《自然辩证法》中对这种看法进行了深刻的分析和批判。十八世纪上半叶，在自然科学刚刚发展起来的时候，“这个时期的突出特征是形成了一种独特的总观点，其核心就是自然界绝对不变的看法。不管自然界本身是怎样产生的，只要它一旦存在，那么它在存在的时候就总是这个样子”①。“在这个自然界中，今天的一切都和一开始的时候一模一样，而且直到世界末日或万古永世，一切都仍将和一开始的时候一模一样。”② 对这种认为自然界永恒不变的思想根源，恩格斯进行了客观的分析：

把自然界分解为各个部分，把各种自然过程和自然对象分成一定的门类，对有机体

① 《马克思恩格斯选集》第 3 卷，人民出版社 2012 年版，第 849 页。
② 《马克思恩格斯选集》第 3 卷，人民出版社 2012 年版，第 850 页。

的内部按其多种多样的解剖形态进行研究，这是最近400年来在认识自然界方面获得巨大进展的基本条件。但是，这种做法也给我们留下了一种习惯：把各种自然物和自然过程孤立起来，撇开宏大的总的联系去进行考察，因此，就不是从运动的状态，而是从静止的状态去考察；不是把它们看做本质上变化的东西，而是看做固定不变的东西；不是从活的状态，而是从死的状态去考察。这种考察方式被培根和洛克从自然科学中移植到哲学中以后，就造成了最近几个世纪所特有的局限性，即形而上学的思维方式。①

恩格斯指出，这种“旧的研究方法和思维方法，黑格尔称之为‘形而上学的’方法，主要是把事物当做一成不变的东西去研究，它的残余还牢牢地盘踞在人们的头脑中”②。要树立科学、正确的思维方法，就必须打破这种陈旧的观念。恩格斯用当时自然科学的最新成果对这种形而上学的思维方式加以批判，他认为地质学“不仅揭示了相继形成的和逐次累积起来的地层，而且指出了这些地层中保存着已经灭绝的动物的甲壳和骨骼，以及已经不再出现的植物的茎、叶和果实。人们不得不下决心承认：不仅整个地球，而且地球现今的表面以及在这一表面上生存的植物和动物，也都有时间上的历史”③，生物学对各种不同有机体同类的器官及它们的一切发展阶段加以相互比较，“这种研究越是深刻和精确，那种固定不变的有机界的僵硬系统就越是一触即溃”④。

恩格斯通过分析地质学、物理学、化学、生物学、地理学、生理学、解剖学等大量新的研究成果，宣布了“一个伟大的基本思想，……即认为世界不是既成事物的集合体，而是过程的集合体，其中各个似乎稳定的事物同它们在我们头脑中的思想映象即概念一样都处在生成和灭亡的不断变化中”⑤。至此，“新的自然观就其基本点来说已经完备：一切僵硬的东西溶解了，一切固定的东西消散了，一切被当做永恒存在的特殊的东西变成了转瞬即逝的东西，整个自然界被证明是在永恒的流动和循环中运动着”⑥。这样，恩格斯通过对自然科学的总结式研究得出了一个结论，即使纯粹的、没有经过人类改造的自然界，也不是静止不变的，整个自然界都在“永恒的流动和循环中运动着”⑦。

① 《马克思恩格斯文集》第3卷，人民出版社2009年版，第539页。
② 《马克思恩格斯选集》第4卷，人民出版社2012年版，第251页。
③ 《马克思恩格斯选集》第3卷，人民出版社2012年版，第852~853页。
④ 《马克思恩格斯选集》第3卷，人民出版社2012年版，第855页。
⑤ 《马克思恩格斯选集》第4卷，人民出版社2012年版，第250页。
⑥ 《马克思恩格斯选集》第3卷，人民出版社2012年版，第855~856页。
⑦ 《马克思恩格斯选集》第3卷，人民出版社2012年版，第856页。

第二节　马克思主义的人化自然理论

马克思主义的人化自然理论是在对费尔巴哈旧唯物主义的批判过程中创立的。费尔巴哈的自然观是一种抽象的、割裂了自然和社会历史统一的自然观，这种自然观“紧紧地抓住自然界和人；但是，在他那里，自然界和人都只是空话。无论关于现实的自然界或关于现实的人，他都不能对我们说出任何确定的东西”[①]。这种自然观只能是“消极地崇拜自然，如醉如痴地膜拜自然的壮丽和万能”[②]。而马克思恩格斯把自然界分为“天然的自然界”（自在自然）和“人化的自然界”（人化自然），前者是指没有经过人类干预和改造的自然界，包括人类出现之前的自然界和人类活动尚未涉及的自然界；后者是经过人类改造，打上了人类活动烙印的自然界。这样，马克思恩格斯就使传统自然观中模糊、朦胧、抽象的自然概念变得实在、直观、具体起来，实现了人类认识自然界的一次重大飞跃。

马克思主义人化自然理论的一个重要观点是：自人类出现以来，自然就是经过人的实践中介过了的自然，而且随着生产力和科学技术的发展，“人化自然”的范围越来越大。因此，费尔巴哈所面对的“自然”，“他周围的感性世界决不是某种开天辟地以来就直接存在的、始终如一的东西，而是工业和社会状况的产物，是历史的产物，是世世代代活动的结果”[③]。马克思恩格斯还以樱桃树为例，指出为费尔巴哈“可靠的感性”所感知的樱桃树，也是同“几乎所有的果树一样，只是在几个世纪以前由于商业才移植到我们这个地区”[④]。关于人类活动给自然界带来的变化，恩格斯在《自然辩证法》中有进一步说明：“日耳曼人移入时期的德意志的‘自然界’，现在剩下的已经微乎其微了。地球的表面、气候、植物界、动物界以及人本身都发生了无限的变化，并且这一切都是由于人的活动，而德意志的自然界在这一期间未经人的干预而发生的变化，简直微小得无法计算。”[⑤]

因此，马克思恩格斯在大多数情况下所说的自然界，不是“先于人类历史而存在的那个自然界，不是费尔巴哈生活于其中的自然界；这是除去在澳洲新出现的一些珊瑚岛以外今天在任何地方都不再存在的、因而对于费尔巴哈来说也是不存在的自然界”[⑥]。这个自然界是人们日常感知到的实实在在的、人化了的自然界。在这个自然界中，人类“不

---

① 《马克思恩格斯选集》第 4 卷，人民出版社 2012 年版，第 247 页。

② 《马克思恩格斯全集》第 42 卷，人民出版社 1979 年版，第 360 页。

③ 《马克思恩格斯选集》第 1 卷，人民出版社 2012 年版，第 155 页。

④ 《马克思恩格斯选集》第 1 卷，人民出版社 2012 年版，第 155~156 页。

⑤ 《马克思恩格斯选集》第 3 卷，人民出版社 2012 年版，第 922 页。

⑥ 《马克思恩格斯选集》第 1 卷，人民出版社 2012 年版，第 157 页。

仅迁移动植物，而且也改变了他们的居住地的面貌、气候，甚至还改变了动植物本身，以致他们活动的结果只能和地球的普遍灭亡一起消失”[①]。

同样，马克思恩格斯所说的人，也不是抽象的人，而是现实的人，即“不是处在某种虚幻的离群索居和固定不变状态中的人，而是处在现实的、可以通过经验观察到的、在一定条件下进行的发展过程中的人”[②]。马克思恩格斯认为，现实的人是生活在一定社会关系之中从事实践活动的人。因此，研究人就一定不能离开社会，不能离开历史，不但要研究“自然的历史”，还要研究“人类的历史”和“历史的自然”。他们坚决反对那种“把人对自然界的关系从历史中排除出去了，因而造成了自然界和历史之间的对立”[③]的观点，而主张必须将自然、人、社会放在一个整体框架内进行审视。

在自然—人—社会视角下所看到的自然界，是“在人类历史中即在人类社会的形成过程中生成的自然界，是人的现实的自然界；因此，通过工业——尽管以异化的形式——形成的自然界，是真正的、人本学的自然界”[④]。也就是说，自然界只有在人的实践活动中才成为人的对象存在物，而那种与人毫无关系、没有人的感性的实践活动介入的纯粹自然界，那种“被抽象地理解的，自为的，被确定为与人分隔开来的自然界，对人来说也是无”[⑤]。基于这种观点，马克思恩格斯在研究自然问题时，把自然和人放在一个整体框架中去理解，进而有了对“自然”更加深刻的认识，这种认识“体现了唯物主义自然观和历史观的统一”[⑥]。

自然界为人类提供了生存发展的可能性，但要使这种可能性变为现实，需要人类通过生产实践去改造自然。马克思说：“哲学家们只是用不同的方式解释世界，问题在于改变世界。”[⑦]马克思恩格斯正是以实践观考察人与自然的关系，进而创造了“人化自然”这一重要理论。该理论认为，人类与自然界关系的形成与发展过程，就是人的自然化过程，也是自然的人化过程。人的自然化即人对自然的适应，也是人类在改造自然过程中自身进化的过程。自然的人化过程则是人类通过劳动实践改造自然，使之适应人的过程。

“人化自然”是以实践观考察人与自然关系得出的重要理论，也是我们正确把握“自然”这一概念的前提。必须明确，我们所说的“自然”，是具体的人感觉到的具体的“自

① 《马克思恩格斯选集》第3卷，人民出版社2012年版，第859页。
② 《马克思恩格斯选集》第1卷，人民出版社2012年版，第153页。
③ 《马克思恩格斯选集》第1卷，人民出版社2012年版，第173页。
④ 《马克思恩格斯全集》第3卷，人民出版社2002年版，第307页。
⑤ 《马克思恩格斯全集》第3卷，人民出版社2002年版，第335页。
⑥ 杨水旸、石诚编著：《自然辩证法概论》，国防工业出版社2017年版，第1页。
⑦ 《马克思恩格斯选集》第1卷，人民出版社2012年版，第136页。

然”，这种“自然”包括“天然自然”和“人化自然”两个部分。随着科技进步和生产力水平的提高，“人化自然”将不断发生变化。生产力越发展，人化自然的范围就越大，自然的人化程度也就越高。在当今世界上，完全天然的“自然”少之又少，正如美国管理学家赫伯特·A. 西蒙所说：“我们今天生活着的世界，与其说是自然的世界，还不如说是人造的或人为的世界。在我们周围，几乎每样东西都刻有人的技能的痕迹。”[①] 因此，当下人们所面对的自然，是经过人类改造过的现实的自然、人化的自然，离开当前的实际去谈论所谓的纯“自然”，只能是一种理想。

第三节　人化自然理论和旧唯物主义自然观

目前，国内外环境理论研究领域的学者对自然的认识存在多种不同的观点，主要包括唯心主义自然观、旧唯物主义自然观和马克思主义自然观。相对而言，鉴别唯心主义自然观比较容易，而区分旧唯物主义自然观和马克思主义自然观则比较困难。长期以来，由于我们没有足够重视马克思主义环境思想，对马克思主义自然观研究也不多，“好像马克思主义哲学与其他唯物主义一样，都是奠定于同样的自然观上。因此，在传统教科书的哲学体系中，人们很难辨清旧唯物主义与马克思主义哲学在自然观上的本质差别”[②]。基于这一原因，生态中心主义打着生态学和唯物主义的旗号大行其道。马克思主义人化自然理论，则是识别这些“伪装者”的重要思想武器。

马克思主义人化自然理论是区别马克思主义自然观与旧唯物主义自然观的根本，也是我们科学认识自然、理解人与自然关系的关键。只有坚持人化自然的观点，才能正确认识自然及人和自然的关系，离开人类社会发展的历史和人化自然的历史去看待自然，就会退回到费尔巴哈抽象的自然观。而现在风靡一时的生态中心主义思潮，则是费尔巴哈自然观的复归。生态中心主义所指的人是抽象而感性的人，从而“不可避免地碰到与他的意识和他的感觉相矛盾的东西，这些东西扰乱了他所假定的感性世界的一切部分的和谐，特别是人与自然界的和谐”[③]。他们认为，工业社会是人类和自然界对立的典型；在工业社会之前，是人与自然和谐相处的理想社会。在生态中心主义者那里，理想社会中

① 赫伯特·A. 西蒙：《关于人为事物的科学》，杨砾译，解放军出版社 1985 年版，第 3 页。

② 解保军：《马克思自然观的生态哲学意蕴——“红”与“绿”结合的理论先声》，黑龙江人民出版社 2002 年版，第 71 页。

③《马克思恩格斯选集》第 1 卷，人民出版社 2012 年版，第 155 页。

的大自然是慈祥善良的化身，人类的祖先生活在伊甸园中，同温顺可爱的大自然和谐相处。但是，只要稍微研究一下历史就会发现，事实同他们的浪漫想象大相径庭。如我国古代儒家代表人物孟子写道："在尧之时，天下犹未平，洪水横流，泛滥于天下，草木畅茂，禽兽繁殖，五谷不登，禽兽偪人；兽蹄鸟迹之道交于中国。"[①]"草木畅茂，禽兽繁殖"导致"五谷不登，禽兽偪人"，再加上"洪水横流，泛滥于天下"，可见那时的"自然"并非温顺可爱。原始人生活在自然之中，并对自然充满了敬畏之心。面对洪水、猛兽的袭击，人们一方面同它们斗争，另一方面对它们顶礼膜拜。正如马克思恩格斯所说："自然界起初是作为一种完全异己的、有无限威力的和不可制服的力量与人们对立的，人们同自然界的关系完全像动物同自然界的关系一样，人们就像牲畜一样慑服于自然界。"[②]对此，列宁指出："说原始人获得的必需品是自然界的无偿赐物，这是拙劣的童话……过去从来没有过什么黄金时代，原始人完全被生存的困难，同自然斗争的困难所压倒。"[③]

即使进入农业社会，也就是生态中心主义者极力推崇的田园时代，人类与自然的关系也绝不是浪漫而充满诗意的。因为，生产力的落后使大多数人的吃、穿、住、行等各方面都显得拮据和不便。食物不能果腹，衣服不能蔽体，住房简陋粗糙，交通工具则原始低效。在没有汽车的时代，人们大多使用马车，但是这样一来，"人和动物平等"的主张又落空了。

我国作家冯骥才在《美国的大自然》一文中描述了美国西部的乡村环境："乘飞机从大峡谷到加州，大片土地由于干旱而发紫，极少草木，偶有湖泊，都被毒日头浓缩得又小又浅。因此，在西部乡村歌曲里强烈地含着一股生存者的艰辛和苦涩。"[④]可见，"真正的大自然"也并不像有些人想象的那样美好。美国的印第安人被称为人与自然和谐相处的典范，那么事实究竟怎么样呢？冯骥才曾记述他到达亚利桑那州北部的佛拉斯达夫附近的美国境内最大的印第安人居留地去参观的情况：那是一片荒凉的不毛之地。那里的人拒绝使用现代用品，那里没有自来水，也没有电，仅有破破烂烂的石头小屋、坑洼不平的小道，满目皆是荒凉。看来，某些人为了猎奇，希望看到"真正"的印第安人的生活状况，企图保留所谓的"自然"面貌，其实是以牺牲当地人过上现代生活为代价的。这不禁让人想到叔本华的一段话：

① 万丽华、蓝旭译注：《孟子》，中华书局 2006 年版，第 111 页。

② 《马克思恩格斯选集》第 1 卷，人民出版社 2012 年版，第 161 页。

③ 《列宁全集》第 5 卷，人民出版社 2013 年版，第 90 页。

④ 冯骥才：《海外趣谈》，百花文艺出版社 1988 年版，第 169 页。

一位乐观主义者叫我睁眼朝世界里面看，那里的山脉、峡谷、河流、植物、动物等等，多么美好。——可是，难道世界是西洋镜吗？这些东西看上去固然很美，但设身处地却又是另一回事。①

天然自然为人类的生存和发展提供了条件，但天然自然不能适应人类物质文明和精神文明发展的要求。原始人居住的洞穴是自然的，虽然能够为原始人提供栖身之地，但由于不符合人类发展的要求，所以人们建造了房屋；人类行走是自然的，但是速度太慢，所以人们发明了汽车；四季气候的变化是自然的，但过冷和过热的温度不适宜人的生存，于是人类发明了暖气和空调……可见，人们需要的并不是原生态的天然自然，而是经过人类改造过的人化自然环境。

第四节 “回归自然”解析

“回归自然”是近年来的一个热门话题。“回归自然”是人们对自然环境遭到破坏的反思，亦是追求自然风光的美好诉求。厌烦了城市的嘈杂和污染，厌倦了单调的工作和生活，去阡陌小道、滚滚麦浪间呼吸新鲜空气，疲劳得以解除，精力得以恢复，这是“回归自然”的主要目的之一。不过，耐人寻味的是，在一些人极力提倡“回归自然”的时候，却有数以千百万计生活在“自然”当中的农民，像潮水一样涌入城市。

由此看来，在农村，“回归自然”难觅知音；在城市，也只有衣食无忧的人，才会对“回归自然”表示赞同。这种意义上的“回归自然”其实是有条件的，即保留城市生活，包括舒适的住房、汽车、各种家用电器设备等，因为他们不打算永远“回归”，只是短暂停留。

当然，在西方国家，甚至近些年的中国，也确实出现了一些俭朴生活的实践者。他们离开城市，来到农村，建立自己的小型农场，他们自己种植，饲养家畜、家禽，过着自给自足的农耕生活。他们放弃城里优裕的生活，用自己的实际行动表示对环境的友好，其行为的确让人敬佩。可是，这类人只是极少数，难以成为社会主流。况且，他们的方法也不能拯救地球，甚至会造成地球的灾难。试想一下，如果让占世界人口半数以上的城市人“回归自然”去重建家园，将会给生态环境带来怎样的浩劫？

其实，从人化自然的观点来看，“回归自然”本身的意义含糊不清。既然“自然”

① 狄特富尔特、瓦尔特编：《哲人小语——人与自然》，周美琪译，生活·读书·新知三联书店 1993 年版，第 34 页。

是一个发展着的概念，那么我们面对的“自然”就不是静止、僵化的，而是不断变化的，正如马克思恩格斯批判费尔巴哈时说的：“打个比方说，费尔巴哈在曼彻斯特只看见一些工厂和机器，而100年以前在那里只能看见脚踏纺车和织布机；或者，他在罗马的坎帕尼亚只发现一些牧场和沼泽，而在奥古斯都时代在那里只能发现罗马富豪的葡萄园和别墅。”[①]也就是说，不同的时代有不同的“自然”，而且，“‘人和自然的统一’，……这种统一在每一个时代都随着工业或慢或快的发展而不断改变，就像人与自然的‘斗争’促进其生产力在相应基础上的发展一样”[②]。如今，有些人把澳大利亚和新西兰的牛羊和牧场看成“天人合一”的典范，可是这种人与自然之间的“和谐”和“统一”，并不是“自然”产生的。十九世纪时，澳大利亚和新西兰的水手从欧洲带回了牛和羊，按照今天的说法，这是一种物种入侵现象；而那里的牧场，原本是荆棘丛林、一片荒芜。

如此说来，那些主张“回归自然”者的回归目标便模糊不清，不知他们究竟要回到哪个时代的“自然”，是农业社会的“自然”，还是原始社会的“自然”，抑或是人类诞生之前的那个“自然”？

令人扼腕的是，生态中心主义者仍然重复着费尔巴哈的错误。他们认为，纯粹的、人类未涉足过的自然环境才是最好的，所以要求人们不要干预生物圈，不要扰乱生态环境的平衡，主张“人类应该返回到自然中去”。这种观点，实则要停止人类的一切生产活动和科学技术活动，割断人与自然界的一切为人的关系，或者把人也还原为纯粹的自然存在物。在他们看来，“改造自然”的说法是胡言妄语。生态危机的出现的确和“改造自然”有关，但那是由于在改造自然的过程中违背了自然规律造成的，与改造自然本身无关。如果自然环境并不适合人类生存和发展的需要，就需要在不违反自然规律的情况下，适当改变一部分自然的原貌。其实，人类的一切生产活动都是在改造自然。我们穿的衣服、住的房子、开的汽车等都是改造自然的结果，如果停止改造自然，势必要穿树皮、住山洞、徒步行走，更不可能像现在这样通过互联网讨论“回归自然”的问题。因此，我们要纠正的是在改造自然的过程中违背自然规律的错误，而不是放弃改造自然本身，不能把孩子和脏水一起倒掉。如果人类放弃对自然的改造，“不但不可能建立关于自然界的任何对象意识和自然观，甚至连人本身作为人的存在也没有了”[③]。

因此，保护环境必须坚持正确的指导思想。当前，我们必须坚持马克思主义以人为

① 《马克思恩格斯选集》第1卷，人民出版社2012年版，第156页。

② 《马克思恩格斯选集》第1卷，人民出版社2012年版，第156页。

③ 夏甄陶：《哲学应该关注人与世界的大关系》，《哲学研究》，1995年第9期。

本和人化自然的观点，明确保护环境的根本宗旨。保护环境不是单纯的消极适应和回归自然，而是要在开发和改造自然的过程中自觉遵循生态规律。生态系统是人类利用和改造的对象，人类活动必然会改变它的某些方面。“重要的前提在于，人类在维护整个生态系统的平衡的前提下改造环境，并努力使其向具有更高的生物生产力和更优化合理的方向发展。”[①] 对那些不利于人类发展的生态系统，应把它改造成有益于人类与环境发展的良性生态系统，如改善荒漠地、盐渍地、自然疫源地，改善这些地方的生态环境有利于建立新的生态平衡。

第五节 “人化自然”和“人工自然”

近年来，马克思主义人化自然理论逐渐引起了人们的关注，学术界也取得了一些研究成果。但总的来看，对人化自然问题的研究还有待继续深入。这里仅讨论“人化自然”这一概念。

在自然观研究领域中，近些年出现了“人工自然”一词，但是对其概念又缺乏合理的界定。究竟“人化自然”和“人工自然”是对同一概念的不同说法，还是各有各的含义，如有不同，区别又在哪里？由于研究者对概念的理解不尽相同，因此，对二者的认识就显得比较模糊。目前，许多研究者认为二者的概念是相同的。如丛大川就将“属人的自然”“人化自然”“人工自然”并列。[②] 持这种看法的人在使用这两个词汇时是不加区分的。在这种观点的影响下，“人工自然”的使用频率不断上升，并有取代“人化自然”的趋势。问题是，如果“人化自然”和“人工自然”在概念上没有区别，那么还有必要创造出“人工自然”这样一个新词，用来取代“人化自然”吗，这样做的结果，除割断同马克思主义人化自然理论的联系之外，还有什么积极意义呢？

这里并非一味反对“人工自然”一词的使用，而是不赞成将这一概念等同于“人化自然”。一些学者对“人工自然”的解释非常宽泛，如在1993年的一次自然哲学研讨会上，有人将“人工自然”分为八个层次，涵盖了“人类可以设想、推论到的自然”到“在人类的参与下形成一个全新的物质世界”[③]。也就是说，一旦某种自然现象成为研究对象时，

---

① 姚炎祥主编:《环境保护辩证法概论》，中国环境科学出版社1993年版，第34页。

② 丛大川:《自然观与斯大林的自在自然主义》，《自然辩证法研究》，1993年第12期。

③ 李安:《人工自然的层次、过程和发展》，《自然辩证法研究》，1993年第12期。

就成为“人工自然”。如此说来，已经没有区分“人工自然”和“天然自然”的必要了。这种划分方法显然没有给“天然自然”留下任何空间。况且，这种划分实则已否定那次会议的议题——“从天然自然观到人工自然观的转变”。既然所有自然科学研究都属于“人工自然”的范畴，那么就不存在自然观的转变了。

在哲学研究领域，我们应该回到马克思主义的“人化自然”概念。且不说“人化自然”理论是一个内涵丰富、逻辑严谨的思想体系，就从“人化自然”概念本身来说，也是非常科学严谨的。首先，这一概念传达了唯物主义观念即自然的先在性，人类对其只能“化”，而不能“造”。“人工自然”则体现不出这种含义，反而让人误以为“自然”是人工制造的；其次，因为“化”的程度可深可浅，所以“人化自然”的内涵比“人工自然”更加宽泛。“人化自然”不仅可以包括人类改造过的自然，还可以包括那些只有探险者、科学考察队甚至宇航员到过的地方。“人工自然”则表达不出改造的深浅程度，内涵相对较窄。

在自然科学领域，“人工自然”概念也不可滥用。有一种观点比较合理，即人工自然的最低层次是“人类对天然自然的简单控制”，“第二个层次是人类对天然自然作某种形式上的改变”，“最高层次是人类创建天然自然中完全没有的事物”。[①] 按照这种理解，“人工自然”只能是“人化自然”的一部分。

① 黄顺基、黄天授、刘大椿主编:《科学技术哲学引论——科技革命时代的自然辩证法》，中国人民大学出版社 1991 年版，第 67 页。

第七章　人与自然的关系：必要的张力

马克思恩格斯提出的关于人与自然关系的基本观点是一个系统的、完整的思想体系，必须从系统整体出发加以理解，否则会导致片面甚至完全错误的认识。

当前存在的一些关于环境问题的错误认识，大多是因为割裂了人与自然关系的整体性，片面强调其中某一方面，甚至将某一方面与其他方面对立起来而产生的。比如，有学者过分强调保护生态环境的重要性，而忽略了人和自然关系的一些基本问题，并得出"人和动物没有什么本质区别"的荒唐结论。黄钟毁弃，瓦釜雷鸣，马克思主义环境思想长期被遮蔽是造成环境思想莫衷一是的主要原因。因此，要纠正环境思想的错误认识，必须全面完整地认识和理解马克思主义关于人与自然关系的论述。

第一节　以人类为中心还是以生态为中心

二十世纪后半叶兴起的国际环境保护运动，是一个规模非常庞大、参与者十分广泛的群众性运动。参与成员的成分十分复杂，动机和出发点也各不相同，"他们在目标上或偶然达成一致或互为补充。比如说，它可能包括倡导动物权利的人、打猎捕鱼俱乐部、保护大自然的社团、美国土著人、工会、专业的政治行动主义者、科学家、主妇、破坏生态的人、农夫、反核群体、教会组织、新时代宗教组织、素食主义者、女权主义者及许多其他群体"[1]。因此,环境保护运动从一开始就出现了许多不同的派别和组织,他们虽然都举着"绿色"大旗，以保护环境为宗旨，但又有各自不同的主张、行动准则和纲领。这些派别和组织在环境保护运动中，既有合作，又有争议，呈现出错综复杂的局面。

在派别林立的环保群体中，最为突出的有两类，一类是人类中心主义，另一类是生态中心主义。由于对环境问题产生的原因、保护环境的根本目的、解决环境危机的途径等问题的认识不同,人类中心主义也被称为"浅绿派",生态中心主义则被称为"深绿派"。两派最主要的争议在于如何看待人的主体地位，如何正确处理环境与发展的关系。其争论的实质是：在人和自然的关系问题上，究竟是"以人为本"还是"以自然为本"，也就是说保护环境的最终目的是为了人还是为了自然?

生态中心主义是一种激进的思潮,宣扬"地球第一""生态至上",主张"自然的权利"。他们批判人类中心主义只考虑人的利益,忽略了"自然的利益"。生态中心主义学者认为，自然神圣不可侵犯，不容许任何改造，把"改造自然"当成错误观点加以批判。

生态中心主义批评人类中心主义是一切环境问题的"罪魁祸首"，主张打倒或走出人类中心主义。人类中心主义是认识环境问题和开展环境保护工作时坚持的一个基本原则，即人的主体性原则。生态中心主义者发起强大的舆论攻势批判这个原则，而这一原则的坚持者也作出了回应。

生态中心主义对人类中心主义的批评始于二十世纪七八十年代，但是，批评的结果是生态中心主义学者没有想到的。人类中心主义不但没有被批倒批臭，反而从二十世纪八十年代开始呈现繁荣局面。许多学者坚持"重返人类中心主义"的立场，他们之中的代表人物主要有美国植物学家墨迪、澳大利亚哲学家帕斯莫尔和麦克洛斯基、美国哲学家诺顿、苏联哲学家什科连科、德国哲学家瑞尼尔・格仑德曼、英国学者大卫・佩珀等。此外，美国前副总统戈尔、印度学者古哈、日本哲学家岩佐茂等人，都认为人类中心主义是不可超越的。

在中国，这个过程也大体相似，只不过稍向后推迟了几年。在对生态中心主义的批判和声讨中，出现了一大批为人类中心主义辩护的学者。如于光远、袁祖社、朱德生、葛剑雄等人。需要指出的是，这些赞同人类中心主义的学者都主张保护环境，也就是说，生态中心主义与人类中心主义之争是环境保护队伍内部的争论，而不是关于要不要保护环境的争论。

---

① 查尔斯・哈珀:《环境与社会——环境问题中的人文视野》，肖晨阳、晋军、郭建如等译，天津人民出版社 1998 年版，第 363~364 页。

随着讨论的深入，一些原本批判人类中心主义的学者在态度上发生了转变。在我国，最早批判人类中心主义的余谋昌，在研究了论战双方的观点之后，也修正了自己的看法。他对人类中心主义的态度从批判转为结盟，即承认人类中心主义是环境伦理学中的一个派别，主张环境伦理学的各个派别应“从分立走向整合”[①]。主张生态中心主义的学者杨通进，也承认“在一个相当长的历史时期内，环境伦理学仍应把对全球资源的公平分配、对不公正的国际关系的调整、对与环境有关的人际利益的重新分配当作自己所要解决的首要问题,把对人类中心境界的追求视为自己的主要目标”[②]。在一定程度上看,他们的观点可以代表我国环境伦理学界的主流看法。现在，国内大多数的环境伦理学著作都把人类中心主义视作环境伦理学的流派之一。但是，生态中心主义者仍认为，人类中心主义是一种低层次的环保思想，远不如生态中心主义境界高远。因此，他们废除了“打倒人类中心主义”的口号，改为“超越人类中心主义”。

人类中心主义在批评和质疑声中成长壮大，在这个过程当中，人们的认识从片面到全面，不断深化，不断接近真理。每一次认识的转变都是一次认识的提高，这是一个螺旋式的上升过程。

第二节　环境保护运动的“主流”分析

生态中心主义（“深绿派”）发起强大的宣传攻势，批评人类中心主义（“浅绿派”）是浅层次的环保，并提出“生态优先”“地球第一”“环境权利”等所谓的“深绿”思想与人类中心主义对抗，企图将环境保护运动纳入他们预想的轨道。但是事与愿违，全球环境保护运动的领导权仍牢牢掌握在人类中心主义者的手中。

一、环境保护运动的主流

“浅绿派”由以联合国环境规划署为中心的各国政府及一些环保方面的非政府组织组成，是当前全球范围内环境保护运动的主流。虽然各国的具体情况有所不同，但绝大多数国家支持可持续发展战略，注重协调环境保护和经济发展之间的关系，坚持以人为本的环境保护原则。

① 余谋昌:《环境伦理学从分立走向整合》,《北京化工大学学报（社会科学版）》，2000 年第 2 期。

② 杨通进:《走向深层的环保》，四川人民出版社 2000 年版，第 212 页。

虽然各国政府对环境问题的认识程度有所不同，但总体来说，在国际国内环保浪潮的推动之下，它们对环境问题的重视程度都在不断提高。作为担负着国家繁荣发展重任的政府，必须兼顾经济发展、国家安全、环境保护，必须把环境问题放到发展的整体框架之中来考虑，不可能像环保激进分子那样，把保护自然抬高到压倒一切的地位。立法机关可以制定和修改环境保护相关的法律法规，并由政府付诸实施。因此，政府主要投身于环境保护的实践方面。

“深绿派”虽然没有取得全球环境保护运动的领导权，但他们牢牢抓住“环境伦理学”这个阵地。生态中心主义者通过撰写文章、创办刊物、出版书籍、建立群众环保组织、开展宣传活动等多种方式，宣传其观点主张。他们企图改变人们对环境问题的认识和态度，进而影响政府的环境政策，把环境保护运动纳入他们预想的轨道。

二、“深绿派”的浪漫主义特征

“深绿派”认为，大自然是人类的母亲、自然也会发怒，从这种思维和叙述方式不难看出，生态中心主义具有典型的浪漫主义特征。

西方浪漫主义在帮助人类树立环境意识方面功不可没。欧洲工业革命给人们带来物质财富的同时，也带来了废气、污水和大量的工业垃圾。艺术家、作家和诗人对此表示出担忧和不满。被称为“浪漫主义之父”的法国哲学家卢梭首先提出“回归自然”的口号。在十八世纪至十九世纪的欧洲、美国，浪漫主义成为一种潮流，出现了一大批浪漫主义诗人、作家和艺术家，如英国的柯尔律治、华兹华斯，德国的费希特、谢林、歌德、席勒，美国的爱默生，他们写出了大批反映和描写“自然”的文艺作品。在这些作品中，“他们谋求一种隐喻以把好的纯朴的自然状态与（假设的）邪恶的人为行动和科学工业世界的败落及世界观相对比。因此深入我们头脑的自然观念原本是浪漫主义话语的一部分以及对肆无忌惮的机器与工业系统对所有自然的东西的入侵和破坏的批判”[①]。浪漫主义对自然的认识，虽然缺乏严密科学的论证，但大多与生态学原理相符合。这些作品的广泛传播，推动了环境哲学、环境伦理学的诞生和发展。

十九世纪，美国哲学家梭罗把浪漫主义自然观推向了一个新高度。他在代表作《瓦尔登湖》一书中，强调自然的整体性和相互联系，提出崇敬生命、保护荒野的主张，这为生态中心主义环境伦理学奠定了基础。其后，缪尔和施韦泽进一步发展了这些思想，

① 查尔斯·哈珀:《环境与社会——环境问题中的人文视野》，肖晨阳、晋军、郭建如等译，天津人民出版社 1998 年版，第 46 页。

前者提出“大自然拥有权利”，后者主张“敬畏生命”。稍后，利奥波德则在《沙乡年鉴》中，提出“土地伦理”思想。这些生态中心主义启蒙者的共同之处是，把浪漫主义对自然的文学描写变成了社会理想，或者说用文学描写的手法来研究社会科学。他们过分夸大了浪漫主义符合生态学原理的部分，并开始走向极端，这种偏激思想后来被环境保护运动中的“深绿派”所继承，并将其发挥到了极致，其主要表现如下。

脱离现实，过分追求意境的高远。生态中心主义离开人，离开现代科技，离开现行的社会制度，去追求所谓的“深层次”原因，在“自然权利”等比较虚幻的层面徘徊。正如有学者指出的那样：“当代环境伦理由于受到浪漫主义文化传统对自然想象的重要影响，实际上是置身于‘环境’之外的，它所表现出的过分追求意境高远而脱离现实的特点，具有了某种‘中产阶级的偏见’。”① 在人权问题还没有得到解决的情况下，“深绿派”就跨越式地提出“动物权利”和“自然权利”的主张，这凸显了他们不切实际的特点。

宣扬理想主义。把原生自然描写成理想的境界，空谈自然的“美丽、完整和稳定”，认为人类改造自然的成果一无是处，推崇虚幻的“田园生活”。

宣传不可知论和万物有灵的思想，具有神秘色彩和反科学倾向。认为大自然中的一些灾变现象是“天人感应”，宣传“神山”“圣水”，提倡“敬畏自然”。

善于鼓动、宣传。“深生态学家依赖于小说、诗歌、散文、神话及宗教仪式。其目的都在于使得深生态学被人理解。”② 生态中心主义者多用文学语言和文学手法抒发悲天悯人的情怀，虽然缺乏科学性和逻辑的严谨性，却极具煽动力，尤其对热爱文学同时对环境保护怀有热情的青年人具有极大的诱惑力。这也极好地解释了为什么在“深绿派”中，人文社科学者较多，而从事自然科学研究的学者较少。

“深绿派”以浪漫主义者所特有的热情、真诚和执着，投身于环保运动，有些人甚至达到了痴迷忘我的程度，他们通过成立民间组织、兴办演讲、召开会议、撰写文章等形式展开宣传，对广大人民群众环境意识的启蒙和提高作出了一定的贡献。同时，他们对社会上种种违反环境保护法律法规的现象予以大胆的揭露和抨击，引起了社会各界对环境问题的关注，也推动了环境保护工作的进展，这些都值得肯定。

但是，我们必须清醒地看到，“深绿派”所主张的生态中心主义是浪漫主义思维的产物，经不住逻辑和科学的检验。“深绿派”的思想更多地体现西方发达国家富裕阶层的利益，如果在发展中国家实施，则会干扰发展中国家社会和经济的发展。因此，我们必须

---

① 王韬洋：《有差异的主体与不一样的环境“想象”——“环境正义”视角中的环境伦理命题分析》，《哲学研究》，2003 年第 3 期。

② 戴斯·贾丁斯：《环境伦理学——环境哲学导论》，林官明、杨爱民译，北京大学出版社 2002 年版，第 251 页。

对这种激进的思潮保持高度的警惕，无论环境保护的宣传还是环境伦理学的建设，都要以马克思主义环境思想为指导，防止那些打着“前卫”旗号的思想阻碍我国的现代化进程。

第三节 “深绿”和“浅绿”之争的实质是发展观之争

“深绿派”主张“生态第一”和“浅绿派”主张“以人为本”的分歧，实质是发展观方面的分歧，具体地说就是如何正确理解和处理环境与发展关系的问题。

二十世纪下半叶，随着环境问题的日益突出，人们的环境意识也空前提高。人们认识到人类社会的发展将受到环境、资源和人口等的制约，可持续发展思想应运而生，这是人类思想认识史上的一个重大转折。但是，由于世界上还存在发达国家和发展中国家、发达地区和欠发达地区、富裕和贫穷的差异，所以对可持续发展思想的理解也存在较大分歧。这种分歧在第一次人类与环境会议召开时就存在，并一直延续到今天。在会议上，“经济原点发展”和“技术原点发展”的论点受到发展中国家的严厉批判。因为，如果按照这种观点行事，富国则愈富，在世界经济中永远保持其垄断地位；而穷国则愈穷，在经济上永远处在任人控制和剥削的地位。发展中国家代表在会议上据理力争，《联合国人类环境宣言》提出了两类环境问题：一类是发展中国家的环境问题，另一类是发达国家的环境问题。由于这两类环境问题性质不同，所以解决方法也不同。“在发展中的国家中，环境问题大半是由于发展不足造成的。……因此，发展中的国家必须致力于发展工作，牢记它们优先任务和保护及改善环境的必要。”[①] 在20年后的联合国环境与发展会议上，以上观点得到了进一步确认：“为了实现可持续发展，环境保护工作应是发展进程的一个整体组成部分，不能脱离这一进程来考虑。”[②]

我国首任国家环境保护局局长曲格平，曾对可持续发展思想作过多次阐释：“可持续发展对于发展中国家来说，第一位的是发展，只有发展才能为解决生态危机提供必要的物质基础，也才能最终摆脱贫困、愚昧和肮脏。”[③]

作为世界上最大的发展中国家，中国基于对可持续发展思想的正确理解，制定了具有划时代意义的指导性文件——《中国21世纪议程——中国21世纪人口、环境与发展

---

① 城乡建设环境保护部环境保护局编：《环境工作通讯汇编》，中国环境科学出版社1984年版，第379页。

② 田青、胡津畅、刘健等编译：《环境教育与可持续发展教育联合国会议文件汇编》，中国环境科学出版社2011年版，第14页。

③ 曲格平：《我们需要一场变革》，中国环境科学出版社2007年版，第201页。

白皮书》(简称《议程》)。在国务院的直接领导下，由国家计划委员会和国家科学技术委员会牵头，在52个部门、300余名专家参加的工作小组的共同努力下，《议程》初稿完成了。初稿完成之后，工作小组广泛征求了各有关部门和中外专家的意见，最后经中外专家多次修改完成定稿。《议程》的编制工作得到了联合国开发计划署的支持和帮助，同时，《议程》的编制和实施工作已被列为中国政府和联合国开发计划署的正式合作项目。《议程》作为中国21世纪可持续发展的总体战略，权威性是毋庸置疑的。我们讨论生态文明建设、可持续发展战略及环境与发展的关系问题时，都不能离开这一总体战略思想。

环境与发展的关系究竟是"生态第一"还是"以人为本"？是以环境压发展，还是在发展中解决环境问题？《议程》早已有十分透彻的分析："对于像中国这样的发展中国家，可持续发展的前提是发展"[①]，"必须毫不动摇地把发展国民经济放在第一位，各项工作都要紧紧围绕经济建设这个中心来开展"[②]，"中国人口多，底子薄，只有保持较快的经济发展速度，才能尽快消除贫困，提高人民生活水平，保证国家的长治久安，增强以经济和科技实力为基础的综合国力，也才能有更多的能力和条件去发展社会文化，整治生态环境，确保可持续发展的各项战略目标的实现和重大行动的实施"[③]。

生态中心主义脱离了人类社会发展的总体框架，把环境问题孤立起来，必然在环境与发展关系问题上产生认识偏差。生态中心主义的发展观同可持续发展观格格不入。他们心目中人与自然和谐的"典范"，是生产力落后、经济不发达的地区。他们认为，这些"典范"保留着大自然的本来面貌，保存着丰富的民族文化传统、宗教信仰、艺术、风俗习惯等，如果影响这些"典范"，就会破坏其传统和文化。生态中心主义者片面强调保护"原生态"，而没有把环境问题放到国家和民族发展的整体框架之中来审视，因此，他们的观点违背了"五位一体"总体布局。可以说，生态中心主义者所追求的小农经济和"田园生活"，与当今世界的发展潮流完全相逆。

更让人不可思议的是，一些生态中心主义者竟以少数民族的代言人自居："我认为每一个生存下来的民族，都有智慧在现有的条件下获得幸福。因而，脱贫对于他们来说是不必要的。比如鄂温克人，过着原始的古朴的生活，他们有自己的文化，有自己的幸福，有自己的尊严——他们需要脱'贫'吗？"这些生态中心主义者认为，"与发展相比，更

① 《中国21世纪议程——中国21世纪人口、环境与发展白皮书》，中国环境科学出版社1994年版，第4页。
② 《中国21世纪议程——中国21世纪人口、环境与发展白皮书》，中国环境科学出版社1994年版，第1页。
③ 《中国21世纪议程——中国21世纪人口、环境与发展白皮书》，中国环境科学出版社1994年版，第6页。

重要的是好的传统”。[①]

总之，生态中心主义与“五位一体”总体布局及中国式现代化目标都是格格不入的。我们主张“以人为本”，他们却要“以自然为本”；我们努力实现现代化，追求先进的生产力，他们却崇拜“田园生活”，追求落后的生产力。其中的道理，可以借用《黄水谣》来说明。

黄水奔流向东方，河流万里长，

水又急，浪又高，奔腾叫啸如虎狼。

开河渠、筑堤防，河东千里成平壤，

麦苗儿肥呀豆花儿香，男女老少喜洋洋。

自从鬼子来，百姓遭了殃，

奸淫烧杀一片凄凉，扶老携幼，四处逃亡。

……[②]

歌词中，“原生态”的黄河“奔腾叫啸如虎狼”，对人类并不友好。只有“开河渠、筑堤防”，对黄河加以改造、治理，才使得这条桀骜不驯的河流成为真正的民族摇篮，出现了“河东千里成平壤，麦苗儿肥呀豆花儿香，男女老少喜洋洋”的景象。但是，短暂的喜悦之后，却是“自从鬼子来，百姓遭了殃，奸淫烧杀一片凄凉，扶老携幼，四处逃亡”的悲惨生活 。为何？落后就要挨打，这是亘古不变的“真理”。

《议程》明确指出：“为满足全体人民的基本需求和日益增长的物质文化需要，必须保持较快的经济增长速度，并逐步改善发展的质量，这是满足目前和将来中国人民需要和增强综合国力的一个主要途径。”[③] 所以，我们必须毫不动摇地把发展经济放在首位，开展各项工作都要以经济建设为中心，转变经济增长模式，保护好环境与资源。

现在，中国逐渐强大起来，但是和发达国家相比，还有一定的差距。我们当前的任务是提高综合国力，加快现代化的建设步伐，2035 年时达到中等发达国家水平。国外敌对势力害怕我们强大，企图利用种种手段阻碍我们发展，而“环保”问题是他们的借口之一，如果我们的环保人士追随其后，则正中其下怀。

作为一名环保人士，必须是爱国者，关心国家的环境问题原本就是一种爱国的表现。但是，仅有良好的环境还不够，如果我们以“生态第一”的原则来处理环境和发展的关系问题，也许可以保住青山碧水，但又怎么能保证国家的安全和人民的幸福安康呢？

① 《春天尚未来到之际 ——一次艰难的对话与较量》，《文汇报》，2005 年 2 月第 11 版。

② 里予编：《名歌大观——中外歌曲精品选》，海峡文艺出版社 1992 年版，第 85~86 页。

③ 《中国 21 世纪议程——中国 21 世纪人口、环境与发展白皮书》，中国环境科学出版社 1994 年版，第 4 页。

所以，人类中心主义和生态中心主义的争论，绝不是单纯的学术之争，而是关系到国家和民族前途命运的重大问题，绝不可掉以轻心。

第四节　生态中心主义在实践中的危害

生态中心主义极力反对“以人为本”，宣扬“地球优先”和“自然的权利”等观点。它在理论上是站不住脚的，在实践上则是有害的。

危害之一：为发展中国家现代化建设制造理论障碍

生态中心主义最基本的观点是“生态第一”“地球优先”，强调“大自然的权利”。他们评价是非的标准，是生态中心主义创始人莱奥波尔德的一句名言：“当某件事情有利于生物群落的完整、稳定和美丽时，它就是对的，否则就是错的。”[①] 基于这种认识，他们极力推崇老子的“无为”思想，反对人类对自然环境的改造。在实践方面，生态中心主义反对开发环境，尤其反对大型建设工程，如修建水坝、高速公路。生态中心主义对发达国家的影响相对较小，因为这些国家各项基本建设已经普遍完成。可是对发展中国家来说，如果将这种理论付诸实施，发展中国家与发达国家的差距将会越来越大，前者将处于更加落后、被动的地位。

危害之二：宣扬反人类思想，为生态恐怖主义所利用

生态中心主义提出“生态至上”和“一切物种绝对平等”的思想，与其他非人类中心主义思想结成联盟，一致反对人类中心主义“以人为本”的基本原则。他们中的一些极端分子，在“尊重大自然”口号的掩盖下，宣扬反人类的思想，甚至把人类比喻成“地球的癌症”。生物中心主义的代表人物泰勒曾直言不讳地说：“从生命共同体及其真实利益的角度看，人在地球上的消失无疑是值得庆幸的‘大好事’。”[②] 有些非人类中心主义者甚至到了仇视人类的地步。某个自称“地球第一”的组织在其文章中主张让艾滋病蔓延以减少人口数量，以免对其他动物种类的存在构成威胁。[③] 爱德华·阿比在《大漠中的纸牌游戏》一书中，说他会射杀一个人而不是一条蛇。戴夫·福尔曼则建议，我们不应当

① 奥尔多·利奥波德：《沙乡年鉴》，李强译，群言出版社 2016 年版，第 197 页

② Paul Taylor.*Respect for Nature：A Theory of Environmental Ethics*［M］.New Jersey：Princeton University Press，1986：115.

③ 巴里·康芒纳：《与地球和平共处》，王喜六、王文江、陈兰芳译，上海译文出版社 2002 年版，第 13 页。

援助饥饿的埃塞俄比亚，让他们死去吧。[①]

“生态至上”“地球第一”“动物权利”等思想，也被某些激进主义的社会团体所利用。一些组织打着“解放动物”的旗号制造恐怖活动，破坏人们正常的生活秩序，给社会带来极大的危害。美国的“地球解放阵线”组织，以地球代言人自居。该组织自1997年开始活动，通过暴力行动实现他们“保护环境”的目标。1998年10月，该组织为了保护生活在威尔山的稀有猫科动物——猞猁，不惜破坏了科罗拉多州威尔山滑雪场的几栋楼房。该组织还表示，这只是一项警告，倘若经营该滑雪场的公司继续开发威尔山，他们将采取更具破坏力的袭击行动。两个月后，该组织又袭击了美国俄勒冈州的一家木材公司。其后，该组织的活动范围和袭击次数不断增加，造成了极其恶劣的影响。

一些极端分子以保护动物、保护环境为名，袭击快餐厅、航空业、电脑业、伐木业及国会议员的汽车和办公室等，焚烧甚至爆炸医院、大学、研究机构的实验室，故被称为“生态恐怖主义”。“2004国际动物权利会议”于9月5日在英国南部肯特郡召开，数百名从世界各地赶来的动物保护主义者参加了这次会议。英国《观察家报》说，这是一次训练性质的活动，与会者将学习各种袭击战术。极端组织“动物解放阵线”起草了一份“动物极端主义合法袭击目标”名单，马戏团、农场、动物园、相关公司雇员和参与活体解剖动物的人都在名单之上。他们的袭击方式多种多样，其中包括放火和涂鸦等。

生态中心主义正是以上恐怖活动的理论依据，所以，对这些恐怖活动的出现，生态中心主义者有着不可推卸的责任。

危害之三：干扰环境保护宣传教育的健康开展

生态中心主义不断发出与国际环境保护运动主流不同的声音，造成公众认识的混乱。特别值得注意的是，文化艺术界、新闻出版界和教育界受生态中心主义影响最严重，为生态中心主义的传播和扩散推波助澜。一时间，生态中心主义肆意蔓延，甚至渗透到一些政府部门文件和某些专业人员的文章和讲话之中。

生态中心主义对环境问题的错误解释，给环境教育工作带来了极其负面的影响。2002年6月，在由中山大学、香港教育学院、东北师范大学、明尼苏达大学举办的环境教育国际研讨会上，明尼苏达大学的弗雷德·芬利博士在发言中说：在美国，由于有些人言行偏激，引起了人们对环境教育的怀疑。美国环境教育工作组成员周·柯瓮撰写报告，列举了六种反对环境教育的观点，其中有几项涉及生态中心主义，如“环境教育常常建

① 戴斯·贾丁斯:《环境伦理学——环境哲学导论》，林官明、杨爱民译，北京大学出版社2002年版，第256页。

立在情感主义、神话和错误信息基础之上”；“环境教育典型的失败在于不是教给学生关于经济学和决策程序的基本知识，而是依靠无所顾虑的口号”；“环境教育教授一种反人类中心的哲学——人类对地球来说是一种侵扰，有时，是罪恶”①。在国内，生态中心主义产生的不良影响也不可小觑，如有的教师组织学生讨论“环境和发展哪个更重要”，俨然将环境和发展问题对立起来，甚至引导学生得出“环境更重要”的结论。

另外，生态中心主义随意颠覆传统话语和知识内容，违反逻辑规则，提倡跳跃性的思维方式等，对培养青少年学生的正确思维方式，形成科学的认识论和方法论，以及建立合理的知识结构，都产生了不利的影响，必须引起我们的重视。

从某种程度上说，生态中心主义的出现对环境保护的宣传可以起到一定的推动作用。但是，我们也必须高度警惕这种激进思潮的负面影响。

第五节　环境保护和动物保护的关系

保护动物是开展环境保护工作时经常涉及的一个问题，能否正确对待动物是衡量一个人环境意识的重要标准。但是，时下的环境保护宣传教育，常常将动物权利主义和慈善主义的动物保护观点混淆，致使一部分热衷环境保护的人士无法厘清动物保护和环境保护的关系。

最常见的是将“保护动物”和“保护生命”混同起来，把“生命教育”纳入环境教育，提出应该开展爱一切动物、一切生命的教育。部分人认为，在环境教育中，应向孩子灌输“人类和一切动物都是平等的”和“敬畏生命”观念。一些环境伦理学著作把动物权利主义当作环境保护的一个流派，大谈动物的“痛感”“情感”“亲情”，实质上混淆了环境保护意义上的野生动物保护和慈善意义上的动物保护。

首先，从保护的目的看，保护动物是为了维持生物的多样性，保持生态平衡。各种各样的野生动物（包括植物）是人类生存环境的重要组成部分，保护野生动物（植物）就是保护人类的生存环境。因此，环境保护意义上的动物保护是“以人为本”的，是人类的理性选择。

其次，从保护的范围看，动物保护，主要是保护那些珍稀的、濒危的野生动物。所以，

① 金传宝、田道勇：《美国公众对环境教育的论争》，《环境教育》，1998 年第 3 期。

人工饲养的动物，不属于保护的动物对象。动物权利主义和慈善主义则要珍惜一切生命，保护所有动物。实际上，珍惜一切生命是永远无法实现的幻想。打针吃药时，会杀死体内的寄生虫;洗衣服时,会杀死衣服上的螨虫……一句话,只要你活着,就随时随地会杀生,若真要做到“珍惜一切生命”，那只有放弃自己的生命。

最后，从保护的意义看，保护动物的出发点是“以人为本”，为人类营造一个良好的生存环境。即使受保护的野生动物，如果因繁殖过多而损害了生态平衡，就应采取手段加以控制。袋鼠是澳大利亚的国宝，在澳大利亚受到严格保护。可是，当袋鼠因繁殖过多而破坏草场，进而影响牧业生产的时候，澳大利亚当局则会采取断然的措施——猎杀一定数量的袋鼠。然而，动物权利主义和慈善主义的出发点则是“以动物为本”，其目的是维护动物的权利和利益。动物权利主义者认为，“动物和人类没有什么区别”“动物应该和人类一样享受平等的权利”，所以，在他们看来，澳大利亚的做法是难以容忍的。

至于“动物应该和人类一样享受平等的权利”的问题,实际上是一个伪命题。马克思说过:“动物实际生活中表现出来的唯一的平等，是特定种的动物和同种的其他动物之间的平等;这是特定的种本身的平等，但不是类的平等。动物的类本身只在不同种动物的敌对关系中表现出来，这些不同种的动物在相互的斗争中显露出各自特殊的不同特性。自然界在猛兽的胃里为不同种的动物准备了一个结合的场所、彻底融合的熔炉和互相联系的器官。”[①]既然不同种类的动物之间都没有平等可言，那么，“动物应该和人类一样享受平等的权利”就显得荒谬至极。当然，从人道主义的角度提倡爱护动物，也是合理的，但这同环境保护完全是两码事，不可混为一谈。而且，保护必须有限度，不可无限拔高，不可脱离实际。保护动物的最终目的是保护人类。所以，当某些动物危及人类健康和生命的时候，人类就必须采取果断措施。如疯牛病、禽流感蔓延之时，人们必须将动物人道毁灭。

一些民间环境保护组织成员没有认识到环境保护意义上的动物保护与慈善意义上的动物保护的根本区别。他们以为，保护动物就是环保，或者他们自己本就是动物权利主义的信徒。所以，为了壮大自己的队伍，他们把动物权利主义者和慈善主义者拉进自己的组织，打着环保的旗号，实际干着和环保完全无关的事情。

此外，有人反对医学上的动物解剖和动物试验。在医学领域，反对动物活体解剖和实验的意见早已有之。恩格斯在 1881 年 8 月 27 日致卡·考茨基的信中，就极力称赞约

---

① 《马克思恩格斯全集》第 1 卷，人民出版社 2002 年版，第 248~249 页。

翰·西蒙在国际医学会议上的发言，支持动物活体解剖实验。约翰·西蒙“把资产阶级对人民群众做大规模的商业性实验与医生对动物做一些科学实验相对比，他这就第一次把问题说到点子上了。把这个发言摘录出来，可以作为《社会民主党人报》的一篇绝妙的小品文”。恩格斯告诉卡·考茨基:“会议已一致宣布活体解剖对科学是必要的”[①]。

有时，真理距离谬误仅有一步之遥。极端是科学的大敌，上述观点的根本错误是将一个正确的命题推向了极端。为了防止陷入极端性的误区，当环境宣传教育中涉及保护动物问题时，必须讲究科学、把握分寸，不可说过头话，做过头事。何为把握分寸？就是要严格按照我国现有的法律和实际情况来开展教育和宣传。如，我们必须教育学生不吃、不捕、不伤害我国《中华人民共和国环境保护法》《中华人民共和国野生动物保护法》及相关法律法规中规定的需要保护的野生动物，并且同捕杀、贩卖、运输、加工野生动物的行为作斗争，这就是把握分寸。如果将保护野生动物的范围扩大到“保护一切动物”甚至“保护一切生命”，那就失了分寸，因为，“一切动物”“一切生命”包括人工饲养的动物。再如，“鸟类是人类的朋友”“青蛙是人类的朋友”，这符合分寸。但是，如果说“一切动物都是人类的朋友”则过了头。因为，“一切动物”包括“四害”和各种危及人类健康的病菌。

第六节　关于素食问题

本书所谈论的素食即禁绝一切肉类食物。素食的原因各不相同，有宗教信仰的原因、健康的原因、个人好恶的原因等。对上述原因的素食行为，我们应该予以尊重。这里重点要讨论的是，打着环保旗号鼓吹素食的现象。

在当前的环境宣传教育中，有人鼓吹“素食是环保行为”，鼓励人们放弃肉食，加入素食队伍。素食和环境保护何以挂钩？其理论根据是生物中心主义的“敬畏生命”原则。“敬畏生命”原则认为“生命没有等级之分”[②]。据此，生物中心主义者认为，人类没有理由把动物当成食物。

生物中心主义者极力抹杀人与动物之间的诸多区别，过分强调人与动物的共同点，甚至说人和动物“没有什么根本区别”。然而，恩格斯早已分析过人和动物的相同点和不

① 《马克思恩格斯全集》第 35 卷，人民出版社 1971 年版，第 215 页。

② 傅华:《生态伦理学探究》，华夏出版社 2002 年版，第 211 页。

同点："和人最相似的猿类的不发达的手，同经过几十万年的劳动而高度完善化的人手相比，竟存在着多么大的差距。骨节和筋肉的数目和一般排列，两者是相同的，然而即使最低级的野蛮人的手，也能做任何猿手都模仿不了的数百种动作。任何一只猿手都不曾制造哪怕是一把最粗笨的石刀。"①

动物解放（权利）主义者忽略人和动物的根本差异，认为人和动物的最大共同点是二者都能够感受痛苦和快乐，并进一步提出了所谓的"种际正义"原则。这一原则认为，在权衡一个智力发展得比较高级的动物和一个植物人的类似利益时，后者并不优先于前者。也就是说，当智力能力受到损害的人和智力能力复杂的动物发生利益冲突时，前者的利益应该让位于后者的类似利益。②生物中心主义者极力抹杀人与动物的区别，把他们提倡的动物解放与早年的黑人和妇女解放相提并论，这恰好说明他们根本不懂得生态学中关于食物链的基本知识，更不了解人类发展的历史。对这一过程，恩格斯在《自然辩证法》中进行了科学阐述：

劳动是从制造工具开始的。我们所发现的最古老的工具是些什么东西呢？根据已发现的史前时期的人的遗物来判断，并且根据最早历史时期的人群和现在最不开化的野蛮人的生活方式来判断，最古老的工具是些什么东西呢？是打猎的工具和捕鱼的工具，而前者同时又是武器。但是打猎和捕鱼的前提是从只吃植物过渡到同时也吃肉，而这又是向人转变的重要一步。肉类食物几乎现成地含有身体的新陈代谢所必需的各种最重要的物质；它缩短了消化过程以及身体内其他植物性过程即同植物生活相应的过程的时间，因此为过真正动物的生活赢得了更多的时间、更多的物质和更多的精力。这种正在生成中的人离植物界越远，他超出动物界的程度也就越高。如果说除吃肉外还要习惯于吃植物这一情况使野猫和野狗变成了人的奴仆，那么除吃植物外也要吃肉的习惯则大大促进了正在生成中的人的体力和独立性。但是最重要的还是肉食对于脑的影响；脑因此得到了比过去丰富得多的为脑本身的营养和发展所必需的物质，因而它就能够一代一代更迅速更完善地发育起来。请素食主义者先生们恕我直言，如果不吃肉，人是不会到达现在这个地步的……肉食引起了两个新的有决定意义的进步，即火的使用和动物的驯养。前者更加缩短了消化过程，因为它为嘴提供了可说是已经半消化了的食物；后者使肉食更加丰富起来，因为它在打猎之外开辟了新的更经常性的肉食来源，除此以外还提供了奶和奶制品之类的新的食品，而这类食品就其养分来说至少不逊于肉类。这样，对于人来说，

① 《马克思恩格斯选集》第3卷，人民出版社2012年版，第989页。

② 余谋昌、王耀先主编:《环境伦理学》，高等教育出版社2004年版，第64页。

这两种进步就直接成为新的解放手段。[1]

生物中心主义者不顾人类发展和人类基本生理需要的基本事实，宣传“素食是环保行为”“素食比肉食更健康”，这是极其不负责任的行为。事实上，任何一个合格的营养师或医生都不会给正常人开出完全素食的食谱。

第七节　绿色大潮浪淘沙

绿色浪潮冲击着人们传统的思想、生产生活方式和行为习惯。一切不符合可持续发展要求的生产方式、生活方式、思想观念、行为习惯等，都将如大浪淘沙般被淘汰出局。在绿色浪潮面前，为了适应新形势，人类作出了明智的选择。如虎骨、犀牛角退出了中药市场；传统工艺牙雕退出了工艺品市场；野生动物成为法律保护的对象……

随着人们环境意识迅速提高，绿色、环保、生态、低碳等名词和概念也越来越流行，“绿色产品”“绿色消费”“绿色生活”“生态旅游”“生态住宅”等经常登上各类媒体，但这让人喜忧参半。喜的是，人们环境意识提高，懂得用保护环境的眼光和标准来衡量和看待事物；忧的是，绿色和环保的概念被富有经济头脑的商人和各类经营者所利用，成为他们推销自己产品的时髦外衣，甚至把一些对环境有害的商品、消费行为和生活方式，打上环保的标签予以推广。在绿色浪潮中，泥沙俱下、鱼目混珠，究竟哪些是真正的“绿色”？我们要仔细甄别。

一、爱鸟、养鸟和护鸟

绿色思想提倡接近大自然，于是有人借题发挥，将养鸟也说成环保行为。人类爱鸟养鸟的历史非常悠久。《庄子》中有一段寓言：“昔者海鸟止于鲁郊，鲁侯御而觞之于庙，奏《九韶》以为乐，具太牢以为膳。鸟乃眩视忧悲，不敢食一脔，不敢饮一杯，三日而死。此以己养养鸟也，非以鸟养养鸟也。”[2] 这虽然是一篇寓言，但可以推断，人们在那时已经开始养鸟。文中，庄子指出了养鸟的正确之道，即顺应鸟的自然本性，“以鸟养养鸟”。如果从人类自身的角度出发，“以己养养鸟”，对鸟待以大礼、奏以国乐、飨以大餐，这就违背了鸟类的习性，致使鸟儿受惊吓而死。

---

① 《马克思恩格斯选集》第 3 卷，人民出版社 2012 年版，第 994~995 页。

② 孙通海译注：《庄子》，中华书局 2007 年版，第 59 页。

此外，庄子在《养生主》中写道："泽雉十步一啄，百步一饮，不蕲乎樊中。神虽王，不善也。"[①] 在沼泽旁边的公鸡，每十步就低下头吃东西，每百步就喝一口水，悠然自在。它们不愿意被人们养在笼中，那样看似舒服，实则倍受束缚。从以上两则寓言中，可以看出庄子是反对养鸟的。

曹植在《野田黄雀行》中写道："罗家得雀喜，少年见雀悲。拔剑捎罗网，黄雀得飞飞。飞飞摩苍天，下来谢少年。"[②] 欧阳修画眉诗曰："百啭千声随意移，山花红紫树高低。始知锁向金笼听，不及林间自在啼。"[③] 这两首诗都表达了诗人反对扑鸟、养鸟的态度。

同以上诗文比较起来，清代著名文人郑板桥对养鸟的论述可谓更加系统、全面。郑板桥任山东潍县县令时，在给他亲属的信中谈及他的养鸟体会，他说自己"平生最不喜笼中养鸟"，因为"我图娱悦，彼在笼中，何情何理"。[④] 他进一步说："所云不得笼中养鸟，而予又未尝不爱鸟，但养之有道耳"。怎样才算是"爱之有道"呢？郑板桥指出，爱鸟养鸟就该多植树，让房前屋后绿树成荫，为鸟儿提供憩息的环境。这样，清晨黄昏时，便可"听一片啁啾"；品茗闲坐时，则可见叶底鸟儿"扬翚振彩，倏忽倏来，目不暇给"。[⑤] 这样的欢乐，又岂能是一只笼子、一只鸟儿的乐趣能相提并论的。

香港的米埔自然保护区为爱鸟人士设立了观鸟台。在此，人们可以通过望远镜观察鸟类，既不会干扰它们的生活，又不会约束它们的自由，这才是"爱之有道"。

二、放生是环保行为吗？

放生，原本是宗教信徒的一种善举。近年来，随着保护动物的呼声不断高涨，一些环保人士也纷纷效法，被一些媒体誉为环保行为。放生者用自己的实际行动，唤起人们对保护野生动物的重视，这的确值得称赞。但是，随着放生现象日渐增多，反而让人们担忧起来。

放生者的本意是保护动物，可是此举一出，众相效仿，动物贩子就有机可乘。见利忘义的动物贩子大肆捕捉野生动物，借人们的爱生之心，赚取不义之财。另外，《中华人民共和国野生动物保护法》规定，买卖或个人饲养国家保护动物都属违法。所以，放生行为的初衷美好，结果却适得其反。热衷于环境保护的人士不妨换一种方式，多了解有

① 孙通海译注：《庄子》，中华书局 2007 年版，第 59 页。
② 宋效永、向焱点校：《三曹集》，黄山书社 2019 年版，第 278 页。
③ 张春林编：《欧阳修全集》，中国文史出版社 1999 年版，第 64 页。
④ 王庆德注：《郑板桥诗文集注》，文化艺术出版社 2014 年版，第 15 页。
⑤ 王庆德注：《郑板桥诗文集注》，文化艺术出版社 2014 年版，第 16 页。

关方面的常识，如当地野生保护动物名录、执法机关的联系方式等，共同监督，协助执法部门打击捕杀野生保护动物的行为。

此外，被贩卖的野生动物大多几经倒手，身体虚弱，再加上不适应新的生活环境，所以即使放生成功，成活的概率仍然很小。放生的目的是让动物能够存活，这就要求对动物的生存环境和生活习性有所了解，选择合适的时间和地点来进行。如果只管“放”，不管能否“生”，就失去了放生的意义，也背离了放生的初衷。因此，放生行为由野生动物保护部门专业人员来执行更为稳妥。

三、关于“生态旅游”

“生态旅游”是近年来兴起的新名词,它同“绿色产品”“绿色消费”“绿色住宅”一样，早已成为招揽生意的时髦招牌。旅游公司迫不及待地给旅游路线挂上了“生态旅游”的标签。一些风景旅游资源丰富的地区，则把“生态旅游”作为带动当地经济发展的重要手段。

生态旅游的本质和核心是保护生态环境，以实现旅游资源的可持续发展和可持续利用。但是，有些“生态旅游”，与以往的旅游区别不大，有些甚至违背了生态旅游的根本宗旨，主要表现如下。

一是缺乏科学规划，盲目开发。如将酒店、商店、娱乐设施等安排到景区之内，生态景点趋于城市化和现代化，破坏了自然景观和人文景观原有的环境氛围。对旅游区的承载能力缺乏科学的研究和认识，而是采取了竭泽而渔的做法，破坏了宝贵的旅游资源。

二是大兴土木，盲目建设。如在一些风景优美的景点乱砍滥伐树木，乱开乱筑道路，滥建人造景观等，破坏了原生景点的自然美感。在建设景点的过程中，不注意文物保护，一些历史文化遗产遭到严重破坏。

三是宣传单一，景点特色不够突出。注重对旅游风景区审美价值和经济价值的宣传，忽视了旅游景点的生态价值、文化价值和社会价值的塑造。

四是忽视环境保护，生态环境遭到破坏。许多旅游区不重视环境保护和环境建设，破坏了生态环境。由此看来，要促进“生态旅游”的健康发展，路漫漫其修远兮，我们还有许多事情要认真去做。首先，要大力宣传“生态旅游”的真正含义和重要意义。“生态旅游”的核心是对旅游环境的保护,保证旅游资源的可持续发展和可持续利用,因此,“生态旅游”应以认识自然、欣赏自然、保护自然、维持自然的生态平衡为前提。其次，政府、司法机关、旅游公司、公民等都应为“生态旅游”出一份力。政府要作好管理和监督，司法机关要公正执法；旅游公司要恪守本分、遵纪守法；公民则要提高环境意识、积极主动保护生态环境。只有各方形成合力，才能真正实现"生态旅游"。

四、盆景、根雕面临检验

近年来，随着人们物质生活水平不断提高，盆景和根雕也成为比较流行的艺术形式，被誉为"环境艺术"。

与历史悠久的盆景艺术相比，根雕则是新生事物。短短的几十年，根雕已风靡全国，同时身价倍增。一桩树根经过根雕艺术家的加工，价值可增加几十倍，甚至上百倍。由于成本低廉，利润丰厚，根雕行业迅速扩大，形成了产业链。根雕用的树根有两个要求，一要有形，二要木质坚硬。因此，从业人员都瞄向珍贵名木。为了取得优质的根材，从业人员专挑根系发达、枝繁叶茂、弯曲有致的"奇树"下手。许多形状奇特的天然树木被拦腰砍断或连根挖走。挖根者大量挖掘，然后十取二三，毁掉的大多是禁伐的防护林和特种用途林。

野生树桩、树根大都生长在岩石缝、悬崖边等环境比较恶劣、土地比较贫瘠的地方。环境越恶劣的地方，生态系统就越脆弱。如果树桩、树根被挖，就会导致水土流失、岩石崩塌，甚至会导致局部的山体滑坡，使原本就脆弱不堪的石山生态雪上加霜。

艺术创作与保护生态之间的矛盾应该如何处理？当务之急是必须按照现有的法律法规，严厉制止非法挖掘树根、破坏生态环境的行为。

令人欣慰的是，非法挖掘树根这一破坏生态环境的问题已经引起一些地区和林业部门的重视。如湖北荆门规定，严禁将对节白蜡树蔸制成盆景出售。对节白蜡树为木樨科，是一种生长极为缓慢的落叶乔木，是荆门的市树。自二十世纪八十年代起，人们开始大量采挖其树蔸，制成盆景出售。不仅数十年、数百年的老树荡然无存，连幼苗也难逃噩运。为此，荆门出台了一系列保护措施，包括不允许挖树蔸，不允许收购树蔸，不允许对节白蜡树出境等。林业部门还对现存的对节白蜡树逐一登记、存档，如果对节白蜡树资源再度减少，将追究当地主管部门的责任。

五、奇石热的负面效应

人类自诞生以来，就和石头结下了不解之缘。在石器时代，石头曾是人类重要的生产工具。各种各样美丽的石头，如玉石、玛瑙、钻石、猫眼石等还成为人类的装饰品。一块和氏璧，让蔺相如成为一代名臣；一部《石头记》，使曹雪芹成为名垂千古的大文豪。

石头能给人们带来审美的愉悦和财富。可是，在当下，人类对奇石、美石的喜爱与保护环境发生了矛盾。盛行于全国各地的各种“奇石展”，向人们展示了大自然的天工造化，同时让一些人发财致富。但是，“奇石热”给生态环境带来了严重的创伤。奇山怪石原本是大自然的特有景观，但因为过分开采，眼下的戈壁已没有奇石的踪影。石头贩子只得向大山进军。他们开车进山连挖带炸，非要掘到大量奇石为止。毁山取石导致失稳破坏的山体滑塌落入河流，形成天然的堰塞坝体，有可能引发洪水灾害，形成级联效应的灾害链。

奇石热一方面折射出人们崇尚自然、亲近自然的心态，另一方面掺杂了人们的投机心理。在“奇石热”带来的严重生态问题面前，人们应该认真反思，并正确处理好奇石艺术的发展和保护生态环境的关系。

第八章　物质变换理论

在马克思主义环境思想的理论宝库中，物质变换是一个非常重要的基础性概念，也是马克思主义环境思想的核心内容。随着环境危机日益严重，物质变换理论很自然地引起了人们的关注和兴趣。

法兰克福学派的施密特在《马克思的自然概念》一书中，较早地提及马克思的物质变换概念。之后，欧美的生态社会主义学者帕森斯、格伦德曼、佩珀，以及日本学者椎名重明、吉田文和、岩佐茂等探讨了物质变换的来源、含义等问题。特别是美国学者福斯特，他在《马克思的生态学——唯物主义与自然》一书中，深入研究了“物质变换裂缝”问题，并从中发掘出这一理论对资本主义制度的批判和可持续发展内涵。近年来，国内一些学者也对物质变换问题展开了研究，如李成勋、韩立新、王曼、姜锡润、时青昊、朱忠孝、方发龙、陈墀成、赵卯生、姜义飞、钱箭星、肖巍、郭剑仁等，他们都发表了研究论文，为物质变换理论的研究作出了一定贡献。

但是，迄今为止对物质变换理论的研究，仅是初步的、零星的、浅层次的。研究者能从物质变换理论中体会到环境思想的深刻内涵，但很难将其中的内在联系清晰而系统地表达出来。如从劳动的定义，到“物质变换裂缝”，再到合理调节人与自然之间的物质变换的论述，对三者之间的内在联系，研究者缺少合理的分析。在众多研究者中，福斯特对“物质变换裂缝”问题的研究较为深刻，但他的研究只涉及物质变换理论的少部分内容，而且仅仅停留在问题表面，对理论的深刻内涵和重要作用缺乏充分研究。此外，福斯特尚未厘清物质变换的概念，更不用说运用理论指导环境保护实践。

物质变换理论的研究之所以如此艰难，其中一个重要原因是，马克思恩格斯没有对物质变换的概念进行明确定义，也没有对物质变换理论进行系统的整理和阐述。关于这一理论的观点和论述，星散于他们的众多著述之中。因此，物质变换理论是一个粗线条的理论雏形，缺少清晰、准确、完整、合乎逻辑的理论阐述和必要的论证环节，它有待于进一步的完善和发展。

物质变换理论是马克思主义环境思想的核心理论，是研究环境问题的入门向导。这一理论不仅能够为我们认识环境问题提供有益的启示，还能为我们分析和研究环境问题提供重要的方法论原则。但是，由于物质变换理论的研究滞后，使得这一理论未能在环境保护工作中充分发挥指导作用。因此，当前环境理论研究的一个重要任务，就是深入研究物质变换理论，进而构建一个全面、完整、系统的物质变换理论体系，并将其运用于环境保护实践中。

第一节　人类对环境问题的认识过程

二十世纪中叶以来，研究者从不同领域、不同角度和不同层次研究和探索环境问题。随着研究的深入，人类对环境问题的认识经历了一个从表面到深入、从片面到全面、从现象到本质的过程。

这一过程大体可以分为以下几个阶段。

一、关注公害问题

最早引起人们注意的环境问题主要是公害问题，即因工业（尤其是化学工业）发展造成的大量有毒、有害污染物污染大气、水体、土壤等，并危害人们健康甚至生命安全的问题。自二十世纪三十年代以来，此类问题在发达国家屡次发生，危害越来越严重，其中最突出是“八大公害事件”。

1. 马斯河谷烟雾事件

1930 年，比利时的马斯河谷工业区受到二氧化硫和粉尘污染，一周内近 60 人死亡，数千人患呼吸系统疾病。

2. 洛杉矶光化学烟雾事件

1943 年，由于汽车排放大量的尾气在紫外线照射下产生光化学烟雾，美国洛杉矶的大量居民出现眼睛红肿、流泪、喉痛等症状。

3. 多诺拉烟雾事件

1948 年，因炼锌厂、钢铁厂、硫酸厂排放的二氧化硫及氧化物和粉尘造成大气严重污染，美国宾夕法尼亚州多诺拉镇的 5 900 多名居民患病。

4. 伦敦烟雾事件

1952 年，由于冬季燃煤排放的烟尘和二氧化硫积聚不散，英国伦敦发生严重的居民中毒事件。事件发生的前两个星期死亡 4 000 人，之后的两个月内又有 8 000 多人死亡。

5. 四日哮喘病事件

1961 年前后，由于石油化工和工业燃烧重油排放的废气污染大气，日本四日居民呼吸道病症剧增，尤其是哮喘病的发病率大大提高，50 岁以上人群发病率约为 8%，死亡十多人。

6. 水俣病事件

1953 年至 1956 年，日本水俣的石油化工厂排放含汞废水到河流中，而居民食用了被汞污染和富集了甲基汞的鱼、虾、贝类等水生生物，造成大量居民中枢神经中毒，死亡率达 38%，汞中毒者达 283 人，其中 60 多人死亡。

7. 痛痛病事件

1955 年至 1972 年，日本富山神通川流域因锌、铅冶炼厂等排放的含镉废水污染了河水和稻米，居民食用后不幸中毒，1972 年患病者达 258 人，死亡 128 人。

8. 米糠油事件

1968 年，日本北九州、爱知一带因食用油厂在生产米糠油时，使用多氯联苯作脱臭工艺中的热载体，这种毒物混入米糠油中造成食用者中毒，患病者超过 10 000 人，16 人死亡。

“八大公害事件”引起了人们对环境污染问题的重视，研究者也将注意力锁定在环境问题方面。

二、关注生态破坏问题

生态破坏是人们普遍关注的问题。所谓生态破坏，是指由于人类活动引起的森林面积减少、草原退化、水土流失、土壤退化、物种灭绝、荒漠化、沙尘暴等。环境污染问题主要发生在人口集中的城市，而生态破坏问题大多发生在城市以外的地区。在人类历史上，此类问题在世界各地时有发生，恩格斯也曾力陈此类问题的危害，“美索不达米亚、希腊、小亚细亚以及其他各地的居民，为了得到耕地，毁灭了森林”，“阿尔卑斯山的意大利人，当他们在山南坡把那些在山北坡得到精心保护的枞树林砍光用尽时，……竟使山泉在一年中的大部分时间内枯竭了，同时在雨季又使更加凶猛的洪水倾泻到平原上”。[①] 但是，由于当时人们的环境意识不强，信息不发达，人口也比较分散，生态破坏问题即使对当地造成了很大影响，也难以引起其他地方的关注。直至二十世纪后半叶，生态破坏问题愈发严重，人们的环境意识有所增强，再加上信息传播快，这类环境问题才逐渐引起了人们的注意。

三、关注资源问题

随着人们对环境问题的关注，资源的可持续利用问题也进入人们的视野。人们发现，各种资源正在枯竭，土地、森林、水，以及各类矿物资源必须得到应有的保护。1972 年，罗马俱乐部发表了第一份研究报告《增长的极限》。报告指出，地球上的绝大部分矿产资源都面临枯竭，有限的资源不能支撑经济的无限增长。虽然这份报告有过于悲观的倾向，但报告所描述的严峻局面引发了人们思考——我们的子孙后代将靠什么生存？现在，人们将环境问题与发展联系起来，必须取得环保与发展的双赢。

四、关注全球性环境问题

二十世纪九十年代以来，人们开始注意到臭氧层遭破坏、酸雨、气候变暖等全球性环境问题，提出了“全球合作”“公众参与”等口号。

随着对环境问题研究的不断深入，人们对环境与资源的关系也有了更加深刻的认识。如全球气候变暖是由温室效应引起的，温室效应加剧的主要原因是二氧化碳排放过多，而二氧化碳的排放则主要是由石化能源的消耗引起的，减少二氧化碳排放的有效途径，就是节约能源和改变能源结构，减少化石燃料的使用，大力推广和使用太阳能、风能等清洁能源。基于这种认识，相关部门提出了节能减排、低碳、清洁生产、发展循环经济等对策。

回顾人们对环境问题的认识发展过程，我们可以看出，人们对环境问题认识的各个阶段，并非截然分明，而是互相渗透、互相交织的。所以，我们必须系统、全面研究整个过程。人们对环境问题的认识过程，是一个伴随着实践不断提高、不断深化的过程，

---

①《马克思恩格斯选集》第 3 卷，人民出版社 2012 年版，第 998 页。

是一个从必然王国向自由王国不断前进的永无尽头的过程。在这个过程中，物质变换理论是引导我们认识环境问题的一把钥匙。

第二节　承认还是拒斥“物质变换”概念

“物质变换”是马克思恩格斯大量使用的一个概念，有学者统计，在马克思恩格斯的主要著作中，运用物质变换概念达 110 多次。① 笔者通过检索《马克思恩格斯全集》中文第一版，发现“物质变换”概念共出现 128 次。

“物质变换”是马克思创造性应用生理学概念“新陈代谢”（德文为 Stoffwechsel）的结果，其内涵已经远远超出生理学范围。马克思恩格斯虽然在不同层次和意义上使用这一概念，但没有对这一概念给予清晰的界定和明确的说明，这就给人们的理解带来一定困难，也成为深入研究物质变换理论的一个障碍。欧美及日本的学者对物质变换理论给予相当的重视，也取得了一定的研究成果。但是，学者对这一理论的前提和基础——“物质变换”的概念的研究没有深入。日本学者岩佐茂根据《资本论》中对“物质变换”的用法，将其分为三种情况：第一，社会的物质变换（商品交换）；第二，自然的物质变换；第三，人和自然之间的物质变换。② 遗憾的是，岩佐茂并未进行更加深入细致的分析。美国学者福斯特在《马克思的生态学——唯物主义与自然》一书中，用了一章的篇幅专门讨论物质变换“裂缝”问题，但对“物质变换”概念本身也未深入研究。

近年来，我国学者注意到这一问题，对“物质变换”概念展开研究并取得了一些成果。但是，学者对“物质变换”概念仍是歧见纷呈、莫衷一是。在“物质变换”概念的所有歧见中，最先表现出的是承认还是拒斥这一概念的问题。

长期以来，在中文版《马克思恩格斯全集》中，德文 Stoffwechsel（英文为 metabolism）根据语境不同，分别被译为“物质变换”和“新陈代谢”，这种译法沿用多年没有产生异议。但是近年来，随着“物质变换”理论研究的深入，对 Stoffwechsel 的译法出现了差异，大致有以下三种情况。

第一种是只使用“新陈代谢”一种译法，如刘仁胜、肖峰译的《马克思的生态

① 郭剑仁：《生态地批判——福斯特的生态学马克思主义思想研究》，人民出版社 2008 年版，第 97 页。

② 岩佐茂：《环境的思想》，韩立新、张桂权、刘荣华译，中央编译出版社 1997 年版，第 121 页。

学——唯物主义与自然》就属于此类。不过,该书在引用《马克思恩格斯全集》中文版时,仍然保留了“物质变换”一词,也就是说,实际上该书同时存在“新陈代谢”和“物质变换”两种译法。

第二种是完全废弃“物质变换”一词,全部译为“物质代谢”,如韩立新、张桂权、刘荣华译的《环境的思想》修订版,就将该书第一版中的“物质变换”全部改为“物质代谢”,甚至对中文版《资本论》相关部分也进行了改译,也就是说,这个版本彻底废弃了“物质变换”一词。

第三种是维持“物质变换”译法,或直接引用中文版《马克思恩格斯全集》原文,如郭剑仁著《生态地批判——福斯特的生态学马克思主义思想研究》就属于此类;耿建新、宋兴无译《生态危机与资本主义》时,直接引用了中文版《马克思恩格斯全集》原文中有关“物质变换”的部分。

“物质变换”是马克思主义环境思想中至关重要的内容,因译法的混乱导致的称谓混乱,影响了人们对这一重要概念的正确理解,也给读者带来了不必要的麻烦。所以,必须通过讨论达成共识,尽快结束这种混乱局面。

上述前两种译法虽有不同,但其共同点是拒斥“物质变换”一词。拒斥的理由是:马克思使用的这个概念来源于李比希,由此断定这是一个生理学概念。既然马克思是在生理学意义上使用这一概念,那么,在中文《资本论》中,把 stoffwechsel 译成“物质变换”是值得商榷的。[①] 同时,韩立新还提出,虽然“从字面上讲 stoffwechsel 显然是一种东西与另一种东西之间物质、质料、素材的交换或变换,但是这一字面意义并不是这一概念的本来含义”,理解时应该遵照 stoffwechsel 的本来含义,即“生命体内物质的分解与合成等化学变化以及生物维持生命活动的代谢行为”。[②] 也就是说,按照这种观点,只有“物质代谢”(或“新陈代谢”)的概念,根本不存在“物质变换”一词。

上述观点不能作为拒斥“物质变换”一词,代之以“新陈代谢”或“物质代谢”的理由。1815 年前后,德国化学家希格沃特率先使用德语 stoffwechsel 一词,到了马克思恩格斯生活的时代,该词早已被广泛运用于生理学、化学、农学等多个领域。Stoffwechsel(新陈代谢)指生物体内部不断由新物质代替旧物质的过程,也可引申为社会领域中新事物代替旧事物的过程。需要注意的是,新陈代谢过程虽然必须与外界发生物质交换、物质循环等关系,但“新陈代谢”一词主要还是侧重于有机体一方,是从有机体角度或对

① 韩立新:《环境价值论》,云南人民出版社 2005 年版,第 237~239 页。

② 韩立新:《马克思的物质代谢概念与环境保护思想》,《哲学研究》,2002 年第 2 期。

事物自身而言的，如说一个人的新陈代谢，是指这个人身体内部情况，而不是说这个人和外界的关系。马克思恩格斯也经常在这种本来的意义上使用这一概念，如“生命，即通过摄食和排泄来实现的新陈代谢，是一种自我完成的过程”[①]，就是说，新陈代谢是食物在生命体内转变成排泄物的过程。食物尚未进入生命体之前或排泄物已经排出生命体之外时，严格说来则不属于这一过程。正是在这种意义上，“生理化学家和化学生理学家已经无数次地说过，有机体的新陈代谢是生命的最一般的和最显著的现象”[②]。以上两例是马克思恩格斯对“新陈代谢”一词在本来意义上的使用，也是现今各类辞典对“新陈代谢”的普遍解释和人们的普遍理解，在这种情况之下，将其译为“新陈代谢”是非常准确的。我国学者在翻译马克思恩格斯的著作时，把所有的stoffwechsel都译成“物质变换”，可能是没有注意到这些译为“新陈代谢”的例证。

马克思不仅在上述一般的意义上使用stoffwechsel，也赋予其“物质变换”的含义。马克思在分析商品—货币—商品（W—G—W）时，第一次使用了“物质变换”。至关重要的是，马克思非常看重这个“第一次”，并将其看作自己的发明。他批评瓦格纳和谢夫莱使用这一概念，“是从我这里抄袭去的”[③]。所以，如果拒斥“物质变换”一词，将其全部译为“新陈代谢”或“物质代谢”，就剥夺了马克思的发明权，违背了马克思的原意。

马克思在对劳动进行定义时，也使用过stoffwechsel一词。“劳动首先是人和自然之间的过程，是人以自身的活动来中介、调整和控制人和自然之间的物质变换的过程。”[④]在这里，stoffwechsel的含义发生了变化。

1. “新陈代谢”主要针对生命体自身而言，多用来描述生命体自身新旧成分的交替变化，不用来描述无生命物体的变化，因为“其他无生命物体在自然过程中也发生变化、分解或结合，可是这样一来它们就不再是以前那样的东西了。岩石经过风化就不再是岩石；金属氧化后就变成锈”[⑤]。“物质变换”则不仅可以用来描述生物和自然之间的关系，还可以描述无生命物质的变化。

2. “新陈代谢”过程是由生物本能的生理活动引起的，不能转化出自然界中本来没有的物质形态，如动物能将食物转化成粪便。“物质变换”过程则是人类按照自己的需要，有目的、有计划地创造出自然界原来没有的物质形态，如汽车、楼房。

① 《马克思恩格斯选集》第3卷，人民出版社2012年版，第459页。
② 《马克思恩格斯选集》第3卷，人民出版社2012年版，第457页。
③ 《马克思恩格斯全集》第19卷，人民出版社1963年版，第422页。
④ 《马克思恩格斯选集》第2卷，人民出版社2012年版，第169页。
⑤ 《马克思恩格斯全集》第26卷，人民出版社2014年版，第87页。

3. “新陈代谢”是满足生物自身生存的生理需要。“物质变换”则不仅满足人的肉体生存需求，还满足精神需求和享乐需求等，如出版物、艺术品的生产和玩具的生产。

4. “新陈代谢”是生命体自发的、无意识的、不可控制和调节的本能活动。“物质变换”则可以用来描述人类有意识的、能动的、可以控制和调节的行为。最重要的区别是，新陈代谢是自然界生命体的本能活动，包含天然的、合理的、符合自然规律的意思，但“物质变换”不具有这种天然合理性。“这两个概念之间存在着明显的区别，在是否符合‘归还的规律’的问题上，‘新陈代谢’和‘物质变换’是对立的。”[①] 所以，如果将 stoffwechsel 不加区分地全部译为“新陈代谢”，就等于否认了人类劳动会导致破坏自然界物质循环的可能性，也就不能准确表达劳动生产的特征（尤其是工业生产），更不能准确说明人和自然的关系。

为了区分 stoffwechsel 在不同情况下的不同含义和细微差别，马克思常常在前面加上限制词。如“机器不在劳动过程中使用就没有用，就是废铁和废木。不仅如此，它还会遭受自然力的破坏性的作用，也就是发生一般的物质变换，铁会生锈，木会腐朽”[②]，“避免自然界的一般物质变换”[③]。在这里附加的“一般的”“自然界的”限制词，一是用来将自然界中像铁生锈、木腐朽这种无机界变化与有机体的新陈代谢相区分。二是与人的活动引起的物质变换相区分，从而凸显物质变换的人类学性质。也就是说，在马克思恩格斯的视野里，“新陈代谢”只是自然界生命体本能的活动，是自然界中物质循环过程的组成部分，包含天然的、合理的、符合自然规律的意思；无机界自然发生的物质变换虽然是符合自然规律的，但可能对生产资料或产品造成危害，应该加以防止；而由人引起的“物质变换”则强调人与自然之间能动的对象性活动，它既可以使自然向着符合人类利益的方向良性生成，同时可能使自然界生态失衡，进而导致人与自然关系紧张。换句话说，“新陈代谢”只是生物科学研究的对象，自然界的“物质变换”是物理学和化学研究的对象，而由人的活动引起的“物质变换”才是历史科学特别是环境学研究的对象。

由于“新陈代谢”和“物质变换”存在上述差异，因此将 stoffwechsel 一律译成“新陈代谢”（或“物质代谢”）就会带来一些表述上的困难。请看下面这段译文：

在马克思的分析当中，经济循环是与物质变换（生态循环）紧密地联系在一起的，

---

① 时青昊：《“物质变换”与马克思的生态思想》，《科学社会主义》，2007 年第 5 期。

②《马克思恩格斯全集》第 32 卷，人民出版社 1998 年版，第 68 页。

③《马克思恩格斯全集》第 32 卷，人民出版社 1998 年版，第 69 页。

而物质变换又与人类和自然之间新陈代谢的相互作用相联系。[①]

在上面这段文字中，译者不得不违背了自己规定的“通称‘新陈代谢’”[②]的原则，出现了两处“物质变换”。因为，如果坚持一律译为“新陈代谢”或“物质代谢”的原则，这段话就会让人感到莫名其妙。

因此，在必要和适当的情况下将 stoffwechsel 翻译成“物质变换”更加符合环境理论研究的语境。

通过上述分析，我们明确了“新陈代谢”和“物质变换”的重要区别。《马克思恩格斯全集》和《资本论》中文译本将 stoffwechsel 分别译为“新陈代谢”和“物质变换”，这就十分准确地表达了马克思恩格斯的原意。

第三节　物质变换概念的多重含义

物质变换是一个具有多重含义的概念，全面理解和把握这些含义是研究物质变换理论的前提。目前，许多国内外的研究者都注意到物质变换概念的多重层次和不同含义，但未对这些层次和含义进行深入分析，表述也过于简略。更需要注意的是，学界还存在对概念理解片面甚至理解错误的现象，所以，亟须对这一概念进行深入的研究探讨。

目前，国内外大多数研究者都认为应该从三种意义上理解物质变换概念，但在层次的划分上略有不同。如日本学者吉田文和将“社会的”物质变换排在第一位。[③]从认识论角度出发，以下三个层次的划分比较合理：“第一种意义上的物质变换是自然的物质变换，第二种意义上的物质变换是人与自然之间的物质变换，第三种意义上的物质变换是社会物质变换。”[④]更为简练的表述是，这一概念“体现在自然界、人与自然之间以及人类社会的三个层面”[⑤]。

一、自然的物质变换

自然的物质变换是自然界自发形成的物质变换，包括两种情况：一是由自然界中的

① 约翰·贝拉米·福斯特：《马克思的生态学——唯物主义与自然》，刘仁胜、肖峰译，高等教育出版社 2006 年版，第 175 页。
② 约翰·贝拉米·福斯特：《马克思的生态学——唯物主义与自然》，刘仁胜、肖峰译，高等教育出版社 2006 年版，第 158 页。
③ 岩佐茂：《环境的思想》，韩立新、张桂权、刘荣华译，中央编译出版社 1997 年版，第 121 页。
④ 王曼、姜锡润：《再探马克思的物质变换理论》，《广西社会科学》，2006 年第 12 期。
⑤ 方发龙：《马克思物质变换理论对我国区域生态文明建设的启示》，《经济问题探索》，2008 年第 9 期。

生命体通过摄食和排泄进行的新陈代谢活动引起的物质循环；二是自然界中无机物质自发的物理、化学变化，如铁生锈、岩石风化等，马克思将后一种情况称为“自然界的一般物质变换”[①]。

从本体论的维度来看，第一个层次的物质变换是第二、第三个层次物质变换得以发生的物质基础。从认识论的维度来看，第一个层次的物质变换是正确认识第二、第三个层次物质变换的认识基础，也是正确理解马克思“物质变换”理论的基础。有些研究者忽视这一层次物质变换的意义，认为“脱离特定的社会生产方式和社会制度的物质变换是不存在的”[②]。如果持这一看法，就不能解释自然界自发形成的物质变换，即马克思所说的“物质变换的纯粹自发形成的状况”[③]，也就失去了整个物质变换理论的认识基础。

还有的研究者仅仅看到自然的物质变换中的第一种，忽略了第二种，从而将这一概念看成“包含人类在内的所有动植物、微生物等生命体为维持生命活动必须在体内或与体外进行物质的代谢、交换、结合、分离活动”[④]。还有人断定：“多数研究者都是在生理学意义上理解物质变换这一概念，并且首先肯定它本身是一个生理学概念。”[⑤]这种理解完全把“物质变换”等同于“新陈代谢”，无法解释马克思所说的“铁会生锈”这类“自然界的一般物质变换”现象。

自然的物质变换是自然现象，但也可能引起一些环境问题，如洪水、地震、海啸、火山爆发等自然灾害，这些虽不是环境思想研究的主要内容，却是正确理解第二、第三个层次物质变换的基础。

二、人与自然之间的物质变换

人与自然之间的物质变换也分为两种情况：一是动物意义上的人同自然之间的物质变换；二是由劳动引起的物质变换。

第一种物质变换虽然是一切生物所共有的，不能反映人同自然关系的特点，但也不能忽视，因为，认为“离开了人的劳动生产活动，在人与自然之间就没有任何物质变换活动”[⑥]就无法解释“人为了维持生命，需要呼吸空气、饮水、摄取食物（同化）、排泄（异

① 《马克思恩格斯全集》第32卷，人民出版社1998年版，第69页。

② 朱忠孝：《马克思“物质变换”概念与科学发展观》，《兰州学刊》，2008年第8期。

③ 《马克思恩格斯全集》第44卷，人民出版社2001年版，第579页。

④ 镡鹤婧：《马克思人与自然物质变换思想及其当代价值》，《辽宁工业大学学报（社会科学版）》，2009年第4期。

⑤ 刘思华：《生态马克思主义经济学原理》，人民出版社2006年版，第201页。

⑥ 刘思华：《生态马克思主义经济学原理》，人民出版社2006年版，第202页。

化）”[1] 等这些所有生物体都具有的物质变换（新陈代谢）现象，也就难以理解人的双重属性和双重地位。

第二种物质变换，即“人以自身的活动来中介、调整和控制人和自然之间的物质变换”[2]。最常见的误解是，将劳动定义中的“物质变换”当成一个生理学概念。施密特首先提出这种看法：“把劳动过程称为人与自然的物质变换这种表述，都属于生理的领域，而不属于社会的领域。……马克思使用物质变换概念不单纯是为了比喻，他还直接从生理学上去理解这个概念。”[3] 施密特忽略了马克思在解释“物质变换”用法时的特意说明：“在说明生产的‘自然’过程时我也使用了这个名称，指人与自然之间的物质变换。”[4] 他也没有注意到，劳动（尤其是工业劳动）引起的人与自然之间的物质变换，已经超出动物意义上的人同自然界之间的饮食、呼吸、排泄等新陈代谢关系——把石块磨制成石斧，把矿石冶炼成金属，用木料、金属、塑料制成家具等，都不能用新陈代谢解释。即使最简单的劳动，也是人类所特有的、能动地改造自然界的实践活动。

简而言之，“新陈代谢”是动物同自然界联系的方式，具有生理学意义，这一概念只能说明动物意义上的人同自然界的关系。“物质变换”则不仅保留了“新陈代谢”的本意，而且被赋予了人类学、社会学意义。如果不了解二者的区别，就不能准确解释“物质变换裂缝”问题。马克思所说的“物质变换裂缝”问题，即“人以衣食形式消费掉的土地的组成部分不能回归土地，从而破坏土地持久肥力的永恒的自然条件”[5]。这个问题实际上涉及上述两种不同意义的物质变换：“衣”和“食”。

在马克思所处的时代，以“衣”的形式“消费掉的土地组成部分”，是指以穿衣的方式消耗掉直接或间接来自土地的棉、毛、皮等。将棉花和皮毛制成衣物，是一个劳动过程，即人与自然之间的物质变换过程，也就是上面说的第二种意义上的物质变换。人需要穿衣，动物却没有这种需要，所以这里说的主要是人同自然界的关系问题。由“食”引起的物质变换，则主要是指人同自然之间物质变换的“纯粹自发形成的状况”[6]，即第一种意义上的，也就是动物意义上的人同自然之间的物质变换。虽然，食物也是劳动的产品，

① 王曼，姜锡润：《再探马克思的物质变换理论》，《广西社会科学》，2006 年第 12 期。

② 《马克思恩格斯选集》第 2 卷，人民出版社 2012 版，第 169 页。

③ A. 施密特：《马克思的自然概念》，欧力同、吴仲昉译，商务印书馆 1988 年版，第 91 页。

④ 《马克思恩格斯全集》第 19 卷，人民出版社 1963 年版，第 422 页。

⑤ 《马克思恩格斯选集》第 2 卷，人民出版社 2012 年版，第 233 页。

⑥ 《马克思恩格斯全集》第 44 卷，人民出版社 2001 年版，第 579 页。

但是从总体上看，人的消化和排泄活动引起的物质变换是“由生活的自然规律决定的物质变换”[①]，与劳动引起的人与自然之间的物质变换有所区别。

对上述两种情况的物质变换，马克思区分得十分清楚，如在解释消费排泄物时将其分为两类：“部分地指人的自然的新陈代谢所产生的排泄物，部分地指消费品消费以后残留下来的东西。”[②]马克思在说明物质变换“裂缝”问题时，将物质变换区分为“社会的以及由生活的自然规律所决定的物质变换”[③]。这种区分看似琐碎，实则非常必要，尤其对认识环境问题的实质至关重要。因为“由生活的自然规律决定的物质变换”（新陈代谢）“是天然符合自然规律的物质变换”，而“以劳动为中介的人与自然之间的物质变换既有可能符合自然规律，也有可能违背自然规律。因此，劳动的目的性中包含着环境危机的可能性”。[④]如果将“物质变换”仅仅看作一个生理学概念，将其与“新陈代谢”等同起来，就难以认清环境问题的实质。

三、社会的物质变换

社会的物质变换是人与人之间的物质变换，也就是商品的交换。“交换过程使商品从把它们当作非使用价值的人手里转到把它们当作使用价值的人手里，就这一点说，这个过程是一种社会的物质变换。”[⑤]在分析商品—货币—商品（W—G—W）时，马克思将这种交换的两端（W—W）称为“真正的物质变换”[⑥]。有一种看法认为，社会的物质变换是“以商品为媒介”[⑦]的，这是不正确的，因为马克思明确地说：“货币是这种交换的媒介。”[⑧]为了区别W—W和W—G或G—W，马克思将货币和商品的交换称为“形式变换”，他指出：“货币流通不过是商品形态变化的表现，或者说，不过是社会的物质变换所借以实现的形式变换的表现。”[⑨]理解这一点至关重要，由于在使用价值的交换过程中掺入了货币，社会的物质变换发生了异化，“商品的使用价值标准由于交换价值的需要而被严重破坏和改变。……连同现代市场营销力量对生产的控制，已使资本具备了在制造产品的同时还制造‘需

① 《马克思恩格斯全集》第25卷，人民出版社1974年版，第916页。
② 《马克思恩格斯选集》第46卷，人民出版社2003年版，第115页。
③ 《马克思恩格斯选集》第46卷，人民出版社2003年版，第919页。
④ 王曼、姜锡润：《再探马克思的物质变换理论》，《广西社会科学》，2006年第12期。
⑤ 《马克思恩格斯全集》第44卷，人民出版社2001年版，第125页。
⑥ 《马克思恩格斯全集》第13卷，人民出版社1962年版，第113页。
⑦ 陈墀成、洪烨：《物质变换的调节控制——《资本论》中的生态哲学思想探微》，《厦门大学学报（哲学社会科学版）》，2009年第2期。
⑧ 《马克思恩格斯全集》第13卷，人民出版社1962年版，第112页。
⑨ 《马克思恩格斯全集》第31卷，人民出版社1998年版，第530页。

求'的能力"[①]。资本家为了追求利润，就会盲目地制造"需求"。生产产品越多，生产规模越大，对环境的影响可能越大。

物质变换概念分为不同层次，同一层次中又有若干内容，如果不能准确把握，就可能以偏概全，把内涵丰富的物质变换概念当成单一的简单概念，进而导致错误的理解。所以，在阅读和研究的过程中，我们要以辩证唯物主义的思维方法为指导，从不同角度和不同层次对"物质变换"进行具体、详尽的分析，并在自然—人—社会的整体框架内加以整合，做到全面、准确、深入地理解和认识物质变换理论。

第四节　人与自然联系的纽带

环境危机产生的原因是多方面的，各种原因之间互相影响和制约，这对人们认识环境问题造成了一定的困难。在错综复杂的原因面前，人们可能会感觉束手无策、无所适从，往往被一些次要的、枝节的、似是而非的问题束缚了手脚，反而忽视了主要的、本质性的问题。

在环境思想研究领域中，有一种忽视环境问题实质性研究的倾向。如生态中心主义在未能弄清环境危机的根本原因，甚至未能理解"什么是人""什么是环境""人怎么从动物中蜕变出来""人与环境如何联系"等基本问题的前提下，就将矛头指向了人类中心主义。这种做法除引发毫无意义的争论、浪费物质资源和人们的精力之外，对解决环境危机丝毫无补。

唯物主义认为，物质第一性，意识第二性，人类的意识、思维只是物质存在的反映。环境问题不管多么复杂，归根结底是一种物质现象。因此，马克思主义对环境问题的分析，也必然会从物质本原这个层面入手，物质变换理论就是解决环境问题的一把钥匙。

正确认识人和自然的关系是正确认识环境问题的一个重要前提。要做到这一点，必须了解人类的历史，正确认识"人从哪里来""人是怎样来"的问题。劳动是理解全部人类历史的一把钥匙，劳动将人从动物中提升出来，开启了人类社会的历史。劳动"既是促进社会有机体产生的决定力量，又是社会有机体赖以存在和获得发展的基础"，"完全有理由把劳动范畴作为历史唯物主义理论体系的逻辑起点"。[②] 因此，研究环境问题必须

① 约翰·贝拉米·福斯特:《生态危机与资本主义》，耿建新、宋兴无译，上海译文出版社 2006 年版，第 94 页。

② 李秀林、王于、李淮春主编:《辩证唯物主义和历史唯物主义原理》，中国人民大学出版社 1982 年版，第 224 页。

以劳动为起点。

对“人从哪里来”“人如何变成现在这个样子”之类的问题，唯心主义者相信上帝造人，对他们而言，这些问题就毫无意义。因为他们认为，上帝造出的人，除面容、身高、胖瘦、性格方面有差异之外，身体基本结构一直没有改变。按照这种理解，也就不存在人与自然界的关系问题，当然也不能理解人与自然界的关系问题。恩格斯看到，当时“甚至达尔文学派的唯物主义自然科学家们对于人类的产生也不能提出明确的看法，因为他们在那种意识形态的影响下，认识不到劳动在这中间所起的作用”[①]。针对上述情况，恩格斯在《劳动在从猿到人的转变中的作用》中，对这些问题一一作出了正确回答，为解答人与自然关系问题打下了坚实的基础。

旧唯物主义承认外部世界的客观性，认为人是自然界的产物，亦是自然界的一部分。也就是说，人和其他动物一样，通过新陈代谢参与自然界的物质循环。旧唯物主义者的明显错误在于：“把人对自然界的关系从历史中排除出去了，因而造成了自然界和历史之间的对立。”[②]他们理解的人仅仅是生物学意义上的人，并不了解人与动物的根本区别，所以没有准确说明人和自然的关系。

诚然，从生态学的角度来看，人同其他动物一样，也与自然界进行着永不停止的物质循环。但是，人毕竟不同于动物，人与自然的关系也不仅仅是一种动物性的关系。上述人与自然界的物质循环关系，并不能反映人与自然关系的本质。

在《劳动在从猿到人的转变中的作用》中，恩格斯对人的进化、发展过程进行了高度的概括和总结。《劳动在从猿到人的转变中的作用》不但揭开了人类成长和发展的秘密，而且回答了人类在过去、今天、未来与自然界的关系问题。恩格斯在论述中，不仅肯定了人来自自然界，具有动物属性，而且揭示了人类与自然界取得联系的方式——劳动实践。“动物仅仅利用外部自然界，简单地通过自身的存在在自然界中引起变化；而人则通过他所作出的改变来使自然界为自己的目的服务，来支配自然界。这便是人同其他动物的最终的本质的差别，而造成这一差别的又是劳动。”[③]人类社会和动物社会的本质区别在于“动物所能做到的最多是采集，而人则从事生产”[④]。马克思恩格斯通过对从简单到复杂的劳动过程进行分析研究得知，一切劳动都是人利用自己的双手，以及手的延长——工

① 《马克思恩格斯选集》第 3 卷，人民出版社 2012 年版，第 996 页。
② 《马克思恩格斯选集》第 1 卷，人民出版社 2012 年版，第 173 页。
③ 《马克思恩格斯选集》第 3 卷，人民出版社 2012 年版，第 997~998 页。
④ 《马克思恩格斯选集》第 3 卷，人民出版社 2012 年版，第 987 页。

具，改变自然界的各种物质的形态，使它们符合自己的需要的过程，如把木头加工成桌子、从矿石中冶炼出金属等。他们正是从人与动物的这一本质区别——能否从事生产劳动——入手，找到了人同自然界联系的纽带。

劳动的过程，就是人类把自然界的各种要素，包括植物、动物和无机物作为原材料，将它们改变为对人有用形式的过程，“是制造使用价值的有目的的活动，是为了人类的需要而对自然物的占有”①。正是在这一认识的基础上，马克思抓住了劳动这一人与自然联系的关键环节，将其定义为“人和自然之间的过程，是人以自身的活动来中介、调整和控制人和自然之间的物质变换的过程”②。这句话不仅对劳动下了定义，也对人和自然的关系作出了最深刻、最准确、最精彩的概括。

通过上述分析可以得知，人类通过劳动引起同自然之间的物质变换是人区别于动物的根本点。“没有劳动，则只有自然本身的物质变换，而不会有人和自然之间的物质变换。”③劳动是人和自然联系的纽带，也是人类得以持续生存的必要前提，因为“任何一个民族，如果停止劳动，不用说一年，就是几个星期，也要灭亡，这是每一个小孩子都知道的”④。

马克思主义以劳动实践为中介分析、解释人和自然的关系，克服了以往一切旧哲学的局限性和片面性，找到了人与自然之间联系的根本环节，从而正确地说明了人与自然的关系，也为我们正确认识环境问题提供了一个重要的切入点。

第五节　环境问题产生的直接原因

马克思用“人和自然之间的物质变换”⑤来定义劳动，不仅高度概括了人类生产劳动行为的本质，也非常深刻地说明了人与自然之间的关系，这就从物质本原的层面，为我们认识环境问题产生的直接原因提供了思路。

由劳动引起的“人和自然之间的物质变换”过程，即通过劳动把资源加工、改造成对人有用的产品，将一种物质形态改变成另外一种物质形态的过程。这一过程包括人类

① 《马克思恩格斯选集》第 2 卷，人民出版社 2012 年版，第 174 页。
② 《马克思恩格斯选集》第 2 卷，人民出版社 2012 年版，第 169 页。
③ 刘大椿、岩佐茂主编:《环境思想研究：基于中日传统与现实的回应》，中国人民大学出版社 1998 年版，第 69 页。
④ 《马克思恩格斯选集》第 4 卷，人民出版社 2012 年版，第 473 页。
⑤ 《马克思恩格斯选集》第 2 卷，人民出版社 2012 年版，第 174 页。

从自然界获取资源的过程，也包括把这些资源加工成产品的过程，还包括在加工过程中产生各种废物（包括气体、液体、固体等形态）并把它们释放到自然界的过程，甚至包括产品被消费之后的残骸丢弃到自然界的过程。只有认真分析这些过程，才能对环境问题有更加清晰的认识。

首先，获取资源的过程是一个破坏原生态环境的过程。劳动必须先获取劳动对象——资源，如盖房子就要有砖瓦、木料、石料。烧制砖瓦要占用土地，砍伐树木要破坏森林，采集石料要破坏植被和地貌，即使对环境影响最小的农业，也会造成一定程度的环境破坏。总之，任何劳动都必须有劳动对象，任何劳动对象都是资源，而获取资源就会对局部原生态环境造成破坏。所以说，获取资源的过程总是伴随着局部原生态环境的破坏。

其次，劳动的过程是一个将资源不断变成污染物的过程。人与自然之间物质变换的表现形式多种多样：把木头制成桌子，材质未发生变化，但形状改变了，这是一种物质变换；从矿石中提炼出金属，矿渣和金属分离开来，这又是一种物质变换；把不同的化学成分合成新的、原来自然界中没有的化合物，这也是一种物质变换……无论哪种形式的物质变换，都是资源的加工改造，即“把同一自然实体从不适用的形式变为适用的形式”[①]的过程。人们通过劳动，把劳动对象（自然资源）改造为产品，和产品同时产生的，还有废水、废气、废渣、噪声等各种污染物，如岩佐茂所说：“自然物在作为对人有使用价值的东西而被获得的同时，在这一过程中当它构不成生产资料的东西时，作为废弃物返回自然（社会的异化）。”[②]即使人们消费的产品，最终也会以垃圾的形式返回自然界。在各种消费品中，包装材料的寿命最短，一些食品、饮料的包装寿命甚至只有几小时；一些耐用消费品，如汽车、家电，其寿命也只有十几年到几十年不等；房屋的寿命较长，但如果不作为文物进行特殊保护的话，最多也就一两百年。它们的最终归宿，都是成为垃圾。所以，由劳动引起人与自然之间的物质变换，仍是一个污染、破坏环境的过程。

环境问题产生的原因是多方面的，有主要的也有次要的，有直接的也有间接的，有表面的也有内在的，有浅层次的也有深层次的，有认识方面的也有实践方面的，等等。但不管问题多么错综复杂，我们可以确定的是，由劳动引起的人与自然之间的物质变换是环境问题产生的直接原因和首要环节，其他各种原因都必须通过这一环节才能产生作

① 《马克思恩格斯全集》第30卷，人民出版社1995年版，第290页。

② 岩佐茂：《环境的思想——环境保护与马克思主义的结合处》，韩立新、张桂权、刘荣华译，中央编译出版社1997年版，第122页。

用。因此，由劳动引起的人与自然之间的物质变换问题，应该作为我们认识和研究环境问题的起点，也就是研究环境问题的第一个层次。

第六节　研究环境问题的正确思维方法

根据当代环境问题的实际情况及马克思恩格斯关于资本主义制度的相关论述，生态马克思主义学者本·阿格尔、高兹、帕森斯、奥康纳、福斯特等人指出，环境问题乃至环境危机产生的根源是资本主义制度。他们分别从不同的角度，揭示了资本的扩张逻辑与生态系统有限性之间的矛盾，进而说明了资本主义制度的反生态本性。他们将环境问题和社会问题结合起来的研究方法，比生态中心主义等环境思想更加深刻，也更加科学。

但是，在分析环境问题产生的根源时，生态马克思主义没有从物质本原出发，没有对环境问题最根本、最直接的原因进行深入考察。在没有严密逻辑论证的情况下，生态马克思主义就直接转入对资本主义的批判。这种跳跃性的思维方式违背了马克思恩格斯一贯主张的认识论和思维方法，也使他们错过了深入认识环境问题本质的机会。

一些生态马克思主义者没有深入学习和研究马克思主义经典著作文本，因为他们认为，马克思恩格斯的著作中没有环境思想。所以，他们只从马克思主义的基本原理出发批判资本主义的生态问题，用他们的话来说，这是对马克思主义的一种“超越”。生态马克思主义者将环境危机产生的根本原因归咎于资本主义制度，这一结论没有抓住环境问题的根源和实质，也不能解释为什么社会主义国家和发展中国家同样存在环境问题。

恩格斯曾指出，原始的、素朴的古希腊哲学的世界观，“虽然正确地把握了现象的总画面的一般性质，却不足以说明构成这幅总画面的各个细节；而我们要是不知道这些细节，就看不清总画面。为了认识这些细节，我们不得不把它们从自然的或历史的联系中抽出来，从它们的特性、它们的特殊的原因和结果等等方面来分别加以研究”[①]。恩格斯所提出的“抽出来”的研究方法也适用于环境问题的研究。

引起人和自然之间物质变换的劳动过程，“为人类生活的一切社会形式所共有”[②]。这种劳动过程“不仅已经脱掉一切社会形式和性质规定，而且甚至在它的单纯的自然存在上，

① 《马克思恩格斯选集》第 3 卷，人民出版社 2012 年版，第 790 页。
② 《马克思恩格斯选集》第 2 卷，人民出版社 2012 年版，第 174 页。

不以社会为转移，超越一切社会之上”[①]。这种劳动过程即使到共产主义时代也不会停止，因为“像野蛮人为了满足自己的需要，为了维持和再生产自己的生命，必须与自然搏斗一样，文明人也必须这样做；而且在一切社会形式中，在一切可能的生产方式中，他都必须这样做”[②]。所以，对劳动引起人和自然之间的物质变换问题，也必须“要撇开每一种特定的社会的形式来加以考察”[③]。

在分析环境问题的直接原因时，我们必须明确，马克思关于劳动的定义“是同一切社会形式无关的、人和自然之间的物质变换的条件”[④]，这一定义并不包括第三层次的物质变换——社会的物质变换，因为社会的物质变换是人类社会发展到一定阶段的现象，而劳动则伴随人类社会始终，不一定与交换相联系。所以，要先撇开各种特定的社会形式，深入考察引起人和自然之间物质变换的劳动环节，不可轻描淡写、一带而过，更不能一提到劳动就立即想到商品、利润，因为“人与自然之间的物质变换过程，这首先是一个生产商品使用价值的过程”[⑤]。马克思说过：“在有穿衣需要的地方，在有人当裁缝以前，人已经缝了几千年的衣服。”[⑥]可见，人类早期的衣服，原始人打造的石器，都不是商品。即使在今天这样的商品社会，也不能将劳动产品和商品完全等同，如为自己或亲人织的毛衣，就不属于商品。将来我们还会看到“一旦社会占有了生产资料，商品生产就将被消除”[⑦]的情景。但即使商品生产消除了，劳动仍将继续，人与自然之间的物质变换仍将存在，环境问题仍然可能出现。

因此，我们必须看到，虽然资本主义社会存在严重的环境问题，但是，环境问题并不是资本主义社会所独有的现象。马克思认为，劳动过程都是“人借以实现人和自然之间的物质变换的人类一般的生产活动，它不仅已经脱掉一切社会形式和性质规定，而且甚至在它的单纯的自然存在上，不以社会为转移，超越一切社会之上，并且作为生命的表现和证实，是尚属非社会的人和已经有某种社会规定的人所共同具有的”[⑧]。也就是说，在人类社会的所有阶段都存在“人和自然之间的物质变换”，因此也都存在出现环境问题

---

① 《马克思恩格斯全集》第 46 卷，人民出版社 2003 年版，第 923 页。
② 《马克思恩格斯全集》第 46 卷，人民出版社 2003 年版，第 928 页。
③ 《马克思恩格斯选集》第 2 卷，人民出版社 2012 年版，第 169 页。
④ 《马克思恩格斯全集》第 31 卷，人民出版社 1998 年版，第 429 页。
⑤ 刘思华：《生态马克思主义经济学原理》，人民出版社 2006 年版，第 203 页。
⑥ 《马克思恩格斯全集》第 42 卷，人民出版社 2016 年版，第 29 页。
⑦ 《马克思恩格斯选集》第 3 卷，人民出版社 2012 年版，第 671 页。
⑧ 《马克思恩格斯全集》第 46 卷，人民出版社 2003 年版，第 923 页。

的可能性。

马克思恩格斯提倡先将问题“抽出来”单独研究，然后再放回到整体中进行综合研究，这种方法是“对整体主义范式与科学主义范式的辩证运用”[①]。只有坚持这种科学思维方式，才能明确认识到，劳动引起人和自然界的物质变换，是人类社会所共有的现象。未来，我们也会继续利用和改造自然，但这种“改造”必须控制在自然环境允许的范围之内。我们将以可持续发展原则为指导，完善环境治理相关的法律法规，提高环境治理的相关技术，学习和借鉴西方资本主义国家的环境治理经验，最终实现人与自然和谐相处。

第七节　环境问题的实质

劳动引起的人与自然之间的物质变换是造成环境问题的直接原因，但是劳动不一定导致环境危机产生。当人与自然之间物质变换的规模超过自然环境的容纳范围时，环境危机才会产生。物质变换理论告诉我们，环境危机产生的真正原因是人与自然之间物质变换的不合理，其具体表现就是人们对资源的不合理利用。

一、资源利用不合理导致生态破坏

尽管生态破坏的表现形式多样，但究其根源，都是因不合理利用自然资源所致。如，树木可以保持水土、涵养水分、防风防沙、调节气候、清洁空气、降低噪声，为工业、农业、建筑业、交通业提供木材资源等。此外，树木和森林具有科研、审美等多种价值。可是，长期以来，人们忽略了林木的生态价值、科研价值和审美价值，只看到木材的经济价值，从而大量砍伐林木，最终造成了森林生态环境的严重破坏。

再如，湖泊可以用于养殖、航运、泄洪、灌溉，还可以调节局部气候等，是一种非常宝贵的自然资源。但过去人们对湖泊的生态价值和经济价值缺乏充分认识，大搞围湖造田、填湖建房，最终造成湖泊资源的严重破坏。现在，我国施行的退田还林、退田还草、退田还湖政策，就是对过去错误行为的纠正。

发菜是生长在我国西北干旱和半干旱地区的一种藻类植物，它能用无机碳和无机氮合成有机碳和有机氮，对改良荒漠、繁衍生物具有重要作用。所以，发菜被誉为“开发

① 孙道进:《马克思主义环境哲学研究》，人民出版社 2008 年版，第 260 页。

荒漠的先锋”。仅仅因为与“发财”谐音，发菜便成为宴席上的珍肴、送礼的佳品。原本已十分贫瘠的土地被滥挖乱采，土壤的保护层受到严重损害，甚至成为沙尘暴的发源地。发菜的“走红”，是人们非理智消费的结果，这种不理智消费严重破坏了生态环境。

众所周知，鸟类是森林的卫士，蛇是老鼠的天敌，但这些能够维护生态平衡的野生动物，常常被一些人当作美味佳肴，致使一些野生生物物种濒临灭绝。

上述各例都是人们不合理利用自然资源的现象，所以，我们必须科学、合理地使用自然资源，避免严重的生态破坏和生态危机。

二、资源利用不合理导致环境污染

所谓的污染物，“原本是一定条件下能够被人类利用的物质和能量，只是因为被分布在不恰当的地方和环境下，未能被正常的生态—社会超循环系统所吸收，并且干扰、阻碍、甚至危害该系统中正常循环过程，才构成‘污染’”[①]。因此，资源的不合理利用是环境污染的根本原因。

马克思指出，生产中的消费，实际也是生产过程的一个部分，指的是生产过程中原材料的消费，“原料可以构成产品的主要实体，也可以只是作为辅助材料参加产品的形成。辅助材料或者被劳动资料消费，例如煤被蒸汽机消费，机油被轮子消费，干草被挽马消费；或者加在原料上，使原料发生物质变化，例如氯加在未经漂白的麻布上，煤加在铁上，染料加在羊毛上；或者帮助劳动本身的进行，例如用于劳动场所的照明和取暖的材料。在真正的化学工业中，主要材料和辅助材料之间的区别就消失了，因为在所用的原料中没有一种会作为产品的实体重新出现”。[②]通过对生产过程的分析，可以知道这些被“消费”的原材料，除一部分按照人们的需要转化为产品之外，还有一部分以废水、废气、废渣、噪声等形式排放到自然界，成为污染源。

例如，许多工业污染物本是生产过程中投入的原料，如印染厂排放到废水中的染料，电镀废水中的重金属，化工厂排放的废水、废气中的各种化工原料等。由于技术、工艺和管理等方面的原因，这些原料没有转化为产品，而是变成了有害的污染物。

再如，长期以来，采矿和冶金行业只使用矿石中的单一成分，而其他成分和档次低的矿石则被当成矿渣丢弃。其结果是浪费了宝贵的矿石资源，也污染了自然环境。

还如，燃煤发电厂所使用的煤含有大量的硫，硫本是化学工业原料，但如果不经脱

① 鲁品越：《反热寂论与可持续发展》，《中国社会科学》，1997 年第 6 期。

②《马克思恩格斯全集》第 44 卷，人民出版社 2001 年版，第 212 页。

硫处理直接燃烧，就会污染空气。燃烧后剩下的粉煤灰，是令人头疼的污染物。近年来，为了保护耕地，我国城镇已经全面禁止使用实心黏土砖（红砖）。建材行业不得不寻找代替黏土的材料，此时，粉煤灰就成为最理想的替代品。用粉煤灰制造砖既消除了污染，又节约了耕地资源。这个例子从正反两方面说明，如果资源利用不合理，就是污染物；如果污染物合理利用，就是资源。目前大力推广的垃圾回收利用，就是变废为宝，将污染物转变为资源。

认识了环境问题的实质，就可以紧紧围绕这一实质性问题，思考和寻找解决环境问题的路径和方法。

第八节　环境问题的核心是资源问题

资源有广义和狭义之分，广义的资源包括自然资源、人力资源、信息资源、知识资源等。这里所说的资源是狭义的资源，即自然资源，包括可以被人类利用的各类物质，如土地、矿产、森林、海洋、生物。

环境是人类生存活动的场所，广义的环境包括自然环境，也包括社会环境。这里所说的环境是环境保护意义上的环境，主要是自然环境，“是指影响人类生存和发展的各种天然的和经过人工改造的自然因素的总体，包括大气、水、海洋、土地、矿藏、森林、草原、野生生物、自然遗迹、人文遗迹、自然保护区、风景名胜区、城市和乡村等”①。

《中华人民共和国环境保护法》所列举的各种环境要素，就是各种自然资源。联合国环境规划署提出的资源是“自然环境因素的总称”②。大气资源不仅为人类生存所必需，也为动植物生存所必需，在农业、畜牧业、养殖业生产中起着重要作用。大气资源在工业生产中也必不可少，如锅炉燃烧用鼓风机送入氧气助燃，有些产品（如合成氨）以空气为原料。另外，《中华人民共和国环境保护法》中提到的名胜古迹、人文遗迹等，可以用来发展旅游事业、增加国民收入，所以也是资源。总之，各种环境要素都是人类生存发展的物质基础，都是可供人类使用的资源。所以，我们要认识环境问题的实质，就必须树立环境资源观，即环境就是资源，资源就是环境，保护环境就必须保护资源。

在撇开特定的社会形式，从人与自然关系的层面对劳动环节进行深入、细致的考察

① 全国人民代表大会常务委员会法制工作委员会编:《中华人民共和国法律汇编（2014）》，人民出版社2015年版，第3页。

② 李宏煦编:《生态社会学概论》，冶金工业出版社2009年版，第14页。

之后，我们对环境问题产生的直接原因和本质已有所认识。一切环境问题，无论环境污染还是生态破坏，都是由资源的不合理利用，也就是不合理的物质变换引起的。这种不合理表现在生产过程中，即因不合理地利用自然资源而破坏了生态平衡，或是因生产技术和工艺的不合理，许多宝贵的资源未能转化为产品，而是转化成了污染物。同时，资源的有限性还关系到人类社会的可持续发展，所以，资源问题就成为环境问题的核心。在分析、研究、解决环境问题时，必须牢牢把握资源这一实质问题、核心问题，只有这样才能找到解开环境问题谜底的答案。生态中心主义者在研究环境问题时，极力反对把自然界看作人类的资源，这也成为他们正确认识环境问题的主要障碍。

在马克思主义政治经济学中，劳动和生产力紧密相连，生产力的三要素即劳动三要素：人（劳动者）、生产工具和劳动对象。三要素中的生产工具实际上是劳动对象被加工的产物，所以，从环境问题的角度看，劳动只涉及两个要素，即人和劳动对象，这里的劳动对象就是资源。

劳动的过程就是人们根据自己的需要，将劳动对象（资源）加工改造成为自己所需产品的过程。劳动者和劳动对象的关系，就是人和资源的关系，也是人和自然的关系。生态环境的破坏、资源的浪费和污染物的排放都是在将资源转化为产品的生产过程中出现的。也就是说，劳动引起的人与自然之间的物质变换是环境问题产生的首要环节和直接原因，其他各种原因都只能通过这个环节才能起作用。因此，环境问题的核心和实质，是人类对资源的不合理利用，要解决环境问题，就必须合理利用资源。

资源的范围随着人们对自然界认识的不断深化而不断扩展。人们通过生产实践和科学实验不断发现自然物新的用途，即使现在被人们认为毫无价值的东西，将来也可能成为重要的资源。马克思对此进行过深入的研究：“机器的改良，使那些在原有形式上本来不能利用的物质，获得一种在新的生产中可以利用的形态；科学的进步，特别是化学的进步，发现了那些废物的有用性质。”①“把以前几乎毫无用处的煤焦油转化为苯胺染料，茜红染料（茜素），近来甚至把它转化为药品。”②所以，资源不仅包括现有的资源，还应包括潜在的资源——那些目前尚未被发现用途的自然物。甚至可以说，自然界的一切物质都是资源（或潜在的资源）。

对物质资源的用途，马克思作过大量论述：

因为每种物都具有多种属性，从而有各种不同的用途，所以同一产品能够成为很不

①《马克思恩格斯全集》第 46 卷，人民出版社 2003 年版，第 115 页。

②《马克思恩格斯全集》第 46 卷，人民出版社 2003 年版，第 117 页。

相同的劳动过程的原料。例如，谷物是磨面者、制淀粉者、酿酒者和畜牧业者等等的原料。作为种子，它又是自身生产的原料。同样，煤作为产品退出采矿工业，又作为生产资料进入采矿工业。

在同一劳动过程中，同一产品可以既充当劳动资料，又充当原料。例如，在牲畜饲养业中，牲畜既是被加工的原料，又是制造肥料的手段。

一种已经完成而可供消费的产品，能重新成为另一种产品的原料，例如葡萄能成为葡萄酒的原料。或者，劳动使自己的产品具有只能再作原料用的形式。这样的原料叫作半成品，也许叫作中间成品更合适些，例如棉花、线、纱等等。这种最初的原料虽然本身已经是产品，但还需要通过一系列不同的过程，在这些过程中，它不断改变形态，不断重新作为原料起作用，直到最后的劳动过程把它当作完成的生活资料或完成的劳动资料排出来。①

合理利用资源、提高资源的利用率是马克思极为关注的一个问题。他认为，科学技术的发展，生产工艺的改进，生产设备的更新等对资源的合理利用具有重要作用。

首先，科学技术的进步、生产工艺的改进，可以减少废弃物的排放，减轻生态环境遭受的压力。“废料的减少，部分地要取决于所使用的机器的质量。机器零件加工得越精确，抛光越好，机油、肥皂等物就越节省。”② 马克思援引《罗马人的政治经济学》中的资料：“从路易十四时代以来，法国的磨谷技术大大改善了，同旧磨相比，新磨几乎能够从同量谷物中多提供一半的面包。”③

其次，生产工艺的提高和改进，改变了生产原料的利用途径和方式，可以变废为宝、再次利用。如 1839 年到 1862 年，英国的丝织业对生丝的消费略为减少，而对废丝的消费增加了一倍，原因是“人们使用经过改良的机器，能够把这种本来几乎毫无价值的材料，制成有多种用途的丝织品”④。马克思极为重视这种变废为宝的现象，搜集了大量案例，如“产品的废料，例如飞花等等，又可当作肥料归还给土地，或者用做其他生产部门的原料；例如破碎麻布可用做纸的［原料］”⑤；机械厂加工后剩下的铁屑，送回制铁厂，“制铁厂主把这些铁屑重新制成块状”⑥，重新把它们变成原料等。

① 《马克思恩格斯全集》第 44 卷，人民出版社 2001 年版，第 213 页。
② 《马克思恩格斯全集》第 46 卷，人民出版社 2003 年版，第 117 页。
③ 《马克思恩格斯全集》第 46 卷，人民出版社 2003 年版，第 118 页。
④ 《马克思恩格斯全集》第 46 卷，人民出版社 2003 年版，第 117 页。
⑤ 《马克思恩格斯全集》第 33 卷，人民出版社 2004 年版，第 130 页。
⑥ 《马克思恩格斯全集》第 33 卷，人民出版社 2004 年版，第 142 页。

马克思总结道："化学的每一个进步不仅增加有用物质的数量和已知物质的用途，从而随着资本的增长扩大投资领域。同时，它还教人们把生产过程和消费过程中的废料投回到再生产过程的循环中去。"[①] 他进一步分析道："我们所说的生产排泄物，是指工业和农业的废料；消费排泄物则部分地指人的自然的新陈代谢所产生的排泄物，部分地指消费品消费以后残留下来的东西。因此，化学工业在小规模生产时损失掉的副产品，制造机器时废弃的但又作为原料进入铁的生产的铁屑等等，是生产排泄物。人的自然排泄物和破衣碎布等等，是消费排泄物。"[②] 这种认识促使人们有意识地将生产过程中产生的废料投入再生产过程的循环中，使得"所谓的废料，几乎在每一种产业中都起着重要的作用"[③]。

长期以来，人们治理环境污染的方法主要是，将生产过程中排放的三废加以处理，使其达到安全标准。这种末端治理的方法仅从表面上解决了污染物排放的安全问题，不仅成本较高，而且没有从根本上解决环境污染问题。后来，人们逐渐意识到，解决环境问题的根本之策是最大限度、最有效地利用资源。在这种认识的引导下，以习近平同志为核心的党中央提出了清洁生产、碳达峰、碳中和、绿色低碳等新思路，这就抓住了环境问题的实质，也就抓住了根本。可以说，马克思关于资源综合利用、循环利用的论述，是当今生态文明建设理论的先声。

---

① 《马克思恩格斯选集》第 2 卷，人民出版社 2012 年版，第 271 页。

② 《马克思恩格斯全集》第 46 卷，人民出版社 2003 年版，第 115 页。

③ 《马克思恩格斯全集》第 46 卷，人民出版社 2003 年版，第 116 页。

第九章　物质变换裂缝

马克思恩格斯根据李比希的“归还定律”提出了“物质变换裂缝”问题。

十九世纪二三十年代，欧洲和北美的资本主义国家的土壤肥力退化问题十分突出。为了补充土地养分，欧洲的农场主不得不从秘鲁大量进口鸟粪，甚至到过去的战场和墓穴挖掘人骨。当土壤枯竭问题引起人们的普遍担忧时，李比希受英国科学促进协会之邀，写作了《化学在农业和生理学上的应用》一书。在书中，李比希提出了“归还定律”，即归还从土壤中取走的东西，倘若不能全部归还，就不能保证土壤的肥力，当然也就不会有好收成。

在初期的农业和畜牧业生产活动中，人类虽然付出了劳动，但产品（农作物、牲畜）的生长主要依靠自然力，因此人和自然之间是接近自然形态的物质循环关系。土壤营养成分的回归按照自然界物质循环规律进行，即人从自然界（主要是土地）获取的原材料，经过简单加工成为食物和生活用品，人类消费之后，又返还给大自然。返还物很快被降解，重新成为土地的肥料被吸收。在后来的农业生产过程中，施肥仍要遵循一定的自然规律进行。农谚有云：“庄稼一支花，全靠粪当家”，而人和家畜家禽的粪便、草木灰都是很好的有机肥料。

但是，科技的进步和生产力的发展，尤其是现代工业和商业的发展，打破了物质循环的链条。大量的农牧业产品被运输到城市，城市粪便却难以转化为土地的肥料，反而成为引起疾病的污染物。“例如，在伦敦，450 万人的粪便，就没有什么好的处理方法，只好花很多钱用来污染泰晤士河。”[①]针对这种情况，马克思根据李比希的“归还定律”指出：“资本主义生产使它汇集在各大中心的城市人口越来越占优势，这样一来，它一方面聚集着社会的历史动力，另一方面又破坏着人和土地之间的物质变换，也就是使人以衣食形式消费掉的土地的组成部分不能回归土地，从而破坏土地持久肥力的永恒的自然条件。”[②]

《资本论》第3卷明确提出了物质变换出现“裂缝”的问题。“大土地所有制使农业人口减少到一个不断下降的最低限量，而同他们相对立，又造成一个不断增长的拥挤在大城市中的工业人口。由此产生了各种条件，这些条件在社会的以及由生活的自然规律所决定的物质变换的联系中造成一个无法弥补的裂缝，于是就造成了地力的浪费，并且这种浪费通过商业而远及国外（李比希）。”[③]随着工业社会的发展，人口大量集中于城市，人们以衣食形式消费掉的土地组成部分不能返回土地，这就是“物质变换裂缝”问题。

第一节　“物质变换裂缝”和水体有机污染

二十世纪八十年代以来，我国水污染的来源发生了较大变化。各水系的工业污染大幅度下降，生活污染则成为主要污染源。也就是说，前一阶段我们对工业污染源的治理卓有成效，而目前面临的主要问题是生活污染引起的水体富营养化。

其中，最严重、最突出是太湖、巢湖、滇池的“三湖”污染。2007年，太湖蓝藻暴发导致无锡200万市民无水可饮的事件震惊全国。紧接着，巢湖和滇池也相继出现蓝藻污染。据2014年11月27日的《人民日报》报道，自二十世纪开始，作为国家重点治理项目的滇池，从最初计划“两亿元治好滇池”，到2014年已投入数百亿元却仍未实现“滇池清”。[④]不过，据2016年2月29日的《人民日报》报道，太湖、巢湖治污有明显好转。一方面，太湖水面的天鹅逐年增加，说明太湖水质干净且食物比较丰富；另一方面，为减轻巢湖水体富营养化，安徽省巢湖管理局渔政管理总站开展了当年的增殖放流活动，共向巢湖投放260万尾黄、白鲢鱼苗。据介绍，黄、白鲢每长一公斤可以吃掉40公斤到

---

① 《马克思恩格斯全集》第46卷，人民出版社2003年版，第115页。

② 《马克思恩格斯选集》第2卷，人民出版社2012年版，第233页。

③ 《马克思恩格斯全集》第46卷，人民出版社2003年版，第918~919页。

④ 杨文明、朱家顺、蔡华伟：《20年投数百亿，仍未现“滇池清”滇池治污难在哪（我的家乡我的河·关注跨界河湖治理）》，《人民日报》，2014年11月27日第9版。

50公斤的蓝藻。[①]

那么，“三湖”为什么会出现水体富营养化甚至出现大规模的蓝藻事件？因为三湖治理主要针对工业、农业和养殖业污染及城镇生活废水污染，很多人忽略了一个最基本的事实：造成水体富营养化并引起蓝藻出现的氮和磷等污染物，主要来源不是现代工业生产中产生的废弃物，也不是生活废水，而是千百万年来人们司空见惯的人、畜、禽的排泄物。正是由于忽视了这一基本事实，所以尽管采取了许多措施，如建设污水处理厂，关闭沿湖工厂，养殖场、洗衣粉禁磷，引水稀释污染物浓度和人工打捞蓝藻等，但因为没有抓住主要矛盾，所以不能从根本上解决问题。

城市粪便污染河流的现象，早在十九世纪的工业国家就已经出现，马克思恩格斯目睹了城市粪便成为污染物的不合理现象，并对此给予了极大的关注。

马克思恩格斯将“人的自然排泄物和破衣碎布等”称为“消费排泄物”，并指出：“消费排泄物对农业来说最为重要。在利用这种排泄物方面，资本主义经济浪费很大。”[②]马克思恩格斯看到了不合理利用粪便资源的双重危害——破坏土地肥力和污染河流，并指出这种情况“破坏着人和土地之间的物质变换，也就是使人以衣食形式消费掉的土地的组成部分不能回归土地，从而破坏土地持久肥力的永恒的自然条件”[③]。为此，马克思恩格斯在研究李比希等人相关著作的基础上，提出了解决人与土地之间物质循环断裂的科学思路——“人应当把取自土地的东西还给土地”[④]，这种思想同后来兴起的生态学不谋而合。

马克思恩格斯的上述观点得到了列宁的高度赞同，列宁指出：“把天然肥料白白抛掉，同时又污染市郊和工厂区的河流和空气，这是很不合理的。”[⑤]美国生态学家巴里·康芒纳提出了生态学法则：一切事物都必然要有其去向，“不断地探究‘向何处去’的问题，可以得出很多关于一个生态系统的令人惊讶的有价值的资料”[⑥]。通过对城市粪便去向的探究可以发现，原本应该参与土地循环系统的粪便，没有去该去的地方，却进入了不该进入的水循环系统，这就同时破坏了三大循环系统中的两个——土地循环系统和水循环系统。

马克思恩格斯透过城市粪便污染环境的现象，看到了人和土地之间物质循环断裂的现象，看到了农业资源的巨大浪费。他们将粪便看成资源，并要求将其返还给土地的认识，正确反

① 王伟健、叶琦：《太湖：水质变好天鹅到 巢湖：放流鱼苗治蓝藻》，《人民日报》，2016年2月29日第15版。
② 《马克思恩格斯全集》第46卷，人民出版社2003年版，第115页。
③ 《马克思恩格斯全集》第44卷，人民出版社2001年版，第579页。
④ 《马克思恩格斯选集》第3卷，人民出版社2012年版，第264页。
⑤ 《列宁全集》第5卷，人民出版社2013年版，第134页。
⑥ 巴里·康芒纳：《封闭的循环——自然、人和技术》，侯文蕙译，吉林人民出版社1997年版，第31页。

映了人和自然之间物质变换的客观规律，这种认识应该成为处理城市粪便问题的指导思想。

第二节 “物质变换裂缝”和草原退化

进入二十一世纪以来，与沙尘暴密切相关的草原退化问题引起了人们的强烈关注，各类媒体大量报道草原变成戈壁、沙漠，并导致沙尘天气增多、生态环境恶化的问题。许多农业、畜牧、气象、水利、生物、土壤等方面的专家，以及社会科学方面的学者都把草原退化问题列为自己的研究课题。

刘宇光将草地退化的原因归纳为：1. 草地生态系统脆弱，恢复能力较弱；2. 超载过牧；3. 草地垦殖；4. 大型工程建设；5. 人类经济活动（滥挖药材、毁草取土等）。[①] 内蒙古化德县草原工作站张彩云等也分析了草原退化的原因：超载放牧、蝗虫鼠灾危害加大，草地建设滞后和毒草侵害等。[②] 研究者从不同角度分析草原退化的原因，但普遍忽略了循环经济理论。笔者认为，可以从人与土地之间的物质循环方面分析草原退化的原因。

草原是一个相对封闭的生态系统，草原的各种动物，包括人类，都与草原相伴相生。它们直接（食草动物）或间接（食肉动物）从草原摄取的营养物质，并通过新陈代谢，以排泄物或尸体的形式归还草原，重新成为草类植物的养料。草原生态系统如此往复循环，历经千百万年，达到了比较稳定的平衡状态。但是，社会经济的高速发展打破了这种平衡，原本相对封闭的畜牧经济融入了商品经济的大潮，越来越多的草原产品如肉类、乳制品、皮毛等运出草原，也就将牛羊从草原上获取的营养物质带出了草原，这些营养物质就退出了草原的物质循环。草原的土壤营养大量流失，补给不力，土壤变得越来越贫瘠，产草量逐渐下降甚至出现了荒漠化现象。对此马克思很早就予以关注：“不在人工牧场上，而在天然牧场上饲养牲畜，几乎不需要任何费用。这里起决定作用的，不是土地的质，而是土地的量。这种粗放耕作的可能性，自然会或快或慢地消失，新土地越肥沃，消失得越慢；它的产品出口得越多，消失得越快。”[③] 遗憾的是，马克思的上述观点并没有引起人们的注意。有些人固执地认为，天然草原不需要维护和施肥。即使在出现严重的草原退化，甚至成为沙尘暴发源地的情况下，仍有很多人未从草原营养流失的角度对这

① 刘宇光：《浅谈草原退化原因及治理措施》，《北方环境》，2005 年第 1 期。

② 张彩云、张春英、王继平：《草原退化原因与生态恢复方法》，《农业工程技术・综合版》，2022 年 9 月刊。

③《马克思恩格斯全集》第 46 卷，人民出版社 2003 年版，第 756~757 页。

种现象进行研究和分析，当然也就谈不上从这方面寻求解决办法了。

人与土地之间物质循环的原理告诉我们，城市人口以衣食形式消费了草原产品，就应该遵循自然规律，将排泄物返还给草原。而如何返还排泄物？这是急需解决的重要课题。如可将排泄物加工成适于长途运输的有机肥料。人与土地物质循环原理不仅适用于农业、牧业，而且适用于林业。从事农、牧、林业的科技人员，应该高度重视草原的营养问题，因为只有将“归还”的原则付诸实践，才能从根本上解决耕地、草原、林地的退化问题。

第三节 “物质变换裂缝”与社会制度没有必然联系

福斯特在认真研究马克思恩格斯经典原著的基础上，发现了马克思物质变换概念的生态学内涵，并对物质变换裂缝问题进行了深入研究。因此，尽管福斯特也从物质变换裂缝角度对资本主义展开批判，但他认为：“反对资本主义的革命不仅需要推翻它对劳动进行剥削的特定关系，而且还需要超越——通过使用现代科学和工业方法以合理地调整人类和自然之间的新陈代谢（物质变换－引者注）关系——它对土地的异化；对资本主义来说是最终的基础/前提。”[①] 正是对“裂缝”问题有比较深刻的认识，福斯特提出了“发达的资本主义国家应该做些什么来弥补营养循环断裂以及对环境造成的后果”[②] 的问题。他还列举了一些可能使局面改观的设想，如鼓励消费当地生产的食物、回收食物废料返回农田，并认为“如果在目前的斗争中不充分考虑这些更为实质的问题，那么，我们不仅在维护社会公正的事业方面必然失败，同时在履行我们对地球的义务方面也必然失败”[③]。由于福斯特抓住了“更为实质的问题”，所以，比起其他生态马克思主义学者对资本主义的生态批判，他的研究更贴近实际。同其他生态马克思主义学者一样，福斯特在讨论物质变换裂缝问题时，也对资本主义制度进行了尖锐的批判。那么，物质变换裂缝问题的出现，究竟与资本主义制度有没有必然的联系呢？

马克思在《资本论》中谈到物质变换裂缝问题时，虽然提到了“资本主义生产”，但没有肯定这种现象同资本主义制度有关。《资本论》谈及裂缝问题时并没有提到资本主义，而是用“大土地所有制”“大工业”“大农业”“商业”及城市化等“各种原因”来解释物

① 约翰·贝拉米·福斯特：《马克思的生态学——唯物主义与自然》，刘仁胜、肖峰译，高等教育出版社 2006 年版，第 196 页。
② 约翰·贝拉米·福斯特：《生态危机与资本主义》，耿建新、宋兴无译，上海译文出版社 2006 年版，第 164 页。
③ 约翰·贝拉米·福斯特：《生态危机与资本主义》，耿建新、宋兴无译，上海译文出版社 2006 年版，第 165 页。

质变换裂缝产生的根源。在马克思恩格斯所处的时代，世界上还没有社会主义制度，而谈到大工业、大农业等问题时又很难同资本主义脱开关系，究竟“裂缝”的产生同资本主义制度有没有必然联系，在当时是很难说清的。在100多年后的今天来分析这一问题，应该能够看得更清晰。

福斯特考察了一些社会主义国家的情况，将其分为以下三种模式。

第一，苏联模式，以及仿效该模式的东欧国家的模式。这些国家在处理“裂缝”问题上都没有成功的经验，对养料循环重视不够，化肥和农药的使用部分抵消了对土壤的养护。

第二，毛泽东时代的中国模式。重视粮食自给自足，鼓励发展地方工业，放缓城市化进程，养料循环系统运行正常。但福斯特认为，在目前，养料循环和土壤养护遭到极大削弱。人们开始重新强调兴建化肥厂，以满足农业生产的肥料需求。①

第三，古巴模式。苏联的解体使古巴陷入“特别时期”的经济危机。由于缺乏资金进口化肥和农药，古巴开始减少使用化肥。有机生产技术和注重土壤养料循环已经成为古巴农业的主流。②

从福斯特所列举的三种模式可以看出，不仅资本主义可能出现“裂缝”，社会主义或其他社会制度同样可能出现“裂缝”。苏联和东欧国家没有听取马克思、恩格斯和列宁的教导，出现了物质变换裂缝问题。毛泽东时代的中国没有显现“裂缝”问题，是因为工业和城市化发展还没有达到足以产生“裂缝”的程度。古巴则由于经济困难，买不起化肥，不得不将目光转向传统肥料。

上述例子说明，物质变换裂缝问题是工业化和城市化发展的产物，同社会制度没有必然联系。任何社会制度都可能出现物质变换裂缝问题，一旦出现了这种“裂缝”，就必须从宏观上深刻认识问题，并采取强有力的解决措施缝补“裂缝”。具体来说，就是要建设一套粪便处理回收系统，将排泄物归还土地。在这个问题上，我们需要的是科学的、实事求是的态度和切实有效的行动，而不是对资本主义制度空洞的批判。

第四节　用物质变换裂缝理论指导环境保护实践

物质变换裂缝问题是诸多环境难题产生的关键。因此，倘若能合理解决这一问题，

① 约翰·贝拉米·福斯特:《生态危机与资本主义》，耿建新、宋兴无译，上海译文出版社2006年版，第163页。

② 约翰·贝拉米·福斯特:《生态危机与资本主义》，耿建新、宋兴无译，上海译文出版社2006年版，第163~164页。

填补“裂缝”，诸多环境问题就可迎刃而解。当前，物质变换裂缝理论并没有充分发挥指导作用，这是因为环境思想理论研究中存在社会科学和自然科学脱节的致命缺陷。

马克思恩格斯为了找到人类解放的答案，几乎涉猎了社会科学和自然科学的所有领域。正是因为拥有深厚的学术功底，他们在观察和分析问题时，既宏观又微观，既全面又细致，既深邃又透彻，避免了研究的片面性和表面性。

当今是知识、信息大爆炸的时代，学科分工越来越细，专业越来越多。学者很难像马克思恩格斯那样，广泛涉猎自己专业之外的其他领域。目前，大多数从事环境思想研究的是哲学社会科学工作者，他们通常从哲学社会科学的角度去研究环境问题，而对环境问题产生的具体原因未进行深入研究，也较少关注物质变换这类自然科学问题，而是将更多的兴趣和精力投向了社会制度方面。其结果是，没有抓住环境思想研究的实质，也难以对民众展开科学、准确的宣传，更不能为环境保护实践提供具体指导。另外，环境保护方面的自然科学工作者，大多从事具体的环境污染防治和生态保护工作，由于分工过细、任务繁重，他们也很少从宏观角度研究环境问题。

在环境思想研究中，社会科学和自然科学严重脱节，社会科学失去了自然科学的支撑，变得内容空洞、脱离实际，使得缝合物质变换裂缝成为一句空话；自然科学失去了社会科学的宏观指导，使得研究者陷入细碎烦琐的业务分工，难以从整体上形成关于缝合裂缝的合力。物质变换理论处于社会科学和自然科学的“裂缝”中间，长期以来没有得到应有的重视，这也是环境问题不容易解决的重要原因。

即使在环境保护方面遥遥领先的国家，也没有从理论高度认识到物质变换裂缝问题的本质，所以也不能提出全面有效的解决方案。它们主要通过雄厚的资本和先进的科学技术具体解决环境问题。如李比希和马克思都提到，当时的工业国家德国和英国因为缺乏有机肥，不得不从智利和秘鲁长途运来鸟粪补充地力；十九世纪以来，欧洲的农场主为了满足对肥料的需求，不得不去搜索滑铁卢和奥斯德立兹战场，挖掘地下的骨骼当作肥料。为了获得更多鸟粪这类天然肥料，美国国会于1856年通过了《鸟粪岛法》，先后从全世界攫取了94个岛屿。李比希于1862年观察到：“美国和英国的船只已经搜索了所有的海洋，没有任何一个小岛或者海岸能够逃脱它们对鸟粪的搜索。”①在第二次世界大战期间，美国空军轰炸了太平洋那卢岛，切断了日本的鸟粪肥料资源。随后几年，日本的粮食产量大幅下降，为获得资源，日本加快了发动太平洋战争的进程。至今，仍有

① 约翰·贝拉米·福斯特:《马克思的生态学——唯物主义与自然》，刘仁胜、肖峰译，高等教育出版社2006年版，第168页。

许多国家依靠鸟粪来补充土地肥力。太平洋岛国瑙鲁，因鸟粪长年积累，整片土地上覆盖着厚达十米的磷酸盐矿，这笔天赐的财富让这个国家的经济比较发达。利用鸟粪补充土地营养成分，这于无意之中开辟了一条新的物质循环通道。这种方法在一定程度上解决了土地肥力不足的问题，但不能从根本上解决土地质量退化问题。况且，鸟粪数量毕竟有限，不可能满足全球的肥料需求。

根据我国农业农村部2020年2月发布的《2019年全国耕地质量等级情况公报》的数据，评价为七至十等的耕地面积为4.44亿亩，占耕地总面积的21.95%。这部分耕地基础地力相对较差，生产障碍因素突出，短时间内较难得到根本改善，应持续开展农田基础设施建设和耕地内在质量建设。[①] 并且，在过去相当长的时间内，我国的农药使用量居高不下，地力不足和化肥污染问题同时存在，迫切需要减少化肥用量，增大有机肥料的比例。不过，这个问题已引起相关部门的高度重视。2015年，《到2020年化肥农药使用量零增长行动方案》印发，相关部门聚合力量，强化措施，全力推进化肥农药减量增效。经过5年实施，到2020年底，我国化肥农药减量增效已顺利实现预期目标，化肥农药使用量显著减少、利用率明显提升，促进种植业高质量发展效果明显。[②]

目前，大多数国家仍没有从物质循环的角度去解决污染问题。因为发达国家地广人稀，再加上有充足的资金和先进的技术，所以能够使环境得以暂时恢复，但这是治标不治本之策。我们只有深入透彻地理解马克思主义物质变换理论，实现社会科学和自然科学的理论融合，抓住环境问题产生的关键，才能从根本上解决环境问题。

① 《2019年全国耕地质量等级情况公报发布》，http：//www.gov.cn/xinwen/2020-05/13/content_5511129.htm，2023年3月6日。

② 农业农村部发展规划司：《农业现代化辉煌五年系列宣传之二十六：化肥农药使用量零增长行动取得明显成效》，http：//www.ghs.moa.gov.cn/ghgl/202107/t20210716_6372084.htm，2023年3月6日。

第十章　物质变换的调控

马克思指出，劳动“是人以自身的活动来中介、调整和控制人和自然之间的物质变换的过程”[①]。另外，在谈到未来的理想社会时，他说:“社会化的人，联合起来的生产者，将合理地调节他们和自然之间的物质变换，把它置于他们的共同控制之下。”[②] 以上两处都涉及人与自然之间物质变换的“调节”和“控制”问题。

物质变换理论是马克思主义环境思想的重要内容之一，这一理论为人们全面准确地认识环境问题提供了路径。对劳动的定义和关于全面调整控制人与自然之间物质变换的阐述仅仅为物质变换理论打下了基础，但是马克思恩格斯都没有对这一问题进行全面系统的论述。也就是说，要将劳动的定义和全面控制调整人与自然之间的物质变换的论述联系起来，还缺少一个严密的论证过程。一些经验丰富的学者看出了二者之间的内在联系，就直接将劳动的定义与全面控制调整人与自然之间物质变换的论述联系起来。这种跳跃性的思维方式，缺乏具体的分析和论证，难以令人信服。

我们需要思考的是，上述两处所提到的调整（调节）和控制的意义是否相同，马克思为什么说只有在未来的理想社会中，才能实现人与自然之间物质变换的“合理的调节”和“共同控制”，目前的调节和控制是否合理，如果不合理，又有哪些不合理之处，这些不合理的“调节”和“控制”又对人和自然的关系产生了什么危害？只有厘清这些问题，

① 《马克思恩格斯选集》第 2 卷，人民出版社 2012 年版，第 169 页。

② 《马克思恩格斯全集》第 46 卷，人民出版社 2003 年版，第 928 页。

才能正确理解物质变换理论，以及认识环境问题的实质，并提出正确的处理方法。

物质变换概念的多层次性，将物质在自然界、人与自然之间、人与人之间流动变换的情况联系起来。在研究过程中注意这种联系，能够为我们认识自然界、人与自然之间和人与人之间的物质变换情况，提供一个全面、完整、宽阔的理论视界。这种将自然—人—社会作为一个整体的理论框架进行综合考察和研究的思路，也为环境问题的研究提供了正确的思想方法。

第一节　物质变换的不同目的

马克思对劳动的定义和对未来社会的描述都提到了人与自然之间物质变换的调整（调节）和控制，但二者的含义、内容和层次都是不同的。要理解不同层次和不同意义的“调整”和“控制”，必须先了解“调整和控制”的不同目的。

一、为实现具体劳动目的的物质变换

劳动定义中所说的“引起、调整和控制”是针对劳动的直接目的而言的，“这个目的是他所知道的，是作为规律决定着他的活动的方式和方法的，他必须使他的意志服从这个目的”[①]。劳动的目的就是制造使用价值，即“在劳动过程中，人的活动借助劳动资料使劳动对象发生预定的变化”[②]。在这一过程中，按照预想目的制造出预想产品，就是合理的调整和控制。如建造出符合设计要求的房屋，就可被称为合理的调整和控制。在对劳动定义的层次中，调整和控制仅仅针对劳动的目的而言，并没有涉及在生产过程中是否有浪费资源的情况，是否有破坏生态环境的情况。也就是说，在这一层次中并没有节约资源和保护生态环境的思想，劳动与环境问题的内在联系是在对劳动的进一步分析中显现出来的。

二、为实现环境保护和资源可持续利用目的的物质变换

在农业劳动中，如不考虑自然灾害的情况，农民按照农作物生长规律进行耕种，就可以得到一季的好收成。但农业生产具有持续性的特点，针对一些地区只重眼前而忽视

① 《马克思恩格斯选集》第 2 卷，人民出版社 2012 年版，第 170 页。

② 《马克思恩格斯选集》第 2 卷，人民出版社 2012 年版，第 172~173 页。

耕地保护的情况，马克思指出："耕作——如果自发地进行，而不是有意识地加以控制（他作为资产者当然想不到这一点）——会导致土地荒芜，像波斯、美索不达米亚等地以及希腊那样。"[①] 这里所说的"控制"，其目的已不是一轮耕作的收获，而是保证收获的连续性，这属于更高层次的控制。以汽车生产为例，如能按照机械原理生产出性能良好又安全的汽车，也就实现了具体劳动层次的调整和控制；如能在生产和消费过程中，做到节约资源，减少消耗则实现了更高层次的调整和控制。

有些研究者忽略了"调整和控制"的不同目的和不同层次，不加区分地谈"目的"："只有我们人类参与，并且按照人的目的进行的物质变换，才称得上发展和可持续发展。"[②] 如此说来，人类就不会遭遇环境问题，也不必再提倡可持续发展了。因为，所有劳动都有"目的"，但这种"目的"大多是短视的。正如恩格斯所说："到目前为止的一切生产方式，都仅仅以取得劳动的最近的、最直接的效益为目的。那些只是在晚些时候才显现出来的、通过逐渐的重复和积累才产生效应的较远的结果，则完全被忽视了。"[③] 当今，因人类只顾眼前"目的"、忽视长远的"目的"，已造成严重的环境问题。所以，我们在分析环境问题的原因时，不应只关注劳动的直接目的是否实现，而应该更多地关注物质变换所导致的长远后果。

第二节　解决"如何生产"的问题

为实现保护环境、节约资源的目的，必须对人与自然联系的纽带——劳动进行分析。我们必须分析在劳动生产中可能引发的环境问题，并在此基础上提出切实可行的解决方案。这一过程，实际就是解决"如何生产"的问题。

解决"如何生产"的问题必须撇开特定的社会形态，对一切产品的生产过程进行分析和研究，找出不合理利用资源的各个环节，并逐个予以解决。现在，国际社会大力提倡的清洁生产、节能减排、循环经济、低碳经济等都是这一层次的政策措施。解决好"如何生产"的问题，能够极大提高资源能源的利用效率，减少污染物的排放，从而将物质变换过程对环境的影响控制到最低。在一般情况下，解决"如何生产"的问题不会

① 《马克思恩格斯选集》第 4 卷，人民出版社 2012 年版，第 471 页。
② 田雪原：《人口素质：可持续发展的基石》，《中国教育报》，2008 年 3 月 13 日第 9 版。
③ 《马克思恩格斯选集》第 3 卷，人民出版社 2012 年版，第 1000 页。

受到社会制度的影响，因为合理利用资源、节约资源，无论对生产者还是消费者乃至整个社会，都是有益无害的。“把生产排泄物减少到最低限度和把一切进入生产中去的原料和辅助材料的直接利用提到最高限度”[①]是每个生产者所追求的目标。因为，只有这样才能有效降低生产成本、提高利润率，增强市场竞争力。对资本家综合利用资源，变废为宝的情况，马克思也进行了充分的研究：“因为每种物都具有多种属性，从而有各种不同的用途，所以同一产品能够成为很不相同的劳动过程的原料。”[②]而“机器的改良，使那些在原有形式上本来不能利用的物质，获得一种在新的生产中可以利用的形态；科学的进步，特别是化学的进步，发现了那些废物的有用性质”[③]。“人们使用经过改良的机器，能够把这种本来几乎毫无价值的材料，制成有多种用途的丝织品。”[④]由于“化学的每一个进步不仅增加有用物质的数量和已知物质的用途，从而随着资本的增长扩大投资领域。同时，它还教人们把生产过程和消费过程中的废料投回到再生产过程的循环中去，从而无须预先支出资本，就能创造新的资本材料”[⑤]。

马克思通过研究发现，由于“原料的日益昂贵，自然成为废物利用的刺激”[⑥]，因此，“所谓的废料，几乎在每一种产业中都起着重要的作用”[⑦]。他还列举了大量废料回收利用的例证，如“产品的废料，例如飞花等等，又可当作肥料归还给土地，或者用做其他生产部门的原料；例如破碎麻布可用做纸的[原料]”[⑧]。这样可以使废物“按照它可以重新出售的程度降低原料的费用，因为正常范围内的废料，即原料加工时平均必然损失的数量，总是要算在原料的费用中。在可变资本的量已定，剩余价值率已定时，不变资本这一部分的费用的减少，会相应地提高利润率”[⑨]。

马克思的研究成果告诉我们，在产品的生产过程中合理利用资源，与生产者的根本利益是一致的。在“如何生产”这一环节，企业只有大力推行循环经济、清洁生产，研发推广环保节能技术，才能做到合理利用资源，实现绿色可持续发展。

---

① 《马克思恩格斯全集》第46卷，人民出版社2003年版，第117页。
② 《马克思恩格斯全集》第44卷，人民出版社2001年版，第213页。
③ 《马克思恩格斯全集》第46卷，人民出版社2003年版，第115页。
④ 《马克思恩格斯全集》第46卷，人民出版社2003年版，第117页。
⑤ 《马克思恩格斯选集》第2卷，人民出版社2012年版，第271~272页。
⑥ 《马克思恩格斯全集》第46卷，人民出版社2003年版，第115页。
⑦ 《马克思恩格斯全集》第46卷，人民出版社2003年版，第116页。
⑧ 《马克思恩格斯全集》第33卷，人民出版社2004年版，第130页。
⑨ 《马克思恩格斯全集》第46卷，人民出版社2003年版，第94页。

第三节 “为什么生产”和“生产什么”

在人与自然之间的物质变换过程中即在生产过程中，合理调整和控制人与自然之间的物质变换，能够节约大量的能源和资源，最大限度地减少生产活动对环境的不良影响。但是仅仅这样还不能从根本上解决环境危机，因为从表面上看，环境危机是人和自然之间的关系问题，但人与自然之间的物质变换要受到社会物质变换的影响和制约，“人们对自然界的狭隘的关系制约着他们之间的狭隘的关系，而他们之间的狭隘的关系又制约着他们对自然界的狭隘的关系”[①]。所以，分析和研究环境问题时不能局限于人和自然之间的关系，而必须将人与自然的关系和人与人的关系结合起来。也就是说，不仅要解决“如何生产”的问题，还要解决“为什么生产”和“生产什么”的问题。

一、为什么生产

在早期的人类社会，人们生产的产品仅够自己消费。随着生产力的提高，产品有了剩余，也就出现了最初的社会物质交换——物物交换。后来，由于社会分工的广泛出现，以物易物的方式也日渐显示出它的局限性。最终，在商品交换的过程中，产生了货币这一媒介。货币的出现，使经济、文化以至人们的思想都发生了巨大变化。“金钱是一切事物的普遍的、独立自在的价值。因此它剥夺了整个世界——人的世界和自然界——固有的价值。金钱是人的劳动和人的存在的同人相异化的本质；这种异己的本质统治了人，而人则向它顶礼膜拜。”[②] 在资本主义社会，拜金主义盛行，货币拜物教达到了登峰造极的地步。

马克思主义经典著作专门研究了资本主义社会的生产目的即“为什么生产”，以及为了达到这个目的而采取的各种手段。

资本主义生产是在资本主义生产关系下进行的以获取剩余价值为目的的生产，剩余价值是资本主义生产的直接目的和根本动机。资本家作为独立的市场主体，作为人格化的资本，生产的根本目的是获取利润。马克思指出：“决不能把使用价值看作资本家的直接目的。他的目的也不是取得一次利润，而只是谋取利润的无休止的运动。”[③] 为了获得巨额利润，资本家就必须扩大生产。可见，在资本主义经济规律的作用下，生产有无限扩大的趋势。

---

① 《马克思恩格斯全集》第 3 卷，人民出版社 1960 年版，第 35 页。

② 《马克思恩格斯全集》第 3 卷，人民出版社 2002 年版，第 194 页。

③ 《马克思恩格斯全集》第 44 卷，人民出版社 2001 年版，第 178~179 页。

生产决定消费，资本主义社会的生产方式决定了它的消费方式。资本家扩大生产必定会增加产品数量，而大量增加的产品必须要成功销售出去，否则利润就无从谈起。于是，生产经营者通过广告宣传不断创造出新的“消费时尚”，诱导消费者接受他们自己当前实际上并不需要的消费品，使消费者按照生产经营者设计的消费方式进行消费。于是，“随着生产对需要的背离，消费也与需要相背离，消费已不再是满足需要的手段，而成了满足生产经营者获得利润的手段，成了刺激经济增长的手段。消费对需要的背离，使得消费突破人的需要的有限性也获得了无限扩张的趋势”[①]。

对此，恩格斯尖锐地指出：“支配着生产和交换的一个个资本家所能关心的，只是他们的行为的最直接的效益。不仅如此，甚至连这种效益——就所制造的或交换的产品的效用而言——也完全退居次要地位了；销售时可获得的利润成了唯一的动力。”[②]那么，在私有制条件下“为什么生产”？答案是为利润而生产。

二、生产什么

既然生产目的已经明确，那么“生产什么”也就显而易见。在私有制条件下，企业主会选择生产利润高、易销售的产品，而这些产品对环境是有利还是有害，则不是他们关心的问题。

康芒纳所举的例子很能说明问题。在销售价格降低时，小汽车的边际利润下跌的趋势更快，这就是小汽车被大汽车替代的重要原因。例如，一辆基本价格为 3 000 美元的标准美国汽车，利润是 250 美元至 300 美元。但是当价格下降 1/3，到 2 000 美元时，利润就会降一半。在价格下降至 2 000 美元以下时，利润下跌得更猛烈。对此，亨利·福特二世的评论是：“微型汽车生产微型利润。”[③]正是由于这个原因，汽车生产商宁可生产耗能高、污染大的大功率豪华轿车，也不愿生产耗能低、污染小的微型车。[④]同理，制药厂宁愿开发疗效低、浪费更多资源的昂贵药品，也不愿生产疗效好、节省资源的低价药品。在资本主义制度下，资本家为了个人利益，甚至阻挠节能环保产品问世。虽然太阳能技术已发展到实用的阶段，但个别企业为了获得巨额利润，蓄意阻挠太阳能的广泛运用，《谁拥有太阳》一书就专门介绍了这一情况。

---

① 胡振生：《生态环境的恶化呼唤共产主义》，《当代思潮》，2000 年第 4 期。

② 《马克思恩格斯选集》第 3 卷，人民出版社 2012 年版，第 1000 页。

③ 巴里·康芒纳：《封闭的循环——自然、人和技术》，侯文蕙译，吉林人民出版社 1997 年版，第 213 页。

④ 巴里·康芒纳：《与地球和平共处》，王喜六、王文江、陈兰芳译，上海译文出版社 2002 年版，第 71~72 页。

资本唯利是图的本性使物美价廉的产品越来越少，华而不实、污染环境的产品越来越多。因此可以说，为利润生产是浪费资源和能源、导致环境污染和生态破坏的深层次原因。

第四节　真实的需求和虚假的需求

生产者为了获取利润，就要以市场为导向，生产消费者需要的产品。但是，资本主义强大的生产力和消费者有限的消费力之间形成了巨大的矛盾，最终出现了生产过剩，并引发了经济危机。因此，为了避免生产过剩，生产者就要唤起人们新的消费欲望，甚至制造欲望，不断发明和生产一些人们并非真正需要的产品。“每个人都指望使别人产生某种新的需要，以便迫使他作出新的牺牲，以便使他处于一种新的依赖地位并且诱使他追求一种新的享受。”[①] 为了谋取更多利润，企业主“为挥霍者的享受欲开辟越来越大的范围，并且用自己的各种产品向挥霍者百般献媚时——他的一切产品正是对挥霍者欲望的卑劣恭维——他也懂得以惟一有利的方式把挥霍者的正在消失的力量据为己有”[②]。

一、马克思对需求问题的论述

对资本主义市场经济下的这种现象，马克思作了入木三分的描述：

产品和需要的范围的扩大，要机敏地而且总是精打细算地屈从于非人的、精致的、非自然的和幻想出来的欲望。私有制不懂得要把粗陋的需要变为人的需要。它的理想主义不过是幻想、任意的奇想、突发的怪想；没有一个宦官不是厚颜无耻地向自己的君主献媚，并力图用卑鄙的手段来刺激君主的麻木不仁的享受能力，以骗取君主的恩宠；工业的宦官即生产者则更厚颜无耻地用更卑鄙的手段来骗取银币，从自己按照基督教教义去爱的邻人的口袋里诱取黄金鸟（每一种产品都是人们想用来诱骗他人的本质即他的货币的诱饵；每一个现实的或可能的需要都是使苍蝇飞近涂胶竿的弱点；对共同的人的本质的普遍利用，正像每一个缺陷一样，对人来说是同天国联结的一个纽带，是使僧侣能够接近人心的途径；每一项急需都是一个机会，使人能够摆出一副格外殷勤的面孔走向自己的邻人并且对他说：亲爱的朋友，你需要什么，我给你，但是你知道，有先决条

① 《马克思恩格斯全集》第3卷，人民出版社2002年版，第339页。
② 《马克思恩格斯全集》第3卷，人民出版社2002年版，第350页。

件；你知道，你应当用什么样的墨水给我写字据；既然我给你提供了享受，我也要敲诈你一下），——工业的宦官顺从他人的最下流的念头，充当他和他的需要之间的牵线人，激起他的病态的欲望，默默盯着他的每一个弱点，然后要求对这种殷勤服务付酬金。[①]

马克思的论述深刻地揭露了在私有制市场经济条件下，各类华而不实的产品不断出现的真正原因,也揭开了社会物质变换中生产和消费异化的根源。生产的目的是满足消费，所以消费得以满足后，生产就应减少，从而减少社会资源的消耗。但实际情况与之相反，企业主为了获取利润，用各种手段激发人们的消费欲望，这就不可避免地造成资源能源的极大浪费。

二、马尔库塞关于需求的理论

马克思对需求问题的论述引起了马尔库塞的高度重视，他对资本主义社会生产异化和消费异化的问题进行了进一步的研究。

在马克思所处的时代，奢侈品主要供富人消费，虽然也会造成资源浪费，但毕竟程度有限。而到了马尔库塞所处的时代，过度消费和奢侈消费的群体已经扩大到中产阶级。发达国家的大多数人拥有了舒适的住房、汽车和各种家用电器，越来越多的人接受了那些并非必须的需求欲望。这样一支庞大的消费大军，形成了一股足以摧毁整个地球生态系统的强大力量。

马尔库塞根据资本主义社会生产和消费异化的现象，提出要对“真实的需要与虚假的需要加以区别”[②] 的观点。他认为:“已确立的各种需要和满足都应以它是真实原始还是虚假的这一尺度来加以检验。”虽然，检验需求的标准有所差异，但首要标准“指的是最充分地利用人类现有的物质资源和智力资源，使个人和所有个人得到最充分的发展。这些资源是可以计算的。需要的‘真实’与‘虚假’在下述意义上指明各种客观条件：根本需要的普遍满足和辛劳、贫困的逐渐减轻成为普遍有效的标准”。[③] 这段话可以从以下几个方面来理解。

首先,马尔库塞将需求的“真实”同“原始”联系起来,认为只有那些原始的、本能的、满足人类基本生存条件的需求才是真实的需求，而那些被广告和宣传诱导而引发出来的欲望，则是虚假的需求。也就是人类的衣、食、住、行等基本需求才是真实的需求。

---

① 《马克思恩格斯全集》第 3 卷，人民出版社 2002 年版，第 339~340 页。

② 赫伯特·马尔库塞:《单向度的人——发达工业社会意识形态研究》，刘继译，上海译文出版社 1989 年版，第 6 页。

③ 赫伯特·马尔库塞:《单向度的人——发达工业社会意识形态研究》，刘继译，上海译文出版社 1989 年版，第 7 页。

其次，马尔库塞认为，检验需求的标准不是一成不变的，这个标准会随着生产力和科学技术的发展而变化，也会由于地区和发展阶段的不同而有所区别。从整体上看，需求随社会发展而逐渐扩大是一种不可逆转的趋势。如电扇问世之初，只有少数人使用这一“奢侈品”，但随着技术的进步和生活水平的提高，“奢侈品”逐渐成为家庭的必需品。

最后，判断一种产品是否是人们的真正需求有两个条件，一是最充分地利用人类现有的物质资源和智力资源，也就是要合理利用现有资源，不能挥霍和浪费；二是使所有人得到最充分的发展，也就是这种产品必须满足全体人类的需求，而不是仅仅满足部分人的需求。资源在何种发展阶段能够满足人类的哪些需求，是“可以计算的”。当很多人还在饥饿和死亡线上挣扎的时候，美国人却“似乎是为商品而生活。小轿车、高清晰度的传真装置、错层式家庭住宅以及厨房设备成了人们生活的灵魂”[①]。这些超出同时代大多数人生活水平的需求“都属于虚假的需要这一范畴之列”[②]。马尔库塞认为，在世界上大多数人没有摆脱贫困的情况下，衡量真实和虚假需求的“普遍有效的标准”是“根本需要的普遍满足和辛劳、贫困的逐渐减轻”。这一标准立足于全人类的共同利益，尤其是倾向于人数较多但无话语权的弱势群体，因此，这是一个比较合理的标准。

第五节　为利润生产导致资源浪费和环境恶化

为了谋取巨额利润，生产商绞尽脑汁发明和推销能够引起人们消费欲望的新产品。人们则拼命工作、赚钱，以实现广告宣传中的生活、娱乐和休闲。进入工业社会以来，人类的总体消费水平大幅度提高，尤其是发达国家，早已进入消费社会，普遍出现了奢侈消费、豪华消费、炫耀消费等浪费资源的畸形消费现象。据统计，当前发达国家以占全球 1/4 的人口，每年消耗着全球 3/4 的资源和能源产量。西方国家的一些有识之士深刻揭露了畸形消费的危害。美国《未来学家》杂志的一篇文章写道：“消费者社会大量开采资源，总有一天可能会把森林、土壤、水和空气耗竭、毒害或者无可挽回地损毁。全世界各地的消费者们程度不同地要对人类面临的全球环境问题负责。”[③] 更令人不安的是，在全球化的浪潮之下，发达国家的生活方式正在被发展中国家的人们所效仿。这种生产

① 赫伯特·马尔库塞：《单向度的人——发达工业社会意识形态研究》，刘继译，上海译文出版社 1989 年版，第 7 页。

② 赫伯特·马尔库塞：《单向度的人——发达工业社会意识形态研究》，刘继译，上海译文出版社 1989 年版，第 6 页。

③ 转引自曾建平等：《消费方式生态化：从异化到回归》，湖南师范大学出版社 2015 年版，第 80 页。

和消费异化的结果是：生产、销售、消费等都不是出于真实的需求，虚假需求大肆消耗资源，并产生大量的污染物。

生产商为了销售产品，耗费了大量资源。根据福斯特提供的数字，1992年，美国企业就在市场营销上花费了大概10 000亿美元，用来劝说人们消费更多的商品。这一数字超过了当时各级公立与私立教育6 000亿美元的花费。[①]今天中国的情况也令人担忧。人们时时刻刻接触各种形式的广告：报纸广告、电视广告、手机广告等层出不穷……这些承载着各类商品信息的广告，潜移默化地向人们灌输着虚假的消费欲望。如近年来我国的奢侈品销量快速增长，我国已成为世界上最大的奢侈品销售市场。在这种氛围的影响下，奢侈消费、超前消费、过度消费、炫耀性消费等不良风气不断滋生蔓延，大量资源能源被浪费，环境污染加剧，生态失衡严重，这些问题刻不容缓，亟待解决。

① 约翰·贝拉米·福斯特：《生态危机与资本主义》，耿建新、宋兴无译，上海译文出版社2006年版，第39页。

第十一章　共产主义社会再认识

当我们从人与自然关系的视角重新审视马克思主义社会发展理论时，如何正确认识和理解共产主义就成为不可回避的问题。

共产主义是无产阶级政党和社会主义国家的奋斗目标，但共产主义究竟是何模样众说纷纭。迄今为止，关于共产主义的争论，在很大程度上是因为对“共产主义”的理解不同。

在后期的著作中，马克思恩格斯有意避免使用“共产主义”一词，也不描述未来社会的详细图景，就是为了避免由于词义不确定而引起误解和争论。但是，对共产主义的误解仍然发生了，从列宁的“苏维埃加电器化”式的共产主义，到赫鲁晓夫的“土豆烧牛肉”式的共产主义，以及中国曾经出现的“楼上楼下、电灯电话”式的共产主义和大锅饭式的共产主义等，不一而足。惨痛的教训告诉我们，必须澄清对共产主义的误解，重新认识未来社会。

第一节　共产主义社会是人类的理想社会

在马克思恩格斯所处的时代，“共产主义”一词早已广泛流行。1848 年，马克思恩格斯在《共产党宣言》中明确写道：“共产主义已经被欧洲的一切势力公认为一种势力。”[①]

① 《马克思恩格斯选集》第 1 卷，人民出版社 2012 年版，第 399 页。

自古以来，人们都向往人与人、人与自然和谐相处的理想社会。在西方国家，从柏拉图的《理想国》，到托马斯·莫尔的《乌托邦》，再到康帕内拉的《太阳城》和培根的《新大西岛》，无不对未来的理想社会作出了描述和展望。直至十九世纪初，出现了以圣西门、傅立叶和欧文为代表的空想共产主义者，他们著书立说、投身实践，产生了深远的影响。尽管这些著作、理论及思想观念对理想社会特点的描述各异，但其共同点是民主、平等、自由、和谐。

在中国，人们也对未来理想世界作出了畅想。《礼记·礼运篇》将未来社会描述为："大道之行也，天下为公，选贤与能，讲信修睦，故人不独亲其亲，不独子其子；使老有所终，壮有所用，幼有所长，矜寡、孤独、残疾者皆有所养；男有分，女有归。货，恶其弃于地也，不必藏于己。力，恶其不出于身也，不必为己……是谓大同。"① 陶渊明笔下的"世外桃源"远离战争，自由、和平、宁静、和谐。《推背图》中的未来世界"天下一家""治臻大化"。②

康有为是大同思想的集大成者。在《大同书》中，康有为依据《公羊传》的"三世"说表述了他对未来社会的展望。所谓"三世"，就是"据乱世""升平世""太平世"。"据乱世"是帝王专制的封建社会，"升平世"则是君主立宪的资本主义社会，随着时间的推移，"据乱世"将逐渐过渡到"升平世"。但"升平世"并不是人类社会发展的终点，它终将被更加进步、更加民主的"太平世"取代。康有为所说的"太平世"，即自由、平等、民主、和谐的美好社会。

康有为将当时社会的种种弊端归纳为"九界"，即国界、级界、种界、形界、家界、业界、乱界、类界、苦界。若要解救人类、消除痛苦，就必须"去九界"。"于是时，无邦国，无帝王，人人相亲，人人平等，天下为公，是谓大同。"③ 也就是说，只有消除了国家、阶级、种族、性别、家庭、职业分工、地域等方面的差别，实现众生平等，才算是真正的美好社会。

1877 年，摩尔根在《古代社会》一书中指出，人类社会从蒙昧时代发展到野蛮时代，再发展到文明时代，是一个从低级到高级的发展进化历程。由此，他预言资本主义社会之后会出现一个更高级的社会：

自从文明时代开始以来所经过的时间，只是人类已经经历过的生存时间的一小部分，只是人类将要经历的生存时间的一小部分。社会的瓦解，即将成为以财富为唯一的最终

① 陈戍国校注：《礼记》，岳麓书社 2004 年版，第 154 页。

② 袁罡天、李淳风：《推背图》，团结出版社 1992 年版，第 186 页。

③《康有为散文》，上海科学技术文献出版社 2013 年版，第 33 页。

目的的那个历程的终结，因为这一历程包含着自我消灭的因素。管理上的民主，社会中的博爱，权利的平等，教育的普及，将揭开社会的下一个更高的阶段，经验、理智和科学正在不断向这个阶段努力。这将是古代氏族的自由、平等和博爱的复活，但却是在更高级形式上的复活。[①]

摩尔根的社会发展理论同马克思主义唯物史观不谋而合，恩格斯称赞：“摩尔根在他自己的研究领域内独立地重新发现了马克思的唯物主义历史观，并且最后还对现代社会提出了直接的共产主义的要求。”[②]

唯物史观认为，人类社会同自然界的发展一样，也会经历一个从低级到高级的发展过程。在这个过程中，人类社会将从贫穷走向富裕、从野蛮走向文明、从专制走向民主。“现代社会，从经济上来考察，孕育着另一个更高的社会形态，所以他力图在社会关系方面作为规律确立的，只是达尔文在自然史方面所确立的同一个逐渐变革的过程。这种逐渐的变化实际上到现在为止在社会关系方面也在发生着，从古代起，经过中世纪到我们现在为止。”[③] 此外，马克思恩格斯在揭示人类社会发展规律的同时，明确指出了实现理想社会的条件、依据及途径等。所以，人类理想社会的实现不再是镜中月、水中花，而是可达成的目标及愿景。

第二节　共产主义的目标是实现人的自由而全面的发展

马克思恩格斯在《共产党宣言》中写道：“代替那存在着阶级和阶级对立的资产阶级旧社会的，将是这样一个联合体，在那里，每个人的自由发展是一切人的自由发展的条件。”[④] 其中，“每个人的自由发展”是实现“一切人的自由发展”的条件，而要实现每个人乃至一切人的自由全面发展，前提是旧式分工被消除和自由时间的极大延长。

资本主义社会是一个高度分工的社会。大规模的机器生产，将工种越分越细，操作越来越简单，工人被长时间禁锢在单调、重复的工作岗位上，“任何人都有自己一定的特殊的活动范围，这个范围是强加于他的，他不能超出这个范围：他是一个猎人、渔夫或牧人，

① 《马克思恩格斯选集》第 4 卷，人民出版社 2012 年版，第 195 页。
② 《马克思恩格斯选集》第 4 卷，人民出版社 2012 年版，第 564 页。
③ 《马克思恩格斯全集》第 16 卷，人民出版社 1964 年版，第 255 页。
④ 《马克思恩格斯选集》第 1 卷，人民出版社 2012 年版，第 422 页。

或者是一个批判的批判者，只要他不想失去生活资料，他就始终应该是这样的人”[①]。此外，为了满足生存的需要，人们没有时间和精力去选择自己的爱好，满足自己的兴趣。正如恩格斯所说：“只要实际从事劳动的居民必须占用很多时间来从事自己的必要劳动，因而没有多余的时间来从事社会的公共事务——劳动管理、国家事务、法律事务、艺术、科学等等，总是必然有一个脱离实际劳动的特殊阶级来从事这些事务；而且这个阶级为了它自己的利益，从来不会错过机会来把越来越沉重的劳动负担加到劳动群众的肩上。只有通过大工业所达到的生产力的极大提高，才有可能把劳动无例外地分配给一切社会成员，从而把每个人的劳动时间大大缩短，使一切人都有足够的自由时间来参加社会的公共事务——理论的和实际的公共事务。”[②] 因此，在资本主义国家，对绝大多数人来说，自由而全面的发展只是一个美好的愿望而已。

从资本主义社会过渡到共产主义社会的时候，一切情况都会发生翻天覆地的变化。一方面，共产主义社会消除了旧式分工，这就为个人实现自由而全面的发展创造了条件。到那时，“任何人都没有特殊的活动范围，而是都可以在任何部门内发展，社会调节着整个生产，因而使我有可能随自己的兴趣今天干这事，明天干那事，上午打猎，下午捕鱼，傍晚从事畜牧，晚饭后从事批判，这样就不会使我老是一个猎人、渔夫、牧人或批判者”[③]。另一方面，共产主义社会的物质财富极大丰富，消费资料按需分配，个人劳动时间大大缩短，这就为个人实现自由而全面的发展提供了可能。“社会为生产小麦、牲畜等等所需要的时间越少，它所赢得的从事其他生产，物质的或精神的生产的时间就越多。”[④] “以致在人类历史上破天荒第一次创造了这样的可能性：在所有的人实行明智分工的条件下，不仅生产的东西可以满足全体社会成员丰裕的消费和造成充足的储备，而且使每个人都有充分的闲暇时间去获得历史上遗留下来的文化——科学、艺术、社交方式等等——中一切真正有价值的东西。”[⑤]

马克思主义将人的自由而全面发展作为共产主义的终极价值取向和最高奋斗目标，这与马克思主义解放全人类的根本宗旨是完全一致的。关于人的自由而全面发展的问题，学界已经取得一定的研究成果，本书对这方面不过多涉及，而是从人与自然关系的视角，分析人的自由而全面发展与实现共产主义之间的关系。

---

① 《马克思恩格斯选集》第 1 卷，人民出版社 2012 年版，第 165 页。
② 《马克思恩格斯选集》第 3 卷，人民出版社 2012 年版，第 562 页。
③ 《马克思恩格斯选集》第 1 卷，人民出版社 2012 年版，第 165 页。
④ 《马克思恩格斯全集》第 30 卷，人民出版社 1995 年版，第 123 页。
⑤ 《马克思恩格斯选集》第 3 卷，人民出版社 2012 年版，第 199 页。

一、从必然王国到自由王国

实现人的自由而全面发展，同生产力和生产关系、异化劳动、必要劳动时间和剩余劳动时间、剩余价值等问题密切相关。但马克思恩格斯主要从理论层面对必然王国向自由王国的转变进行了全面阐述。

人们对马克思恩格斯关于必然王国和自由王国的论述通常有两种解释。第一种解释是，必然王国是指在认识和实践活动中，人们由于对客观事物及其规律还没有形成正确的认识，因而不能自觉支配自己和外部世界的一种社会状态；自由王国则指人们在认识和实践活动中，由于正确认识了客观事物及其规律，因而能够自觉依照这一认识来支配自己和外部世界的一种社会状态。第二种解释是将自由王国同人的自由而全面发展联系起来，即自由王国的实现就是一切人自由而全面发展的实现。马克思主义经典著作从不同角度对人类社会的理想境界进行了描述，如“人的解放和自然的解放”“人的自由而全面发展”“人们第一次成为自然界的自觉的和真正的主人”“人类从必然王国进入自由王国的飞跃”，对马克思主义来说，共产主义、人类解放、人的全面发展和自由王国的实现，从根本上说是一回事。

两种解释并非互相排斥，而是有相通之处。不过相比之下，第二种解释的内涵更为深刻，对人们认识自然、认识社会的启迪意义更大，对实践的指导作用也更强。

1. 必然王国存在于“真正物质生产领域”

按照马克思主义经典著作的解释，可以将人类生活划分为两个不同的领域：一个是必然王国，即人类为了维持生存而进行各种生产劳动的物质生产领域；另一个是自由王国，即“作为目的本身的人类能力的发挥”①的精神活动领域。

马克思主义的理论基础是唯物主义，其出发点基于一个最简单的事实：人必须首先“活着”，然后才能从事其他活动。人靠什么“活着”呢？马克思的回答是：“人靠自然界生活。”②在人类的全部历史中，“第一个前提无疑是有生命的个人的存在。因此，第一个需要确认的事实就是这些个人的肉体组织以及由此产生的个人对其他自然的关系”③。这种关系就是通过劳动实现的人与自然之间的物质变换关系。只要人类还存在，这种物质变换关系就不可能停止，如马克思恩格斯所说：“像野蛮人为了满足自己的需要，为了维

① 《马克思恩格斯全集》第 46 卷，人民出版社 2003 年版，第 929 页。

② 《马克思恩格斯选集》第 1 卷，人民出版社 2012 年版，第 55 页。

③ 《马克思恩格斯选集》第 1 卷，人民出版社 2012 年版，第 146 页。

持和再生产自己的生命，必须与自然搏斗一样，文明人也必须这样做；而且在一切社会形式中，在一切可能的生产方式中，他都必须这样做。”① 这就是说，即使共产主义实现了，这个物质生产领域——必然王国——也会继续存在。

一种观点认为，共产主义要“消灭必然王国赖以生存的条件，……摆脱必然王国而进入自由王国”②。这种观点把必然王国和自由王国的关系看成非此即彼、互相对立的关系，这显然是违背辩证法的形而上学的观点。实际上，人类只有在自身生存需要的物质生产得以保证的前提下，才能有时间和精力致力于精神世界和本身能力的发展。必然王国是自由王国建立的基础，自由王国是无法摆脱必然王国的。进而言之，物质生产的必然王国体现的是人与自然的关系，这种关系将伴随人类社会的始终。

2. 自由王国开始于必然王国的彼岸

自由王国“作为目的本身的人类能力的发展”的精神活动领域，是从哪里开始的呢？马克思的回答是：“自由王国只是在必要性和外在目的规定要做的劳动终止的地方才开始；因而按照事物的本性来说，它存在于真正物质生产领域的彼岸。”③ 也就是说，为满足生存需要而进行的物质劳动终止之后，人们才能有时间和精力从事精神活动。“作为目的本身的人类能力的发挥，真正的自由王国，就开始了。”④ 需要明确的是，马克思恩格斯所说的“自由王国”并不是针对个别人和少数人而言，而是对“一切人”而言的。同样，“人的解放”也不是指个别人的解放，而是指全人类的解放。从人类历史看，个别人涉足自由王国的现象很早就已出现。在原始社会时期，在一些自然条件比较优越的地区，人们花费较少劳动时间就能够维持生存，也就有时间和精力从事精神方面的创造活动。人类在自然科学方面的发现、技术方面的发明创造、文化艺术方面的辉煌成就，都是少数人在自由王国探索的成果。随着生产力的发展和社会的进步，将会有更多人涉足自由王国领域，直至共产主义社会到来之时，每个人都能够进入自由王国，一切人的自由而全面发展就会实现。

3. 必然王国的边界

人类只有突破必然王国的边界，才能进入自由王国领域。那么，必然王国的边界，即“由必需和外在目的规定要做的劳动终止的地方”在哪里呢？

① 《马克思恩格斯全集》第 46 卷，人民出版社 2003 年版，第 928 页。

② 孙恭：《马克思恩格斯论社会从必然王国向自由王国的飞跃》，《武汉交通政治管理干部学院学报》，1991 年第 1 期。

③ 《马克思恩格斯全集》第 46 卷，人民出版社 2003 年版，第 928 页。

④ 《马克思恩格斯全集》第 46 卷，人民出版社 2003 年版，第 929 页。

从人类历史的发展角度来看，随着生产力的发展和科学技术的进步，必然王国这一物质生产领域的边界呈现出不断扩大的趋势：不但产品的数量和种类不断增多，而且质量不断提高。一些最初只能为少数人享用的奢侈品逐渐普及到更多人，有些产品甚至成为生活的必需品。我们需要以辩证的眼光来看待必然王国的扩大趋势。一方面，必然王国的扩大是人类社会不断发展进步的结果。另一方面，必然王国的扩大使“商品拜物教”成为可能。“商品拜物教”以一种盲目的力量统治着人类，人失去自我，被物所奴役，变成不自由、不全面发展的人。

这个必然王国不断扩大的趋势，除了有人类社会不断发展进步的积极意义，更为重要的是，如果对物质生产领域这种扩大趋势不加以控制的话，那么，更多的资源能源将会被耗费、自然环境将进一步恶化、人与自然的关系将更加紧张。这种只顾发展生产力，无限扩张必然王国领地的做法与共产主义的目标背道而驰。其结果是，不但人与自然之间的和谐不能实现，人与人之间的关系也会更加恶化，实现“人的解放”的目标最终会成为泡影。为了避免这种灾难性的后果，我们必须限制必然王国的领地。那么，如何合理地确定“必需和外在目的规定要做的劳动”的标准，进而合理限制必然王国的边界呢？笔者认为，应根据环境资源的供给能力对“必需和外在目的规定要做的劳动”之外的奢侈品生产进行限制，将其控制在资源供给和环境状况允许的限度之内。合理限制物质生产活动的必然王国的此岸边界，可以抑制消费欲望无止境的发展，防止消费欲望变成盲目的力量进而统治人类。真正做到“合理地调节他们和自然之间的物质变换，把它置于他们的共同控制之下，而不让它作为一种盲目的力量来统治自己；靠消耗最小的力量，在最无愧于和最适合于他们的人类本性的条件下来进行这种物质变换”[①]。

二、缩短工作日是必要条件

对全社会来说，生产效率的提高为人的自由而全面的发展提供了前提条件。但对每一个人来说，能否实现自由而全面的发展，发展到什么程度，则取决于其自由时间的多少。所谓自由时间即一个人的自由支配时间。试想，当一个人为了生计终日劳碌奔波，连吃饭睡觉的时间都难以保证，他哪里还会有精力去发展自己的兴趣爱好？所以，要实现每个人自由而全面的发展就必须给予每个人足够的自由支配时间。

自由时间从哪里来？睡眠、进食和必要的休息时间是维持生存必须保证的时间，所

① 《马克思恩格斯全集》第 46 卷，人民出版社 2003 年版，第 928~929 页。

以自由时间只能通过缩短工作时间来获得。“节约劳动时间等于增加自由时间，即增加使个人得到充分发展的时间”[①]，只有“直接把社会必要劳动缩减到最低限度，那时，与此相适应，由于给所有的人腾出了时间和创造了手段，个人会在艺术、科学等等方面得到发展”[②]。也就是说，一个人的劳动时间越短，拥有的自由时间就越多，其实现自由而全面发展的条件就越充分。

1. 缩短工作日有助于克服异化劳动

资本主义社会推动了生产力的发展，为人的自由而全面的发展创造了前提条件，但缩短劳动时间与资本主义的本质相矛盾。资本追逐利润的本性驱使资本主义不仅不会缩短劳动时间，还会不加限制地延长劳动时间。“我们在最先进的工业国家中已经降服了自然力，迫使它为人们服务；这样我们就无限地增加了生产，现在一个小孩所生产的东西，比以前的100个成年人所生产的还要多。而结果又怎样呢？过度劳动日益增加，群众日益贫困，每十年发生一次大崩溃。”[③]

马克思恩格斯通过对资本主义社会人与自然之间物质变换过程和对人与人之间生产方式和劳动关系的考察，发现建立在私有制基础上的资本主义生产方式不仅是违背自然的，更是违背人性的。在资本主义社会，资本家为了追求利润最大化，疯狂掠夺和滥用自然资源，并将各种污染物留给了社会。

另外，马克思恩格斯指出，资本一方面“成了为社会可以自由支配的时间创造条件的工具，使整个社会的劳动时间缩减到不断下降的最低限度，从而为全体［社会成员］本身的发展腾出时间。但是，资本的趋势始终是：一方面创造可以自由支配的时间，另一方面把这些可以自由支配的时间变为剩余劳动”[④]。为了榨取工人的剩余劳动，资本家想方设法地延长劳动时间，使得“最发达的机器体系现在迫使工人比野蛮人劳动的时间还要长，或者比他自己过去用最简单、最粗笨的工具时劳动的时间还要长”[⑤]。

为什么资本家可以毫无顾忌地侵占工人的自由时间和剩余劳动？究其原因，在资本主义私有制条件下，资本家占有了各种资源，工人除自身的劳动力之外一无所有。正是基于这个原因，“工人在劳动中耗费的力量越多，他亲手创造出来反对自身的、异己的对

① 《马克思恩格斯选集》第2卷，人民出版社2012年版，第790页。
② 《马克思恩格斯选集》第2卷，人民出版社2012年版，第784页。
③ 《马克思恩格斯文集》第9卷，人民出版社2009年版，第422页。
④ 《马克思恩格斯选集》第2卷，人民出版社2012年版，第786页。
⑤ 《马克思恩格斯选集》第2卷，人民出版社2012年版，第787页。

象世界的力量就越强大，他自身、他的内部世界就越贫乏，归他所有的东西就越少”[①]。工人生产的产品，乃至劳动本身都不是工人自己可以支配和操纵的，产品和劳动反而变成了奴役、支配工人，与工人对立的异己力量。这就是说，产品、劳动都与工人相异化。劳动是人的类本质，既然劳动本身与工人相异化，人与人的类本质也相异化。产品、劳动、人的类本质都与人相异化，其最终结果是人与人之间的关系相异化。值得注意的是，异化劳动不仅加深了人与人之间的对立，而且加剧了人与自然的对立：

没有自然界，没有感性的外部世界，工人什么也不能创造。自然界是工人的劳动得以实现、工人的劳动在其中活动、工人的劳动从中生产出和借以生产出自己的产品的材料。

但是，自然界一方面在这样的意义上给劳动提供生活资料，即没有劳动加工的对象，劳动就不能存在，另一方面，也在更狭隘的意义上提供生活资料，即维持工人本身的肉体生存的手段。

因此，工人越是通过自己的劳动占有外部世界、感性自然界，他就越是在两个方面失去生活资料：第一，感性的外部世界越来越不成为属于他的劳动的对象，不成为他的劳动的生活资料；第二，感性的外部世界越来越不给他提供直接意义的生活资料，即维持工人的肉体生存的手段。[②]

对这种极其不合理的现象，马尔库塞感叹道：“没有这种乏味无聊的、汲人骨髓的、无止无境的劳动，难道人就不能养活自己了？难道就不能少一点挥霍浪费，少一点官僚机关，少一点矫揉造作，而多一点时间，多一点自由？”[③]从这一角度来看，合理限制必然王国的边界，缩短劳动者的工作日，有助于消除异化劳动。但是，我们必须明确的是，只有消灭私有制，才能从根本上消除异化劳动，才能实现人的自由而全面发展。

2. 缩短工作时间有利于促进人与自然的和谐

生产力的高度发展和生产效率的大大提高，给一切人的自由而全面的发展提供了可能性。但是，能否真正实现一切人的自由而全面的发展，还取决于人类如何选择未来的发展道路。

在生产力高度发达，维持人类基本生存条件的物质需求得到充分满足的情况下，人类面临两种不同的选择：第一种选择是不断扩大生产，尤其是开发和生产供人们享乐的奢侈品，制造新的虚假需求，鼓励过度消费、超前消费，这是资本主义制度的发展道路。

① 《马克思恩格斯选集》第 1 卷，人民出版社 2012 年版，第 51 页。

② 《马克思恩格斯选集》第 1 卷，人民出版社 2012 年版，第 52 页。

③ H. 马尔库塞等：《工业社会和新左派》，任立编译，商务印书馆 1982 年版，第 97 页。

在这条道路上，过剩的产能没有用于缩减工人的工作时间，而是直接解雇工人，造成大批工人失业，或是被转移去生产并非真正需要的奢侈性产品。按照这条道路走下去，将会带来资源的巨大浪费和环境的严重破坏，造成人与自然界的对抗。“工人对劳动产品这个异己的、统治着他的对象的关系。这种关系同时也是工人对感性的外部世界、对自然对象——异己的与他敌对的世界——的关系”①，因此，这条道路是不理智的选择。

社会主义坚持以人为本，最终目标是人的解放。虽然社会主义社会也追求生产力的发展，但发展生产力的目的是实现人的自由而全面的发展。所以，当生产力发展到一定程度时，社会主义社会会转向对人自身发展的追求。那么，第二种选择就是在全体社会成员的基本生存需求得到满足的情况下，对过剩产能进行合理压缩和调整，同时逐步减少劳动者的工作时间，真正做到“不是为了获得剩余劳动而缩减必要劳动时间，而是直接把社会必要劳动缩减到最低限度，那时，与此相适应，由于给所有的人腾出了时间和创造了手段，个人会在艺术、科学等等方面得到发展”②。需要说明的是，这里所说的“必要劳动”是指保证人们基本生存需求的必需品生产和不危及环境安全的享乐品生产。把这样的“必要劳动缩减到最低限度”，意味着要对生产进行有计划的管理，严格限制生产并非人们真正需要而又对资源、环境危害较大的产品。这种对生产的管理和控制，就是“合理地调节他们和自然之间的物质变换，把它置于他们的共同控制之下，而不让它作为一种盲目的力量来统治自己；靠消耗最小的力量，在最无愧于和最适合于他们的人类本性的条件下来进行这种物质变换”③。其结果不但可以杜绝滥用资源，实现资源的合理使用，实现人与自然和谐，还可以减少劳动时间，为人的自由而全面的发展创造条件。

劳动创造了财富，也为人类社会的进步提供了丰富的物质资源，但是过度劳动势必会危及人类社会的可持续发展。在人们基本生存需求已得到满足的情况下，资本家为了获取更多利润，一方面人为地制造虚假需求，浪费宝贵的自然资源，生产并非人们真正需要的产品，另一方面则疯狂榨取劳动者的剩余劳动价值。这不仅破坏了自然资源和生态环境，还加深了人与人之间的矛盾，影响了人的自由而全面的发展。

共产主义的最终目标是实现人的解放和人的自由而全面的发展，也就是“以人的充分发展为中心，而不是以最大限度地生产和消费为中心，完全可以建设一个工业的社会。但这将意味着在我们的社会结构中，在我们的总体目标中，在生产的优先权上，在我们

---

① 《马克思恩格斯选集》第 1 卷，人民出版社 2012 年版，第 54 页。

② 《马克思恩格斯选集》第 2 卷，人民出版社 2012 年版，第 784 页。

③ 《马克思恩格斯全集》第 46 卷，人民出版社 2003 年版，第 928~929 页。

的管理方法上都来一个彻底的变革”[①]。要实现人的自由而全面的发展，其中一个重要条件就是缩短工作时间。缩短工作时间不仅为人们实现自由而全面的发展提供了充足的时间，而且可以减少自然资源的耗费，促进人与自然和谐。

缩短工作时间，人与自然的和谐发展和人自身的全面发展可在同一个过程中实现，而且它们互为前提。因此，“当我们从实践的角度强调人与自然的协调发展时，同时必须强调人的全面发展”[②]。

第三节　共产主义社会的实质是民主和谐

共产主义社会是一个逐渐形成的未来社会，所以，要对这个社会的具体细节作出描绘是不太现实的。在共产主义时代，究竟以何种方式管理社会，产品如何生产，财产如何分配？这些具体问题，只能在人类社会的发展过程中逐步明确、逐渐清晰。可以肯定的是，我们要正确认识共产主义社会，必须彻底摆脱唯心主义的束缚，抛弃对共产主义社会的主观性臆断，从历史和现实出发，抓住实质而不去纠缠细节。

那么，共产主义社会的实质是什么呢？答案是平等、自由、民主、和谐。共产主义社会能实现人与人、人与自然的双重和解，能实现每个人自由而全面的发展。

人们常常用“幸福感”来衡量对一个国家和社会的满意程度。

有研究表明，生活在社会和机构信任度较高的环境中的人比那些生活在信任度和可信赖性较低环境中的人更快乐，高信任对那些处于逆境中的人来说尤其重要。当政府响应被认为足够及时和有效时，信任和合作的社会规范有助于公众迅速反应与配合，这本身就提高了公民的幸福感。

既然信任度影响人的幸福指数，那么，什么样的国家和社会更能获得人们的信任呢？显然，平等、自由、民主、和谐的国家和社会能够获得更多的信任感。共产主义社会就是信任感和幸福指数最高的社会。

共产主义社会是人类未曾经历的社会，对这一社会的具体情况，人们会有各种不同的想象和期望。如果以一种包容的态度来看待共产主义社会，则可以对此达成基本共识。这种共识就是，世界上的绝大多数国家，无论先进还是落后，无论社会主义制度还是资

---

① 陈学明、吴松、远东编：《痛苦中的安乐——马尔库塞、弗洛姆论消费主义》，云南人民出版社 1998 年版，第 209 页。

② 周义澄：《自然理论与现时代——对马克思哲学的一个心思考》，上海人民出版社 1988 年版，第 250 页。

本主义制度，其实都在为实现理想社会而努力。有了这种共识，就可以摆脱社会制度、政治倾向、意识形态等狭隘观念，就可以避免不同社会制度国家之间无谓的争议。总之，为了人类共同的美好理想，我们必须求同存异、互助共赢，大力开展国家间的交流与合作。

第四节 共产主义社会是一个逐渐形成的未来社会

马克思恩格斯科学地总结了人类社会的发展规律，并预言共产主义社会必将到来。但是，共产主义社会的具体细节如何？他们却未作详细说明。他们从唯物主义的基本立场出发，都不赞成过早地规定共产主义社会的具体细节。他们认为，只有空想主义者才会热衷于随意想象和描绘未来社会的具体情形，“过早的猜想则是不科学的和有害的”[①]。恩格斯曾说：“关于未来社会组织方面的详细情况的预定看法吗？您在我们这里连它们的影子也找不到。”[②]因此，他后来改变了早期著作中（如《共产主义原理》《共产党宣言》）详细论证取得政权后社会改造的具体措施和发展步骤的设想，而侧重于强调最一般的原则。恩格斯还指出：“‘共产主义’一词我认为当前不宜普遍使用，最好留到必须更确切的表达时才用它。即使到那时也需要加以注释，因为实际上它已三十年不曾使用了。”[③]需要说明的是，马克思恩格斯在谈到共产主义时，常常与社会主义不加区分，将二者当成同义词来使用。

古往今来，人们对未来理想社会的描述可谓千姿百态、异彩纷呈。但是，人们的出发点是一致的，都是针对时弊而描绘理想。比如，现实中贫穷，就期望富裕；现实中被奴役，就期望自由；现实中存在争斗，就期望世界大同。总而言之，未来的理想都是针对现实的不理想。因此，要正确认识未来社会，就不能离开历史和现实凭空想象。实际上，未来理想社会的实现过程就是逐步解决时弊的过程。弊端不断被克服，其结果是富裕代替贫穷、民主战胜专制、和平取代战争……这个不断克服弊端的过程，不仅是社会不断发展进步的过程，而且是共产主义从理想变成现实的过程。

现实社会中存在人与自然之间和人与人之间两大基本矛盾，两种矛盾中又各自充满了多种多样、错综复杂的矛盾关系。每一个弊端的克服，每一个矛盾的解决，都不能超

① 刘建军：《马克思传》，河北人民出版社 1997 年版，第 195 页。
② 《马克思恩格斯全集》第 29 卷，人民出版社 2020 年版，第 684 页。
③ 《马克思恩格斯全集》第 39 卷，人民出版社 1974 年版，第 203 页。

越现实状况，都需要考虑整个社会的承受能力，这是一个“摸着石头过河”的漫长历程。每一个步骤完成之后，又会有新问题浮出水面，届时又必须根据新问题提出新方法。因此，未来理想社会的实现，也是一个漫长的历史过程。然而，与漫漫历史长河相比，个人的一生何其短暂、何其渺小。任何聪明的大脑，任何伟大的天才，都不可能详细描述未来社会的细节。马克思恩格斯所描绘的仅是未来理想社会的大致图景，并未作出细节规定。共产主义社会的具体细节，如社会结构、社会管理，都只能在不断解决问题的过程中逐渐清晰，而不是按照主观想象凭空捏造出来。

事物的静止是相对的，而运动是绝对的。一切事物都处于不断运动、发展和变化之中，社会形态也不例外。由此可以断定，即使共产主义社会，也会有不同的阶段，各个阶段也会有所差别。也就是说，共产主义社会自身也存在从低级到高级，不断克服弊端、逐渐完善的过程。因此，恩格斯一贯坚持，必须以辩证的观点来考察未来社会主义社会(即共产主义)的发展问题。1890 年，他在答复一位德国人的问题时写道:“我认为，所谓‘社会主义社会’不是一种一成不变的东西，而应当和任何其他社会制度一样，把它看成是经常变化和改革的社会。”①

值得注意的是，共产主义社会也不是十全十美的社会。这个社会仍不可避免地存在人与人之间的矛盾，人们依然会遭受病痛、死亡的威胁，也会经历别离、失恋、车祸等折磨，也免不了受到地震、水灾、风灾等自然灾害的影响。“因此，理想的社会在人类历史中没有终点，而是……不断地取代它自身。因而，自我实现不允许存在一个被称为‘共产主义’的终点。”②

第五节　共产主义社会是多样性的社会

由于共产主义和大同社会具有一些共同点，加上一些不准确的宣传误导，许多人认为，共产主义社会是一个模式既定、整齐划一、毫无差别的社会。从历史和现实出发，可以断定这种认识是一种误解。

从历史上看，已经历过的各个社会形态是千姿百态、多种多样的。如同为原始部落，东方和西方就有很大不同。即使在同一个地区的原始部落，也会因种族、民族、语言等

① 《马克思恩格斯选集》第 4 卷，人民出版社 2012 年版，第 601 页。

② 戴维・佩珀:《生态社会主义：从深生态学到社会正义》，刘颖译，山东大学出版社 2005 年版，第 184 页。

方面的差异而呈现出不同状态。总之,历史上从来没有过完全相同的原始社会、奴隶社会、封建社会和资本主义社会。因此，虽然人类社会终将走向共产主义，但是不会出现完全相同的社会形态。马克思恩格斯所划分的社会形态，仅仅是对各种社会形态的共性和本质进行的高度归纳和概括。

自“共产主义”一词出现之后，人们对其理解就未达成一致。马克思主义诞生之前，欧洲已经有许多社会主义流派，恩格斯曾在《大陆上社会改革的进展》中对欧洲共产主义理论和运动的情况进行了详细的介绍:“在法国，就有五十多万共产主义者，傅立叶派和其他不太激进的社会改革派还不包括在内；在瑞士，到处都有共产主义联合会，这些联合会往意大利、德国，甚至往匈牙利派遣代表；德国的哲学经过长期的痛苦摸索过程，也终于达到了共产主义。”[①] 不同国家在不同情况下不约而同地产生了共产主义,说明“共产主义不是英国或任何其他国家的特殊状况造成的结果，而是从现代文明社会的一般实际情况所具有的前提中不可避免地得出的必然结论”[②]。

恩格斯还指出:“那么在次要的问题上就一定会有分歧。可是我想证明，这些分歧都是无关紧要的，而且跟一个国家的社会改革派同另一个国家的社会改革派的友好情谊相容不悖。”[③] 马克思恩格斯正是在这种广泛的意义上认识共产主义的,他们在《共产党宣言》中所说的“共产主义的幽灵”即指广义的共产主义。当时不同流派的共产主义虽然在领导阶级、实现路径等方面观点各异，但他们的理想和诉求是一致的。共产主义都主张实现民主、平等、富裕、和平等，正是在这种意义上，人们将他们统称为“共产主义”。

第一次世界大战后，社会主义运动出现了两大支流。第一大支流是苏联式社会主义，他们奉行共产主义意识形态，坚持武装夺取政权，由共产党执政，实行无产阶级专政。这一支流后来发展到罗马尼亚、中国、朝鲜、越南等国家。第二大支流是“民主社会主义”，他们坚持民主竞选、议会斗争。这一支流主要出现在欧洲发达国家，以瑞典、丹麦、瑞士等国家为代表。

第二次世界大战之后，随着民族解放运动的兴起，世界上先后出现了许多类型的社会主义国家。如印度的国大党社会主义、缅甸的纲领党社会主义、阿拉伯复兴社会党社会主义、伊斯兰社会主义、非洲社会主义、佛教社会主义。近年来，拉丁美洲地区出现了21世纪社会主义、社群社会主义、劳工社会主义等。这些名目繁多的社会主义，虽各

---

① 《马克思恩格斯全集》第3卷，人民出版社2002年版，第474页。

② 《马克思恩格斯全集》第3卷，人民出版社2002年版，第474页。

③ 《马克思恩格斯全集》第3卷，人民出版社2002年版，第475页。

有不同，但都带有社会主义的一些特质。

从历史来看，社会形态多种多样；从现实来看，各种社会主义同时并存。由此可以推测，未来的共产主义社会也必然呈现出多样性特点。

值得注意的是，世界上许多国家虽未提出社会主义，甚至反对社会主义，但他们施行的许多政策都与社会主义趋同。如大多数发达国家为了提高人们的生活水平，普遍实行了福利政策；为了缩小贫富差距，征收了财产累进税、遗产税、奢侈品消费税等。当今世界虽然仍存在冲突、战争，但和平与发展已成为时代主流，世界各国都在沿着各自的发展道路向社会主义和共产主义迈进。这一发展道路是自然而必然的，不以人的主观意志为转移。

第六节　以包容的态度承认共产主义社会实现路径的多样性

既然未来的共产主义社会是多样化的社会，那么，我们就应该以包容的态度承认共产主义社会的多样性。共产主义社会是未来的理想社会，它没有预先固定的标准模式，更不存在唯一的发展道路。

各种不同流派的社会主义，“都力图创建一套高效平等与民主和谐的社会制度，都致力于建设一个代表大多数人根本利益的政权结构，都力争成为一个长期合法执政的政党。他们进行了不同的理论实践，他们之间的分歧很多。但社会主义向来不是一种封闭自守的运动，完全可以不断借鉴各种理论成果来完善自身。谁对谁错不能急于作出判断。任何论点的形成都有着不同的经济社会条件，我们最需要的是如何充分融合各种社会主义理论的优点，不失时机地进行历史性转型”[①]。

承认社会主义和共产主义的多样性，是承认中国特色社会主义的理论依据和前提条件。同时，中国特色社会主义亦是社会主义和共产主义多样性的最有力证明。我们走中国特色社会主义道路，其他国家也可以开辟符合自身情况的社会主义发展道路。近年来，有一种观点认为只有民主社会主义才能救中国，这种看法忽视了中国的实际情况，显然是行不通的；可是反过来，完全否认民主社会主义，认为除了中国式的社会主义，其他的都不是真正的社会主义，这种观点同样是狭隘的。正确的态度应该是承认社会主义的

① 潘岳:《论社会主义生态文明》,《绿叶》，2006 年第 10 期。

多样性，加强与其他流派的交流和学习，最终实现共同进步。我们决不能“与其他社会主义流派对立起来，不应排斥和否定其他社会主义流派在新的历史条件下对社会进步所起的作用。……在和平与发展已成为时代主题的新的历史条件下，现在的资本主义社会，有可能‘在批判——改良中一点一点’地扬弃、否定资本主义因素，而逐渐增加和积累社会主义因素，从而客观上推动人类社会逐渐接近更理想的社会。承认资本主义被取代和被否定在方式上的多样性，可以使社会主义实现的前景变得更加宽广和光明，可以大大增强人们对社会主义的信念和底气，加快人类社会前进的步伐”①。

各种流派的社会主义虽然表象各异，但实质相同，即都是从本国的实际情况出发，寻找通向美好社会的道路。不管采取哪种途径，采取什么方法，只要能通往理想社会，只要能实现人与自然、人与人的双重和谐，只要能让人们过上好日子，那就是值得肯定的社会主义。

未来的共产主义社会亦是一个多样化的社会，但本质也是相同的。我们必须处理好共产主义社会的共性与个性问题，即在把握共产主义社会本质的同时，允许甚至鼓励共产主义社会走多样化发展道路。

① 肖枫：《社会主义与资本主义关系的新趋势》，http：//www.ciudsrc.com/webdiceng.php？ id=9838，2023 年 3 月 6 日。

第十二章　社会发展的双重维度

马克思主义理论从人与人、人与自然两种关系出发，深刻分析了社会发展的普遍规律。但是，很多人没有全面、准确理解马克思主义社会发展理论，而只片面关注了人与人的关系，忽视了人与自然的关系。

马克思恩格斯所创立的新世界观是唯物主义的世界观。从严格的理论角度来看，这两者并非处于同一层次。唯物主义是世界观，辩证法是方法论，二者的结合形成了马克思主义最锐利的思想武器，也就是辩证唯物主义（也可称为唯物主义辩证法）。恩格斯曾说："这个多年来已成为我们最好的工具和最锐利的武器的唯物主义辩证法。"[①]辩证唯物主义是最基本的世界观和方法论，如果用它分析自然界，就是唯物主义自然观；如果用它分析历史，就是唯物主义历史观。这就是说，辩证唯物主义是唯物主义自然观和唯物主义历史观的基础，唯物主义自然观和唯物主义历史观才同属一个层次。恩格斯在1885年为《反杜林论》写的序言中说："马克思和我，可以说是唯一把自觉的辩证法从德国唯心主义哲学中拯救出来并运用于唯物主义的自然观和历史观的人。"[②]这段话非常清楚地说明了辩证唯物主义、唯物主义自然观和唯物主义历史观三者之间的关系。在《德意志意识形态》中，马克思恩格斯对唯物主义自然观和唯物史观作过进一步的说明："全部人类历史的第一个前提无疑是有生命的个人的存在。因此，第一个需要确认的事实就是这些个人的肉体组织以及由此产生

① 《马克思恩格斯选集》第4卷，人民出版社2012年版，第250页。
② 《马克思恩格斯选集》第3卷，人民出版社2012年版，第385页。

的个人对其他自然的关系。……任何历史记载都应当从这些自然基础以及它们在历史进程中由于人们的活动而发生的变更出发。”① 正是出于这样的认识，马克思主义理论将人与自然、人与人两种关系作为重要内容，并形成了“自然—人—社会”的整体理论框架。

长期以来，很多人在理解资本主义和社会主义、市场经济和计划经济、私有制和公有制等概念时，都有简单化、绝对化、贴标签式的倾向。人们总是将资本主义与私有制、市场经济等同起来，将社会主义同公有制、计划经济等同起来，并将二者视为非此即彼的对立体系。这种极端认识导致人们思想僵化，进而在实践中造成重大损失。

如今回顾历史，就要总结教训。我们必须从人与人和人与自然两种关系的角度，重新审视并纠正人们对马克思主义社会发展理论认识理解上的偏颇。

第一节　马克思主义社会发展理论的实践

马克思恩格斯以渊博的学识、科学的研究方法和严谨的治学态度创造了马克思主义社会发展理论。该理论揭示了人类社会的发展规律，指明了未来社会的发展方向。

在马克思主义社会发展理论的指导下，无产阶级开创了世界性的共产主义运动。但由于诸多原因，共产主义运动并没有取得预想的成功。直至马克思恩格斯逝世，他们也没有看到理想社会的实现。之后，苏联解体、东欧剧变等一系列事件的发生，引发了人们对马克思主义社会发展理论的质疑。

一个科学的理论，为何在实践中屡屡受挫？正确回答这一问题对指导今后的世界共产主义运动来说是十分重要的。

马克思恩格斯既是理论家，又是革命者。他们不仅废寝忘食地开展学术研究，还直接参与工人阶级的革命实践活动。毋庸置疑，马克思主义社会发展理论是科学的、严谨的理论体系，但理论是宏观的、共性的，实践是微观的、个性的。将理论运用于实践时，必须准确地分析和判断当时当地的实际情况。如果错误判断了社会发展的空间维度，就如同看错了地图的比例尺，虽然知道目的方向，却不知路途远近，甚至可能连目前所在的具体位置也不清楚就匆匆上路。倘若错误判断了社会发展的时间维度，就如同看错了

① 《马克思恩格斯选集》第1卷，人民出版社2012年版，第146~147页。

时间表，把时间表上的一个世纪看成一年，想当然地要在一年内“努力”完成一个世纪的目标。这种对时空关系的错误判断就会导致诸如“跑步进入共产主义”之类的盲目行动，此类情况就好像在一场马拉松比赛中，还未跑到 200 米就发起最后冲刺一样，失败早已注定。

从社会发展的空间维度来看，共产主义运动必须从本国实际情况出发，选择符合国情的社会发展道路。如我国根据国情，选择走中国特色社会主义道路。

从社会发展的时间维度来看，共产主义运动必须合理规划时间，抓住发展的大好时机。马克思恩格斯曾指出，共产主义运动，即“正在进行自我扬弃的运动，在现实中将经历一个极其艰难而漫长的过程”①。但这个过程究竟有多长，或者资本主义的寿命还有多长？到目前为止，我们仍不能作出准确判断。随着具体条件的变换，对这一问题的判断也会发生变化。

既然如此，那马克思主义社会发展理论还可以指导共产主义运动吗？马克思恩格斯在《共产党宣言》1888 年英文版序言中作了很好的回答：“不管最近 25 年来的情况发生了多大的变化，这个《宣言》中所阐述的一般原理整个说来直到现在还是完全正确的。”②这里说的“一般原理”就是指马克思主义社会发展理论。至于“这些原理的实际运用，正如《宣言》中所说的，随时随地都要以当时的历史条件为转移，所以第二章末尾提出的那些革命措施根本没有特别的意义。如果是在今天，这一段在许多方面都会有不同的写法了”③。

马克思主义社会发展理论告诉人们，社会的发展趋势虽然可以预测，但具体的发展进程是不确定的。我们必须从空间维度和时间维度两方面看待社会发展问题。从空间上看，由于各地的实际情况不同，共产主义运动表现出多样化；从时间上看，共产主义运动是一个漫长的历史过程。原始社会经历了几百万年，奴隶社会和封建社会也各有数千年，而资本主义社会至今只有几百年。再加之，资本主义国家还积极采取各项措施完善自身的社会制度，所以，资本主义社会还有生命力。我们必须清楚地认识当下的基本情况，切不可被“革命豪情”冲昏了头脑，激进冒险地进入共产主义社会。

① 《马克思恩格斯全集》第 3 卷，人民出版社 2002 年版，第 347 页。

② 《马克思恩格斯全集》第 28 卷，人民出版社 2018 年版，第 531 页。

③ 《马克思恩格斯全集》第 28 卷，人民出版社 2018 年版，第 531 页。

第二节 唯物、辩证、历史地看待社会发展问题

一、坚持唯物和辩证观点，关注人与自然的关系问题

马克思主义是唯物的，所谓唯物即承认物质对精神的决定性作用。在研究和分析社会发展问题时，前提条件和出发点是：“人们为了能够‘创造历史’，必须能够生活。但是为了生活，首先就需要吃喝住穿以及其他一些东西。因此第一个历史活动就是生产满足这些需要的资料，即生产物质生活本身。”[①]而物质生产是在人与自然界之间进行的，所以，在各种关系中，最基本的是人与自然的关系。

马克思主义又是辩证的，所谓辩证即强调事物之间的普遍联系和永恒发展。在研究社会发展和人的解放问题时，不仅要关注人与人的关系，而且要关注人与自然的关系，注意研究和分析两种关系之间的相互影响和相互制约。

可见，无论唯物主义还是辩证法，都要求我们在研究社会发展问题时，必须关注人与自然的关系。此外，必须厘清人与自然、人与人的关系——从政治经济学的角度来说，就是生产力和生产关系的关系。

虽然上述观点是马克思主义的一些基本常识，但知道不等于理解，更不等于能够指导实践。一些马克思主义的继承者正是在这个看似简单的基本问题上栽了大跟头。由于领导者未能深刻认识生产力与生产关系的关系，也没有正确认识人与人、人与自然之间的关系，片面强调“动力”和“杠杆”作用，忽视物质生产力的发展，最后导致经济发展水平远远落后于资本主义国家。历史经验告诉我们，要实现共产主义的宏伟目标，必须正确认识和理解马克思主义的社会发展理论，而要做到这一点，就必须掌握马克思主义的辩证唯物主义思想方法，从人与自然、人与人两种关系的视角看待人的解放、自然的解放和人的全面发展问题。

二、历史地看待社会发展问题，加深对社会发展理论的认识

马克思主义社会发展理论是在考察社会发展的历史中得出的，因此要真正领会马克思主义的历史唯物主义思想，必须学会站在历史的高度观察和思考社会发展问题。只有站在历史的高度俯瞰社会发展问题，才能科学、准确认清社会发展的主流、支流

① 《马克思恩格斯选集》第1卷，人民出版社2012年版，第158页。

和逆流，才能认清社会发展的趋势和走向，也才能正确对待共产主义运动中的挫折和失败。

苏联解体和东欧剧变让很多人怀疑马克思主义社会发展理论的科学性，甚至很多曾经的马克思主义者也信仰崩塌，转而信仰别的思想流派。

长期以来，人们都以短暂的“成”“败”来评价一种思想理论或一个政党。在这种思想方法的影响之下，人们往往把发展过程中的阶段性“胜利”或“失败”当作最终的结果，却没有将这种“胜利”或“失败”置于历史长河中去考察。如过去曾把十月革命的成功看作共产主义的胜利，现在又把苏联解体、东欧剧变看作共产主义的失败。

众所周知，自然科学主要是通过实验来验证理论。一次实验失败之后，还可以有第二次、第三次……经过无数次失败才能最终取得成功。在整个过程中，每一次失败都不能称为真正的失败，因为失败乃成功之母，没有前面的失败，就不可能有最后一次的成功。但在社会科学领域，尤其是在社会发展问题上，人们却没那么宽容，往往一次失败就认为一个理论、一种思想是错误的。这种看法显然缺乏历史眼光，不免有狭隘和短浅之嫌。

那么，在社会发展问题上，应该怎样认识、评价一个理论或一种思想的正误呢，或者说，应该如何看待共产主义运动中的成败呢？

我们应该站在历史的高度看待社会发展问题。只有站在历史的高度，才会有宽阔的视野，才能对当前事物及未来的发展趋势作出准确的判断。十月革命胜利不能证明共产主义的成功，同样，苏联解体、东欧剧变也不是共产主义的失败。人们正好可以通过这种暂时的失败，反思自我，总结教训。只有站在历史的高度，纵观人类社会发展的全过程，才能洞察人类社会不断向前、不断进步的发展态势。按照这种态势发展，有朝一日，人与自然、人与人双重和解的理想社会一定会到来。

第三节　全面客观地认识资本主义社会

显而易见，资本主义和社会主义是一对矛盾，矛盾即对立统一。但是，人们往往只看到了资本主义与社会主义的对立面，却忽略了二者的统一面。因此，长期以来，人们对资本主义社会的评价和宣传都带有明显的偏见和片面性。这种偏见和片面性主要表现在以下几个方面。

一、没有正确认识资本主义社会在历史发展进程中的进步作用

在分析资本主义社会时，人们充分揭露了资本主义的种种弊端，对其进步作用却一笔带过。由此造成的错觉是资本主义是“万恶”的，资本主义社会是人类社会发展过程中最黑暗、最残酷的制度，这并不符合历史的本来面目。

马克思恩格斯在《共产党宣言》中非常明确地肯定了资本主义社会的进步作用。他们指出：“资产阶级在历史上曾经起过非常革命的作用。”①“资产阶级在它的不到一百年的阶级统治中所创造的生产力，比过去一切世代创造的全部生产力还要多，还要大。”②

资本主义社会高度发达的生产力，为实现共产主义创造了物质条件。资本主义工业和商业的发展，促进了城市化和全球化进程；农业生产的工业化，缩小了工业和农业的差别和城乡差别；机械的广泛应用不仅减轻了人的劳动强度，而且为消灭体力劳动和脑力劳动的差别创造了条件；资本主义社会自由、民主的逐步实现和法治的日益健全，为实现共产主义提供了精神基础……更为重要的是，资本主义社会造就了一支强大的工人阶级队伍，这就为社会主义革命提供了有生力量。资本主义社会在物质、精神和革命力量等方面为社会主义的诞生创造了条件，从这种意义上说，资本主义就是社会主义的温床。

二、一成不变地看待资本主义社会

同历史上出现过的其他社会形态一样，资本主义社会也是一个发展的、动态的社会，会经历诞生、成长、成熟、衰落乃至灭亡。但是，长期以来，人们都机械地、僵化地、标签式地看待资本主义社会，将它看成固定不变的革命对象，这实际上犯了形而上学的错误。

布哈林对这个问题有非常深刻的认识：“事实上，就在每一形态存在期间，这一形态也是始终都在变化的。”“资本主义总是一个样的吗？绝非如此。我们知道，它本身经历了不同的发展‘阶段’：商业资本主义，工业资本主义，金融资本主义及其帝国主义政策，世界大战时期的国家资本主义。”布哈林进一步指出，资本主义的每一个阶段，都是发展运动的，“每个较早的阶段都为随后的阶段作了准备。比如说，在工业资本主义时期，就出现了资本集中的过程。后来在这个基础上成长起金融资本主义及其银行和托拉斯”。③

---

① 《马克思恩格斯选集》第 1 卷，人民出版社 2012 年版，第 402 页。

② 《马克思恩格斯选集》第 1 卷，人民出版社 2012 年版，第 405 页。

③ 尼·布哈林：《历史唯物主义理论》，李光谟等译，东方出版社 1988 年版，第 71 页。

三、脱离现实的社会发展阶段，错误地将资本主义当成斗争对象

国际共产主义运动受挫的一个重要原因，就是选错了斗争对象。有些国家自己尚未充分发展，仍处于上升阶段，却把将要或正在发挥进步作用的资产阶级当作斗争的主要对象。但是，我们知道，在那些无产阶级已经取得政权的社会主义国家中，被推翻的政权都不是资产阶级政权，而是比资产阶级政权更加落后的政权组织。与其说无产阶级战胜了资本主义，不如说无产阶级战胜了比资本主义更落后、更腐败的社会制度。实际上，在中国的新民主主义革命阶段，民族资产阶级和小资产阶级等都发挥了非常重要的作用。根据马克思主义社会发展理论可知，资本主义社会只是人类社会发展的一个阶段，它最终将被共产主义社会所取代。但我们也必须承认，资本主义制度还没有消亡，私有制和私有观念也没有被消除。

四、不理解资本主义社会是社会发展的一个阶段

马克思主义社会发展理论认为，人类社会和自然界一样都有规律可循。人们认识了社会发展规律之后，可以有目的地促进社会发展，在一定程度上加快社会发展的速度。但是“一个社会即使探索到了本身运动的自然规律……它还是既不能跳过也不能用法令取消自然的发展阶段”[①]。资本主义社会不仅为共产主义社会提供了物质条件和精神基础，还创造了革命力量。共产主义社会会建立在资本主义社会的基础之上，那么，资本主义社会就是社会发展的一个阶段。

“无产阶级在普遍激动的时代、在推翻封建社会的时期直接实现自己阶级利益的最初尝试，都不可避免地遭到了失败，这是由于当时无产阶级本身还不够发展，由于无产阶级解放的物质条件还没有具备，这些条件只是资产阶级时代的产物。”[②]

无产阶级革命实践亦是如此，“当使资产阶级生产方式必然消灭、从而也使资产阶级的政治统治必然颠复的物质条件尚未在历史进程中、尚未在历史的‘运动’中形成以前，即使无产阶级推翻了资产阶级的政治统治，它的胜利也只能是暂时的，只能是资产阶级革命本身的辅助因素（如1794年时就是这样）”[③]。正是出于这种认识，巴黎公社夺取政权之后，并没有立即提出消灭资本主义生产方式，因为“他们知道，为了谋求自己的解放，

① 《马克思恩格斯全集》第44卷，人民出版社2001年版，第9~10页。
② 《马克思恩格斯选集》第1卷，人民出版社2012年版，第430~431页
③ 《马克思恩格斯全集》第4卷，人民出版社1958年版，第331~332页。

并同时创造出现代社会在本身经济因素作用下不可遏止地向其趋归的那种更高形式，他们必须经过长期的斗争，必须经过一系列将把环境和人都加以改造的历史过程”①。

资本主义社会，“历史地看，这种颠倒是靠牺牲多数来强制地创造财富本身，即创造无情的社会劳动生产力的必经之点，只有这种无情的社会劳动生产力才能构成自由人类社会的物质基础。这种对立的形式是必须经过的”②。也就是说，社会主义的实现“需要在社会上有一系列的物质生存条件，而这些条件本身又只是长期的、痛苦的发展的产物”③。因此，从这种意义上说，资本主义社会是社会主义乃至共产主义社会之前的准备阶段。

资本主义社会孕育社会主义社会，社会主义社会取代资本主义社会。资本主义社会向社会主义社会转化是一个从蛹到蝶、凤凰涅槃的历史过程，是一个新事物战胜旧事物的辩证发展过程。只有历史地看待社会发展，才可以认识到，奴隶社会、封建社会乃至资本主义社会，虽然都是人压迫人的不合理的社会，但都是社会发展的历史阶段。

第四节　能否跨越“卡夫丁峡谷”

马克思恩格斯根据马克思主义社会发展理论，设想社会主义将首先在西欧发达资本主义国家取得胜利。那么，对那些尚未经过资本主义阶段的国家来说，是否可以绕过资本主义社会直接进入社会主义社会呢？对于这个问题，马克思恩格斯在晚期著作中曾多次谈及。这个问题就是“卡夫丁峡谷”问题。

“卡夫丁峡谷”问题，源于马克思于1881年给俄国女革命家查苏利奇的回信草稿。马克思为了回答来信中提出的关于俄国历史发展的前景，特别是关于俄国农村公社的命运的问题，先后写了四份复信草稿，其中两份复信草稿提到了“卡夫丁峡谷”。马克思写道：“它的环境是独一无二的，在历史上没有先例。在整个欧洲，它是唯一在一个巨大的帝国内的农村生活中尚占统治地位的组织形式。土地公有制赋予它以集体占有的自然基础，而它的历史环境，即它和资本主义生产同时存在，则为它提供了大规模组织起来进行合作劳动的现成的物质条件。因此，它可以不通过资本主义制度的卡夫丁峡谷，而占

①《马克思恩格斯选集》第3卷，人民出版社2012年版，第103页。
②《马克思恩格斯全集》第38卷，人民出版社2019年版，第73页。
③《马克思恩格斯全集》第43卷，人民出版社2016年版，第73页。

有资本主义制度所创造的一切积极的成果。”[①] 马克思设想：“俄国‘农村公社’可以通过发展它的基础即土地公有制和消灭它也包含着的私有制原则来保存自己；它能够成为现代社会所趋向的那种经济制度的直接出发点，不必自杀就可以获得新的生命。”[②]“卡夫丁峡谷”是古罗马史中的一个典故。公元前321年，萨姆尼特人在古罗马卡夫丁城附近的卡夫丁峡谷击败了罗马军队，并迫使罗马战俘从峡谷中用长矛架起的形似城门的“牛轭”下通过，借以羞辱战败军队。后来，人们就以“卡夫丁峡谷”来比喻灾难性的历史经历，并引申为人们在谋求发展时所遇到的极大的困难和挑战。

为了分析、总结共产主义运动的经验教训，人们开始关注“卡夫丁峡谷”问题。但是在有关“卡夫丁峡谷”问题的研究和讨论中，也暴露出人们在马克思主义社会发展理论认识上的一些误区。

误区之一：随意扩大“卡夫丁峡谷”问题的范围

需要明确的是，“卡夫丁峡谷”问题仅在马克思的复信草稿中提到，在正式复信中并未出现。这说明马克思认为这种提法还不够成熟，所以只能将“卡夫丁峡谷”问题看作马克思研究俄国社会发展问题时的一种思路，而这种设想为后来俄国社会的实际发展形势所打破。1894年，恩格斯写作《〈论俄国的社会问题〉跋》时，情况已经发生根本变化，“在俄国，无论是资本主义的发展还是农民公社的解体都大有进展”[③]。那时的俄国“就只有一条出路：尽快地过渡到资本主义工业”[④]。这就是说，俄国“可以不通过卡夫丁峡谷”的条件已不复存在，所谓的“卡夫丁峡谷”问题应该画上句号了。

“卡夫丁峡谷”问题是马克思针对俄国当时的特殊情况提出的，这种特殊情况就是在俄国农村生活中占统治地位的土地公有制和资本主义生产关系同时存在。俄国的特殊性使它可以不通过资本主义制度的“卡夫丁峡谷”，而吸取资本主义制度所取得的一切肯定成果。但是，俄国的特殊性不具有普遍意义。那么，“卡夫丁峡谷”问题的范围还可以稍加扩充吗？答案是肯定的，但恩格斯明确了具体条件：“目前还是资本主义的西方作出榜样和积极支持。只有当资本主义经济在自己故乡和在它兴盛的国家里被克服的时候，只有当落后国家从这个榜样上看到‘这是怎么回事’，看到怎样把现代工业的生产力作为社会财产来为整个社会服务的时候——只有到那个时候，这些落后的国家才能

① 《马克思恩格斯选集》第3卷，人民出版社2012年版，第837页。
② 《马克思恩格斯选集》第3卷，人民出版社2012年版，第826页。
③ 《马克思恩格斯全集》第29卷，人民出版社2020年版，第524页
④ 《马克思恩格斯全集》第29卷，人民出版社2020年版，第524页。

开始这种缩短的发展过程。……这不仅适用于俄国，而且适用于处在资本主义以前的阶段的一切国家。"①

总之，马克思恩格斯认为，后进国家绕过"卡夫丁峡谷"必不可少的条件是，取得胜利的国家必须给落后的国家做出榜样并给予支持，这也是"卡夫丁峡谷"理论的边界。那么，在没有榜样和支持的情况下，落后国家能否建成社会主义，这是马克思恩格斯没有涉及的问题，这个问题也超出了"卡夫丁峡谷"问题的范畴。

误区之二：将"可以不通过"理解为"跨越"

马克思回复查苏利奇来信的草稿中的原话是，"可以不通过资本主义制度的卡夫丁峡谷"，但这句话被一些人误解为可以跨越资本主义制度的"卡夫丁峡谷"。"不通过"和"跨越"虽然从字面上看意思相似，但对理解马克思主义社会发展理论来说，二者的意思大相径庭。

所谓的"跨越"，就是在不具备相应的条件下建立社会主义社会。马克思主义认为，这种想法是不切实际的，因为"在这个阶段上，无产者不是同自己的敌人作斗争，而是同自己的敌人的敌人作斗争，即同专制君主制的残余、地主、非工业资产者和小资产者作斗争。因此，整个历史运动都集中在资产阶级手里；在这种条件下取得的每一个胜利都是资产阶级的胜利"②。正是基于这种思想，马克思在1850年9月15日批评德国冒险主义集团领袖沙佩尔时说："我们献身的党，幸运的恰恰是还不能取得政权。无产阶级即使取得政权，它推行的不会是直接无产阶级的措施，而是小资产阶级的措施……况且，在法国无产者将不是单独地，而是跟农民和小资产者一起取得政权，因此必须推行的不是自己的，而是它们的措施。"③

总之，恩格斯认为，即使革命也要遵循社会发展的规律循序渐进，"较低的经济发展阶段解决只有高得多的发展阶段才产生了的和才能产生的问题和冲突，这在历史上是不可能的"④。

因此，"跨越"的想法是与唯物主义背道而驰的唯心主义观念，将这种认识付诸实践是十分危险的。在共产主义运动中反复出现的"急性病"都与这种唯心主义观念相关，其结果是不仅没有实现共产主义，反而还开了历史的倒车。

---

①《马克思恩格斯选集》第4卷，人民出版社2012年版，第313页。

②《马克思恩格斯选集》第1卷，人民出版社2012年版，第408~409页。

③《马克思恩格斯全集》第10卷，人民出版社1998年版，第735~736页。

④《马克思恩格斯选集》第4卷，人民出版社2012年版，第312页。

第五节　“第三条道路”

新中国成立之前，中国共产党就提出了中国革命分“两步走”的策略，第一步为新民主主义革命，第二步为社会主义革命。毛泽东分析了新民主主义社会的性质：“现在我们建立新民主主义社会，性质是资本主义的，但又是人民大众的，不是社会主义，也不是老资本主义，而是新资本主义，或者说是新民主主义。”① 其他领导人对新民主主义的论述基本相同，都认为新民主主义阶段是向社会主义过渡的阶段，中国共产党“现在为巩固新民主主义制度而斗争，在将来要为转变到社会主义制度而斗争，最后要为实现共产主义制度而斗争”②。

新民主主义社会允许五种经济成分并存，允许民族资本主义生存发展，这种方式既可以吸取资本主义制度所取得的一切肯定成果，又可以减少资本主义发展阶段的不利因素。

改革开放开辟了中国特色社会主义道路。中国特色社会主义是马克思主义社会发展理论与中国实际相结合的产物，是具有中国特色的社会主义。一些西方资本主义国家别有用心地指责我国走“第三条道路”，实则否认我国的社会主义性质。所谓的“第三条道路”即糅合了社会主义和资本主义的优点，既不是社会主义，也不是资本主义的折中主义道路。中国特色社会主义在社会主义的制度框架内，开展中国特色的社会主义政治、经济、文化、社会及生态文明建设，并不是抛弃社会主义的“第三条道路”。社会主义国家可以吸取资本主义国家的先进经验，同样，资本主义国家可以借鉴社会主义国家的过人之处。只要这种吸取和借鉴控制在本国的制度范围之内，都不是所谓的“第三条道路”。

第六节　两种不同的“社会主义”

共产主义运动受挫的一个重要原因，是无产阶级政党在夺取政权后，对自己的历史使命和奋斗目标缺乏足够正确的认识。具体表现为，混淆了“科学社会主义”和“现实中的社会主义”。“科学社会主义”应建立在充分发展的资本主义基础上，而“现实中的社会主义”是在落后国家率先建立起来的，将适用于前者的方法和策略教条地应用于后者，必定会造成重大失误。针对这个问题，邓小平尖锐地指出：“什么叫社会主义，什么叫

① 《毛泽东文集》第 3 卷，人民出版社 1996 年版，第 110 页。

② 《刘少奇选集》下卷，人民出版社 1985 年版，第 62 页。

马克思主义？我们过去对这个问题的认识不是完全清醒的。”①

改革开放以来，我们对什么是社会主义的认识有了很大进步，提出了建设中国特色社会主义的目标。但是，迄今为止理论界对“社会主义”的界定还有争论，在讨论“什么是社会主义”问题时，争论双方所说的“社会主义”也是各有所指。因此，要深入认识社会主义，必须明确社会主义的概念，将马克思主义理论中的“科学社会主义”和“现实中的社会主义”区别开来。

一、“科学社会主义”和“现实中的社会主义”

马克思主义理论中的“科学社会主义”，是马克思恩格斯在考察人类史和自然史的基础上，根据社会发展规律提出的对未来理想社会的构想。科学社会主义社会继承了资本主义社会的物质文明和精神文明，并克服了资本主义社会在生产资料所有制，产品的生产、分配等方面的弊端。这个社会消灭了饥饿和贫穷、剥削和压迫，实现了高度的自由、民主和平等，也是人类向更加美好的共产主义社会过渡的阶段。

“现实中的社会主义”社会是指在现实中已经存在的社会主义社会，主要包括苏联和东欧社会主义国家，以及中国、越南、朝鲜、古巴等国家。这些国家都由无产阶级政党执政，都以马克思主义为指导思想，按照科学社会主义理论建设国家，并将实现共产主义作为最终奋斗目标。但是，同马克思主义理论要求不同的是，这些国家都没有经历过资本主义的充分发展阶段，都是在农业社会或资本主义刚刚出现的情况下建立起来的。针对这种情况，邓小平说：“现在虽说我们也在搞社会主义，但事实上不够格。”②

二、“现实中的社会主义”是“科学社会主义”的预备阶段

“现实中的社会主义”国家，由于没有经过资本主义充分发展的阶段，是“不够格”的社会主义，所以要实现科学社会主义的目标，必须完成本应由资本主义社会完成的发展生产力的历史任务。这就如同接力赛跑，因无产阶级提前接过了接力棒，所以无产阶级不仅要跑完社会主义这段路程，还必须跑完资本主义应该跑完的路程。那么，“现实中的社会主义”社会就要为实现“科学社会主义”社会创造条件。

在实践中，“现实中的社会主义”国家要大力发展生产力，将生产力水平提高到发达的资本主义程度，同时要大力推进民主制度建设，为实现“科学社会主义”社会创造物

---

①《邓小平文选》第 3 卷，人民出版社 1993 年版，第 63 页。

②《邓小平文选》第 3 卷，人民出版社 1993 年版，第 225 页。

质条件和精神条件。既然“现实中的社会主义”国家要大力发展生产力，就要充分发挥市场经济的积极作用。另外，要照顾劳动者的利益，在一部分人先富起来的情况下，尽量缩小贫富差距，最终实现共同富裕。因此，在这一发展阶段，市场经济不仅不是革命的对象，而且是社会发展必须依靠的力量。

一些“现实中的社会主义”国家由于未能充分认识和区分两个不同的发展阶段，采取了错误的政策和策略。一是弄错了革命目标和对象，将本来应该依靠和团结的对象当成革命对象，在物质条件没有充分改善的情况下，在没有充分发挥市场经济积极作用的情况下，过早废除了市场经济。二是放纵了真正的革命对象——封建主义，致使封建主义残余，如独裁、专制、迷信、愚昧依然存在。在一些“现实中的社会主义”国家中，长官意志、一言堂、压制民主、特权思想及贪污腐败等现象的存在，无不与封建残余存在深刻的联系。

由于一些复杂的历史原因，到了二十世纪后期，一些“现实中的社会主义国家”已经陷入严重的政治危机和经济危机。

在挫折和教训面前，中国共产党重新审视了自己所处的发展阶段。1981 年 6 月，党的十一届六中全会通过的《关于建国以来党的若干历史问题的决议》第一次明确指出：“我们的社会主义制度还是处于初级的阶段。”[①] 之后的历次党代会不仅坚持了这一认识，而且对这一认识予以更加明确的阐述。我国处于社会主义初级阶段包含两层含义：第一，我国已经是社会主义国家，必须坚持而不能离开社会主义；第二，我国还处在社会主义初级阶段，我们必须从这个实际出发，而不能超越这个阶段。这种认识准确地说明了我国目前所处的阶段，也成为制定改革开放政策的理论基础。

为了避免对这种解释予以简单、机械、生搬硬套的理解，党的十三大报告特别对此予以说明：“我国社会主义的初级阶段，它不是泛指任何国家进入社会主义都会经历的起始阶段，而是特指我国在生产力落后、商品经济不发达条件下建设社会主义必然要经历的特定阶段。”[②] 这就是说，这个社会主义初级阶段，是中国特有的发展阶段，这个社会主义是中国特色的社会主义。改革开放之后的中国，之所以能够进入快速发展轨道，恰恰是由于将经济建设、发展生产力作为第一要务，并遵循社会发展规律，恢复了一度被废弃的市场经济。我国当前的任务是充分发挥市场经济的积极作用，大力发展生产力。正是基于这一准确的判断，改革开放 40 多年来，我国的经济发展突飞猛进、势头喜人。

① 《改革开放三十年重要文献选编》上，中央文献出版社 2008 年版，第 212 页。

② 《十三大以来重要文献选编》上，人民出版社 1991 年版，第 12 页。

第七节　正确认识当前的发展阶段

在国际共产主义运动实践中，一些无产阶级政党掌握了政权后，由于不能准确判断自己国家所处的历史方位，没有作出正确决策，更没有在实践中采取正确的措施，最终造成了巨大的损失。

马克思恩格斯通过对自然史和人类史的综合研究发现，任何社会形态都有其产生和存在的物质基础，这个物质基础就是人类调整和控制与自然之间物质变换的能力和水平，即生产力。人类改造和利用自然的能力不断提高，规模不断扩大，推动社会不断发展。生产力发展的程度，决定着社会的性质，“手推磨产生的是封建主的社会，蒸汽磨产生的是工业资本家的社会”[①]。有什么样的生产力，就有什么样的生产关系；换句话说，有什么样的人与自然的关系，就有什么样的人与人的关系。

当前，我们需要科学、细致地分析我们所处的发展阶段。具体地说，我们需要厘清以下问题：社会主义初级阶段与资本主义社会相比，各自属于什么样的发展阶段，现实中的社会主义社会是否已经超越资本主义社会，现实中的社会主义社会是否发展到了比资本主义社会更加先进的阶段？回答这些问题，必须实事求是地进行分析和比较，方能找到正确答案。

一、相同的历史阶段和历史任务

长期以来，一些“现实中的社会主义”国家对“社会主义”形成了一种标签式的认识，以为只要冠以“社会主义”的名头就成了货真价实的社会主义，却不知生产力落后国家即使戴上了一顶“社会主义”的帽子，也并不会因此而提升其社会发展阶段。因为，要提升社会发展阶段，必须发展社会生产力，而不是换一个名称或贴一个标签。

一些“现实中的社会主义”国家并不具备建立“科学社会主义”社会的基础和条件，如果硬要按照科学社会主义的要求生硬照搬，必然会遇到巨大挫折。面临挫折时有两种选择，一是仿效苏联和东欧国家，回过头去走历史自然发展的道路；二是仿效中国，走特色社会主义的道路，也就是在坚持社会主义方向的前提下，采取灵活措施，不急于消灭市场经济，而是对其采取宽容态度，以此推动生产力的发展。因此，“现实中的社会主义”社会既有社会主义的明显导向，又保留了市场经济成分。按社会发展阶段划分，这样的“社

① 《马克思恩格斯选集》第 1 卷，人民出版社 2012 年版，第 222 页。

会主义初级阶段”还没有达到“科学社会主义”社会的水平。这一阶段的历史任务就是为“科学社会主义”社会创造物质条件和精神条件。

通过上面的分析可以看出，生产力发展水平是决定社会发展阶段的主要根据，社会发展阶段与贴什么标签、打什么旗号无关。“现实中的社会主义”国家和资本主义国家可以具有近似的生产力发展水平，同样推行市场经济政策，更重要的是，二者具有相同的发展方向和目标——共产主义（这一目标对社会主义国家来说是明确的，对资本主义国家来说虽然不明确，但也是不可避免的，由历史发展规律所决定）。因此，资本主义国家和“现实中的社会主义”国家虽然发展道路不同，但发展前途相同。

二、面对同样的环境问题

二十世纪六十年代，当美国民众为保护环境、保护地球而走上街头的时候，“现实中的社会主义”国家受生产力和科技水平影响，环境问题还未达到明显爆发的程度，所以还不是十分注重环境污染和生态破坏问题，也没有充分认识到保护环境的重要性，甚至还有人无知地宣称，社会主义国家不存在环境问题。随着经济的发展、生产力的进步，资本主义发达国家曾经出现的各类环境问题在“现实中社会主义”国家中也出现了。

改革开放使中国取得了举世瞩目的成就，但也积累了环境问题。我国目前正处在环境污染和生态破坏多发、高发的阶段，尽管我国采取了许多措施，但只是减轻了危害程度，还没有从根本上杜绝环境问题的发生。习近平指出：“我们在生态环境方面欠账太多了，如果不从现在起就把这项工作紧紧抓起来，将来付出的代价会更大。”① 我们必须正确认识环境问题，它是发展过程中难以避免的痛苦和波折。但是，我们也必须在科学认识环境问题的基础上，提出合理的解决措施，捍卫人类的绿色家园。

第八节　殊途同归的结局

资本主义社会的前景是社会主义社会和共产主义社会，这是不以人的意志为转移的客观发展规律。也就是说，无论“现实中的社会主义”社会还是资本主义社会，都是进入“科学社会主义”社会的准备阶段。

---

①《习近平关于社会主义生态文明建设论述摘编》，中央文献出版社 2017 年版，第 3 页。

马克思恩格斯认为，在社会发展规律的支配下，资本主义社会必将被社会主义社会所取代。一方面，资本家为了获得更多利润，不断扩大生产规模，生产集中化的程度越来越高，这种社会化大生产趋势是实现生产资料公有制的前奏。恩格斯认为，无产阶级政党取得政权后，应该削弱私有制。另一方面，即使在资本主义社会，资产阶级也受到无产阶级的制约。无产阶级可以通过代表各自利益的政党、团体，利用选举、竞选议员及游行、请愿、示威、罢工、抗议乃至更加激烈的手段表达各自的政治诉求。为了得到更多选民的支持，任何政党都不得不尊重大多数选民的意愿。由此可见，资本主义社会的民主化程度将会越来越高，而民主是共产主义最本质的特征。从这个角度来说，资本主义社会的民主化也是实现共产主义的基础。

在社会发展问题上，有观点认为，社会主义制度是在资本主义社会的废墟上建立起来的，“砸烂一个旧世界”才能“建设一个新世界”，“大破”才能“大立”。这种认识将资本主义社会与社会主义社会完全对立起来，错误地认为只有将旧社会彻底消灭，才能在白纸上毫无限制地画出美丽的图画。这种观点，“只片面地强调社会主义与资本主义的对立斗争，而忽视了社会主义与资本主义的继承、借鉴、利用与合作”[①]。

布哈林在这个问题上的认识比较清醒。布哈林认为：“必须从产生和必然的消失中即从与其他形态的联系中考察每一种具体的社会形态。任何社会形态都不是从天而降的。每个社会形态都以前的社会状态的必然后果；人们甚至往往很难确切指明哪里是一种社会形态结束、另一种社会形态开始的界限；一个时期与另一个时期是交迭的。总的来说，历史阶段不是什么像物件一样固定不动的东西；历史阶段是过程，是流动的、生动的、不断变化的形态。……每一个阶段，都是链条上的一环，它的这一端和那一端都与相邻的环节衔接。”[②]

马克思认为：“正像各种不同的地质层系相继更迭一样，在各种不同的经济的社会形态的形成上，不应该相信各个时期是突然出现的，相互截然分开的。”[③]所以，我们必须将资本主义社会和社会主义社会看作历史发展链条上相邻的两个环节，承认二者之间的相互联系和继承关系。

既然社会主义社会建立在资本主义社会的基础之上，那么，社会主义社会中也就必然存在资本主义的一些因素。“我们这里所说的是这样的共产主义社会，它不是在它自身基础上已经发展了的，恰好相反，是刚刚从资本主义社会中产生出来的，因此它在各方

---

① 刘长江：《毛泽东放弃新民主主义社会论的主要原因辨析》，《西南民族大学学报·人文社科版》，2004 年第 5 期。

② 尼·布哈林：《历史唯物主义理论》，李光谟等译，东方出版社 1988 年版，第 71 页。

③《马克思恩格斯全集》第 37 卷，人民出版社 2019 年版，第 99 页。

面，在经济、道德和精神方面都还带着它脱胎出来的那个旧社会的痕迹”[①]，这些“痕迹”既有积极的，也有消极的，既有物质方面的，也有精神方面的。一方面，社会主义社会要充分继承和发展资本主义社会的积极因素，如先进的生产管理方法，民主、自由等观念。另一方面，社会主义社会要正确认识资本主义社会遗留下来的消极因素。“这些弊病，在经过长久阵痛刚刚从资本主义社会产生出来的共产主义社会第一阶段，是不可避免的。”[②]此外，社会主义社会要采取积极、稳妥的方式克服这些消极因素带来的不良影响。

通过上述分析可以发现，“现实中的社会主义”社会和资本主义社会都是进入“科学社会主义”社会之前的预备阶段。二者发展方向和目标相同。可以说，“现实中的社会主义”社会和资本主义社会是在不同道路上并行前进，最后殊途同归的两辆列车。二者的最大区别是，资本主义社会按照历史发展的自然规律，在经历过发展过程中的各种痛苦和磨难之后，不自觉地向社会主义社会发展；“现实中的社会主义”国家则是在马克思主义社会发展理论的指引下，有目的地向着社会主义社会前进。既然“现实中的社会主义”国家和资本主义国家发展目标相同，那么二者在竞争中也可以合作，也可以相互学习和借鉴。过去两个互不相容的“主义”，“通过相互‘借鉴’和‘嫁接’，的确已出现了‘接近’甚至‘趋同’的情况，现在社会主义和资本主义之间相似和相通之处是大大增加了，从这一角度来看，说存在‘趋同’的趋势，是没必要完全否认的”[③]。因此，分析和研究“现实中的社会主义”社会和资本主义社会特点，对不同社会制度共存情况下如何求同存异、和谐发展、共同进步，具有十分重要的意义。

第九节　社会主义必将取代资本主义

《共产党宣言》指出：“资产阶级在它的不到一百年的阶级统治中所创造的生产力，比过去一切世代创造的全部生产力还要多，还要大。”[④]同时马克思恩格斯认为，资本主义社会不可能保证生产力的长久发展。资本主义制度本身有着难以克服的矛盾：资本主义生产高度社会化和生产资料私人占有之间的矛盾；生产部门内部生产的高度有序化和整

① 《马克思恩格斯选集》第 3 卷，人民出版社 2012 年版，第 363 页。

② 《马克思恩格斯选集》第 3 卷，人民出版社 2012 年版，第 364 页。

③ 肖枫：《社会主义与资本主义关系的新趋势》，http：//www.ciudsrc.com/webdiceng.php？ id=9838，2023 年 3 月 6 日。

④ 《马克思恩格斯选集》第 1 卷，人民出版社 2012 年版，第 405 页。

个社会生产的无政府状态之间的矛盾。资本主义生产高度社会化为社会主义生产资料公有制提供了条件，社会主义制度下的计划经济模式又可以克服资本主义生产的无政府状态。因此，资本主义社会必然灭亡，社会主义社会必将取代资本主义社会。

然而，100多年过去了，资本主义国家不但没有被埋葬，反而变得强大；苏联及东欧社会主义国家反而出现了问题。应该如何认识和看待这种现状呢？我们必须承认，当代资本主义国家仍然可以通过调整内部社会关系、调节生产组织形式及发展科学技术等继续发展生产力。但是，站在历史的长河中思考，短暂的失败并不是最终的失败。

马克思主义对资本主义的批判并没有过时。除资本主义本身难以调和的矛盾之外，资本主义的症结还有“异化消费”，即高生产、高消费的发展方式。为了防止产品过剩引发的经济危机，资本家会极力诱使人们过度消费。高生产、高消费的发展方式，不但加剧了人的异化，而且引起了资源的极大浪费，环境受到极大的污染，生态平衡遭到破坏，人类发展面临不可持续的威胁。因此，“资本主义之错在于它误导了人类的价值追求，在于它释放了过于强大的盘剥和榨取自然的力量。它本身创造不出可正确使用人类强大力量的智慧，它没有能力为人类对无限性的追求开拓一个安全的精神空间”①。倘若“人类文明沿着西方资本主义文明的轨道滑下去，那么人类对地球的盘剥和榨取会使地球变得不可居住”②。

在如何认识“异化消费”的问题上，西方生态学马克思主义的观点值得我们注意。加拿大学者本·阿格尔认为：“当代资本主义危机的趋势已经转移到了消费领域，生态危机取代了经济危机。资本主义造成的严重后果是浪费性的过度生产，提供过度的消费来补偿人们在异化劳动中所花费的时间。过度生产和过度消费，不仅加剧了人的异化现象，而且污染了环境，破坏了自然的生态系统，造成了生态危机。”③

生态学马克思主义认为：“生态危机并不是纯自然的东西，生态危机更深层次上是社会危机。在许多情况下，人们已习惯于把自己期望得到的那份物质丰裕看作是对令人讨厌劳动的补偿，但生态危机显然无情地粉碎了人们的期望，资本主义制度的合法性因此而动摇。”④

二十世纪以来凸显的环境、人口、资源问题，使人们逐渐认识到资本主义的重要症结在于：“它内在一致的文化体系（包括经济制度）所内蕴的价值导向正把人类引向深渊，

① 卢风：《享乐与生存——现代人的生活方式与环境保护》，广东教育出版社2000年版，第219页。

② 卢风：《享乐与生存——现代人的生活方式与环境保护》，广东教育出版社2000年版，第33页。

③ 中共中央党校教务部编：《五个当代讲稿选编》，中共中央党校出版社2000年版，第285页。

④ 李泊言编著：《绿色政治——环境问题对传统观念的挑战》，中国国际广播出版社2000年版，第170页。

即它的政治、经济制度以及法律、道德准则，都鼓励甚至迫使人们把自己对无限性的追求指向物质财富，并以高度理性化的方式组织经济活动，从而创造了过分强大的物质生产力，它已使人类的物质生产力强大到这样的程度：人类物力对自然的干预或征服所招致的自然的反弹可能会毁灭人类。”①

我们的结论是：马克思主义对资本主义的基本论断并没有过时，资本主义自身不可调和的矛盾终将使它被社会主义所取代。

第十节　通向共产主义道路的多样性

在马克思恩格斯所处的时代，工人阶级和资产阶级的斗争十分尖锐，“几乎所有文明国家的无产阶级的发展都受到暴力压制”②，因此武装革命夺取政权非常必要。针对这种情形，马克思恩格斯主张以革命的暴力对抗反革命的暴力，但这不意味着完全否定其他斗争方式。他们从来没有把武装暴力斗争看成无产阶级实现政治目的的唯一方式，更没有将暴力斗争当成社会发展具有规律性的真理。恩格斯在《共产主义原理》一文中，回答“能不能用和平的办法废除私有制”时明确地说：“但愿如此，共产主义者当然是最不反对这种办法的人。”③马克思在1871年同《世界报》记者谈话时也明确指出，“国际是遍布整个劳动世界的联合的团体的网络”，但为了实现自己的政治和经济目的，“工人的联合不可能在一切细枝末节上都完全一样。例如，在英国，显示自己政治力量的途径对英国工人阶级是敞开的。在和平的宣传鼓动能更快更可靠地达到这一目的的地方，举行起义就是发疯。……选择这种解决办法是这个国家工人阶级自己的事”④。从十九世纪九十年代开始，革命形势发生了变化，德国、法国、英国、美国、奥地利、比利时等国家的无产阶级在选举中取得比较好的成绩，这种情况让恩格斯看到了暴力革命之外取得胜利的可能性。他在1890年9月《给〈社会民主党人报〉读者的告别信》中说：“党正进入另一种斗争环境，因而它需要另一种武器，另一种战略和策略。”⑤可见，马克思恩格斯将暴力革命和议会斗争都看成实现政治理想的具体手段，要根据不同情况选择不同的方式，

① 卢风：《享乐与生存——现代人的生活方式与环境保护》，广东教育出版社2000年版，第217~218页。
② 《马克思恩格斯选集》第1卷，人民出版社2012年版，第304页。
③ 《马克思恩格斯选集》第1卷，人民出版社2012年版，第304页。
④ 《马克思恩格斯文集》第3卷，人民出版社2009年版，第611页。
⑤ 《马克思恩格斯选集》第4卷，人民出版社2012年版，第282页。

不存在所谓唯一正确的革命道路。

另外，马克思恩格斯对未来社会所作的少量推测，如消灭私有制、自由人联合体、有计划地调节人与自然的物质变换、城乡融合、人的全面自由发展，都是根据当时社会的弊端而设想的解决方法，至于采用哪些措施、使用什么方法，“这些国家要经过哪些社会和政治发展阶段才能同样达到社会主义的组织，我认为我们今天只能作一些相当空泛的假设”①。由于各国实际情况不同，采取的措施也必然会呈现出多姿多彩的局面。

长期以来的片面宣传使人们对共产主义产生了一些误解。人们普遍认为，无产阶级必须武装夺取政权，实施无产阶级专政。消灭私有制、实行计划经济是建设共产主义的唯一途径，所以，一律否定和批判议会斗争等其他过渡方式。邓小平在回顾这种极端的做法时指出：“各国的情况千差万别，人民的觉悟有高有低，国内阶级关系的状况、阶级力量的对比又很不一样，用固定的公式去硬套怎么行呢？就算你用的公式是马克思主义的，不同各国的实际相结合，也难免犯错误。”②他还指出：“欧洲共产主义是对还是错，也不应该由别人来判断，不应该由别人写文章来肯定或者否定，而只能由那里的党、那里的人民，归根到底由他们的实践做出回答。人家根据自己的情况去进行探索，这不能指责。即使错了，也要由他们自己总结经验，重新探索嘛！……总之，各国的事情，一定要尊重各国的党、各国的人民，由他们自己去寻找道路，去探索，去解决问题，不能由别的党充当老子党，去发号施令。”③

马克思主义社会发展理论可以预测社会发展的总体趋势，但不能过度预设、想象社会发展道路和理想中的共产主义社会。因此，我们要将坚定的共产主义信仰和脚踏实地的工作精神结合起来，在建设理想社会的进程中，每一代人都专注于自己的工作，脚踏实地、实事求是、逐步解决当前社会存在的弊端。因为，弊端逐个消除的过程就是共产主义逐步实现的过程。当然，在可以预见的有限时段内，我们必须要制定阶段性的目标，否则将会漫无目的、失去斗志。

实现共产主义是一个漫长的历史过程，我们绝不能脱离实际、超越时代。在如何建设共产主义的问题上，没有放之四海而皆准的方法，必须结合实际情况不断探索、研究，制定出适合本国的建设方案。如果机械教条地按照固定模式来改造当前的社会，只会适得其反、得不偿失。

---

①《马克思恩格斯选集》第 4 卷，人民出版社 2012 年版，第 548 页。

②《邓小平文选》第 2 卷，人民出版社 1994 年版，第 318 页。

③《邓小平文选》第 2 卷，人民出版社 1994 年版，第 319 页。

第十三章　环境问题的症结：私有制

承认、保留还是废除私有制，是资本主义和共产主义的根本区别。马克思恩格斯在《共产党宣言》中说："共产党人可以把自己的理论概括为一句话：消灭私有制。"[①] 因此，私有制问题是马克思主义理论的核心问题。

但是，长期以来人们仅仅从人与人关系的角度来理解消灭私有制的意义，并没有意识到，私有制也是人与自然和谐相处的最大障碍。这种少数人占有和支配自然资源的制度，导致资源的滥用和浪费，造成人与自然之间的紧张关系，危及人类社会的可持续发展。可以说，私有制是影响人与人和人与自然和解的重要障碍，要实现人的解放和自然的解放，就必须消灭私有制。因此，马克思恩格斯提出消灭私有制，不仅是为了解决人与人之间的矛盾，同时是为了解决人与自然之间的矛盾，实现人与人和人与自然的双重和解。

马克思恩格斯对私有制问题十分重视，马克思的经济学著作主要研究的是资本主义生产方式及与之相适应的生产关系和交换关系，揭示资本主义经济运行的规律和本质，而对资本主义社会之前的原始社会、奴隶社会和封建社会的所有制关系则涉及不多。为了弥补这一理论缺欠，马克思在晚年中止了《资本论》第 2 卷的写作，专门致力于古代社会制度，特别是土地所有制问题的研究。马克思阅读了大量相关著作，并做了详细的摘录和札记。可惜的是，这些笔记大多是马克思对一些人类学著作的摘录及简单评语，还没有来得及系统、完整地阐述自己的观点。马克思去世后，恩格斯在马克思所作笔记

① 《马克思恩格斯选集》第 1 卷，人民出版社 2012 年版，第 414 页。

的基础上，又系统阅读了许多相关论著，写下了《家庭、私有制和国家的起源》一书，这本著作对私有制的产生、发展和消亡问题进行了比较深入的探讨。

尽管如此，马克思恩格斯对私有制问题的研究仍显不足。如在讲到私有制起源问题时，恩格斯就坦率地承认："至于畜群怎样并且在什么时候从部落或氏族的共同占有变为各个家庭家长的财产，我们至今还不得而知。"[①] 马克思也说："各种原始公社……的衰落的历史，还有待于撰述。到现在为止，我们只有一些粗糙的描绘。"[②] 总之，在马克思恩格斯的著述中，对私有制产生的原因，私有制在社会发展过程中所起的作用，废除私有制的条件、时机、途径和步骤等重要问题，没有进行非常深入的研究和探讨。

长期以来，私有制被认为是社会各种不良现象的总根源。人们认为，资本主义社会的种种弊端，诸如剥削、压迫、不平等、不公正、欺骗、偷窃、战争乃至精神上的空虚、颓废、堕落等诸多丑恶现象都源于私有制。总之，私有制就是罪恶之源，必须快速消灭这罪恶之源。但是，一些人没有真正理解，"对于工场手工业和大工业发展的最初阶段来说，除了私有制，不可能有其他任何所有制形式，除了以私有制为基础的社会制度，不可能有其他任何社会制度"[③]。因此，应有意识、有目的地发挥私有制的积极作用，而不是在不具备条件的情况下，过于急躁地强行废除私有制，否则，社会主义国家会在发展过程中遇到一些挫折。

私有制和私有观念问题如此重要，理应成为学者争相研究的对象，成为学术研究的重要课题，继苏联解体、东欧剧变，以及我国成功实行改革开放之后，人们开始认真反思共产主义运动走过的道路，理论界围绕"卡夫丁峡谷"问题和新民主主义理论问题展开了热烈讨论。讨论涉及的范围十分广泛，从什么是资本主义社会、什么是社会主义社会、如何从前者过渡到后者，到分析总结共产主义运动受挫的原因，进行了全面、深入的探讨。但是，在这场大讨论中，人们不约而同远离了问题的核心——私有制问题，即使有所涉及，也缺乏理论深度。不仅如此，对这样一个重要的核心问题，在研究项目中也较少出现。

现在，我们有必要重新认识私有制问题，从人与自然的关系视角全面认识这一问题。私有制不仅是造成人与人之间剥削、压迫、不平等关系的社会根源，而且是少数人为了私利滥用自然资源，造成人与自然之间关系不和谐的重要原因。在私有制和私有观念存在的情况下，不仅人与人的和解不可能实现，人与自然的和解也不可能实现。为了实现人与自然的和解，缓解日益严重的环境问题，实现人类社会的可持续发展，私有制问题

① 《马克思恩格斯选集》第 4 卷，人民出版社 2012 年版，第 178 页。
② 《马克思恩格斯选集》第 3 卷，人民出版社 2012 年版，第 831 页。
③ 《马克思恩格斯选集》第 1 卷，人民出版社 2012 年版，第 303 页。

必须引起重视。目前这场席卷全球的环境保护浪潮，能否成为一股冲击私有制的动力，并为私有制的废除提供思路和契机，应该成为理论界研究的重要课题。

第一节 私有制产生的原因和过程

只有科学理解私有制起源问题，才能对社会历史发展规律有正确认识。“在 1847 年，社会的史前史、成文史以前的社会组织，几乎还没有人知道。……随着这种原始公社的解体，社会开始分裂为各个独特的、终于彼此对立的阶级。”[①]“至今一切社会的历史都是阶级斗争的历史。”[②]基于唯物史观，马克思恩格斯强调私有制与社会分工和阶级分化密切关联，其产生是生产力发展的必然结果。

一、私有制产生的原因

“一个民族的生产力发展的水平，最明显地表现于该民族分工的发展程度。”[③]“分工慢慢地侵入了这种生产过程。它破坏生产和占有的共同性，它使个人占有成为占优势的规则。”[④]马克思恩格斯在《德意志意识形态》《家庭、私有制和国家的起源》等著述中，分析了原始公有制解体、社会分工和私有制产生的原因。在他们看来，私有制产生的历史动因在于生产力发展对原有生产方式的改变，现实动因则在于生产力发展所催生的所有制变化。比如，马克思恩格斯在《德意志意识形态》中强调:“分工和私有制是相等的表达方式，对同一件事情，一个是就活动而言，另一个是就活动的产品而言。”[⑤]

在《家庭、私有制和国家的起源》中，恩格斯在分析私有制、阶级和国家的产生时更深入地阐述道:“我们来研究一下那些在野蛮时代高级阶段已经破坏了氏族社会组织，而随着文明时代的到来又把它完全消灭的一般经济条件。”[⑥]他也对新经济条件的内容进行了阐述，比如:织布机的发明，以及矿石冶炼、金属加工的发展，推动了许多生产行业的发展;农业、畜牧业摆脱“原始”状态，发展成为部落主营农业、畜牧业;伴随生产

①《马克思恩格斯选集》第 1 卷，人民出版社 2012 年版，第 400 页。
②《马克思恩格斯选集》第 1 卷，人民出版社 2012 年版，第 400 页。
③《马克思恩格斯选集》第 1 卷，人民出版社 2012 年版，第 147 页。
④《马克思恩格斯选集》第 4 卷，人民出版社 2012 年版，第 191 页。
⑤《马克思恩格斯选集》第 1 卷，人民出版社 2012 年版，第 163 页。
⑥《马克思恩格斯选集》第 4 卷，人民出版社 2012 年版，第 174 页。

集中于农业和手工业这两大主要部门，产生了商品生产和贸易；伴随交换的发展，出现了商人阶级和商业，等等。在他看来，这一系列条件为简单商品生产奠定了基石。原始社会后期，商品生产随着生产力水平的提高和社会经济的进步而萌芽，进而产生了植根于生产中的社会分工。恩格斯以劳动的变迁为线索，遵循生产力与生产关系的矛盾运动规律，结合对“原始公共所有的生产制度怎样逐步演变为私人所有的生产制度”，以及“原始共同劳动怎样逐步被分工劳动所瓦解和代替”这一系列问题的审视，揭示了私有制终将伴随阶级衰亡而消亡的社会历史发展规律。

恩格斯强调了分工是催生私有制的重要原因。在他看来，原始社会生产方式在本质上是“共同的生产”，“分工慢慢地侵入了这个生产过程”，从而破坏了“共同的生产”并推动了交换和商品生产的发展，改变了原始社会生产方式。他指出：“氏族制度已经过时了。它被分工及其后果即社会之分裂为阶级所炸毁。它被国家代替了。”① 在他看来，分工导致氏族制度破裂和阶级产生，并推动了国家的产生。同时，他结合阶级划分论证了分工对私有制产生的影响。他认为，分工的进步是促使社会产生“新的阶级划分”并推动原始社会走向文明时代的直接原因。他也强调，脑力劳动与体力劳动分工的产生，才使从混沌的原始意识中划分出明确的社会意识形态成为可能。

二、私有制产生的过程

马克思恩格斯坚持唯物史观，赞同摩尔根《古代社会》中有关私有制并非从来就有的观点，结合历史研究与理论叙事方法阐发了私有制作为“历史范畴”的演进过程。

一是私有制初显。史前社会母系氏族繁荣阶段存在男女之间的自然分工，伴随生产力的发展，基于自身劳动和剥削他人劳动的私有制开始萌芽。比如，男子不再将财产传给兄弟或舅父而传给子女；酋长家族与其他家族因处理公共事务的需要而产生差别；奴隶主脱离直接生产劳动而依靠奴役奴隶和部落成员献礼生活。生产生活资料分配的不平等和劳动关系的扭曲，催生了私有制的萌芽。

二是私有制成分出现。第一次社会大分工使游牧部落与其他野蛮人群分离，畜群从共同占有变为家庭财产，母系家族演变为父系家族。个人交换在畜群变为“私有财产”后逐渐成为交换的唯一形式，对货币商品的需求也随之凸显。生产的需求使吸纳更多劳动力成为社会关注焦点，人们通过战争获取更多劳动力的同时，激化了“剥削

---

① 《马克思恩格斯选集》第 4 卷，人民出版社 2012 年版，第 186 页。

者—被剥削者”之间的阶级对立。

三是私有制发展为独立生产形态。第二次社会大分工使手工业与农业分离，共产制家庭公社下的土地共同耕作制度被土地的个体家庭占有制所取代，从农村公社公有土地中占有分地的条件由“按亲属等级划分”过渡为“按实际耕种情况划分”。在此阶段，分工使土地具有了私有成分并使富人与穷人的差别逐渐凸显。

四是私有制发展为社会主要制度。第三次社会大分工使商业与产业分离，只从事产品交换的商人阶级受逐利性驱动，使货币成为最重要的财富形式，使土地成为财富和商品，并使财富迅速积聚到该阶级手中。在阶级对立愈发尖锐的社会背景下，氏族制度难以调和“剥削者—被剥削者”之间愈加尖锐的阶级矛盾，由此产生了调和和压制冲突的新力量——国家。该阶段私有财产权已被普遍承认，私有制已发展为社会主要制度。

总之，马克思恩格斯有关人类历史和社会大分工的一系列阐析，对正确理解私有制产生的过程具有重要启迪意义。

第二节　私有制的出现是社会的进步

有人认为，私有制是万恶之源。这种看法虽有一定道理，但不全面，这种认识忽视了私有制在历史上产生的进步作用。

原始社会末期，生产力水平有所提高，产品有了一定剩余，私有制也随之产生。从社会发展的角度来看，这是一种进步。为了说明这一问题，我们应该了解什么是“原始共产主义社会”。

一、原始共产主义社会的概念

在世纪之交的一场关于社会形态理论的讨论中，有学者对长期流行的马克思主义五种社会形态理论提出质疑，认为在马克思恩格斯的著作中，并没有确定的文字表明人类社会的发展要经历五种社会形态。[①] 上述观点提醒我们追问，究竟原始共产主义这一概念是由谁首先提出来的？

马克思恩格斯在《德意志意识形态》中提到了四种所有制：部落所有制、古代公社

① 张润枝、季正矩：《马克思的社会形态理论辨析》，《理论学刊》，2005 年第 5 期。

和国家所有制、封建的或等级的所有制、现代所有制。马克思在《〈政治经济学批判〉序言》中说:"大体说来,亚细亚的、古希腊罗马的、封建的和现代资产阶级的生产方式可以看做是经济的社会形态演进的几个时代。"[①] 此外,在马克思恩格斯其他涉及原始社会的文本中,都没有"原始共产主义"的概念,所以,这一概念是马克思主义继承者按照他们对马克思主义社会发展理论的理解提出的。

1898 年,列宁在《书评亚·波格丹诺夫〈经济学简明教程〉》一文中,提到"原始氏族共产主义"[②]。此后,列宁在《论国家》中,再次提到"有过一个多少与原始共产主义相似的时代"[③]。此后,斯大林也提出,"在原始公社制度下,生产关系的基础是生产资料的公有制"[④],对原始共产主义社会作出了解释。原始公社实行生产资料公有制,因此,也可以说是一种共产主义社会,只不过是原始的共产主义社会。

尽管马克思恩格斯没有直接提出"原始共产主义社会"的概念,但马克思主义继承者对这一概念的解释符合他们的原意。不过,对这一概念在传播过程中容易出现的一些误解,我们必须予以澄清。

二、有关原始共产主义社会的几个问题

要了解原始共产主义社会,必须要弄清楚几个问题。

第一,原始共产主义社会所指的"社会"和我们现实中的"社会"不是完全相同的概念。在原始社会时期,国家还没有产生,那时的"社会"以氏族或部落为单位。一个部落就是一个"社会",其规模大约相当于后世的村寨。各部落之间相对独立,因此所谓的"共产"和"公有",只是氏族或部落内部的"共产"和"公有"。以现在的眼光来看,这样小规模的"共产"只能算是"集体所有制"。

第二,原始共产主义社会是落后的。许多古代思想家都认为,在遥远的上古时代曾经有一个美好的时期。古罗马哲学家卢克莱修认为那是一个没有剥削、压迫的时代。马克思恩格斯认为,未来社会是在更高阶段上重复原始共产主义的特征,"这将是古代氏族的自由、平等和博爱的复活,但却是在更高级形式上的复活"[⑤]。这些看法影响了后来人们对原始共产主义社会认识的基调。许多著作都将这种原始共产主义社会描写得比较美

① 《马克思恩格斯选集》第 2 卷,人民出版社 2012 年版,第 3 页。
② 《列宁全集》第 4 卷,人民出版社 2013 年版,第 2 页。
③ 《列宁全集》第 37 卷,人民出版社 2017 年版,第 66 页。
④ 《斯大林文集》下卷,人民出版社 1985 年版,第 222 页。
⑤ 《马克思恩格斯选集》第 4 卷,人民出版社 2012 年版,第 195 页。

好:没有私有制、没有剥削、没有压迫，大家共同劳动、各尽所能、平均分配劳动成果；人与人之间团结友爱、和睦相处，人们过着平等、自由、民主的生活。

那么,原始共产主义社会真像上面描述的那样美好吗？笔者认为这其实只是“想象”。原始社会，生产力极其低下，人类为了保证自身的生存和种群的延续，只能采取群居的方式生活。因为，只有依靠群体力量，才能抵御自然界各种灾害和猛兽的侵害;只有实行公有制，才能在产品非常有限的情况下，保存更多人的生命。所以，在生产力极其低下的情况下，原始氏族内部实行公有制是不得已而采取的措施。为了进一步了解原始共产主义时期的具体情况，我们从以下几个方面来进行分析。

首先，人与人之间关系并不完全平等。原始部落基于血缘关系组成，部落内部团结互助、相亲相爱。但部落之间的关系非常复杂，既可能结成联盟互相支持合作，也可能成为敌对方相互杀戮。在部落内部，虽然不存在阶级差别和剥削压迫，但由于年龄、性别、体力、智力等方面的差别，人与人之间也不可能完全平等。从事动物行为研究的学者发现，群居的动物都存在等级差别，除有最高等级的“王”之外，还会依体力和智力的不同形成不同的等级。相对于较低等级的个体而言，较高等级的个体在获取食物和占有配偶方面享有优先权，这种情况在原始社会中也不例外。恩格斯曾指出:“在最古老的自然形成的公社中，最多只谈得上公社成员之间的平等权利，妇女、奴隶和外地人自然不在此列。”[①]

其次，产品分配并非绝对公平。既然原始社会人与人之间的关系并非绝对平等，那么产品的分配也就不可能做到真正的平均和公平。原始社会最主要的分配物就是食物，在获取的食物不能满足需求的情况下，食物分配的平均和公平是难以做到的。试想一下，当饥肠辘辘的人们发现树上的果子时，是会毫不犹豫先吃个够，然后将剩余部分带回去，还是忍着饥饿把这些果子带回部落公平分配呢？可以推想，原始氏族部落不可能真正做到公平分配食物。所谓的公有和共产，只不过是因为那时的人们还没有物权观念。

最后，原始公社的特殊性。前面分析的是原始共产主义社会的共同点，事实上不同时期和不同地域的原始氏族部落都有自身的个性即特殊性。如一些生存在地理环境和气候环境较好地区的部落，由于食物来源比较丰富，生存条件比较优越，生存竞争不是那样激烈，部落中人与人的关系主要表现为友好互助的一面;而那些生存在条件恶劣地区的部落，生存竞争更为突出，部落中人与人的关系主要表现为激烈竞争的一面。考古学已经证明，在一些食物十分匮乏的部落，甚至出现过人吃人的现象。

① 《马克思恩格斯选集》第3卷，人民出版社2012年版，第481页。

总而言之，原始共产主义社会是落后的，这种“社会”是当时人们的无奈选择。

三、同原始共产主义社会相比，奴隶社会是历史的进步

奴隶社会是原始共产主义社会消亡之后的第一个私有制社会。在人们的印象中，奴隶社会是一个人压迫人的极其残酷的社会。但是，“如果我们深入地研究一下这些问题，我们就不得不说——尽管听起来是多么矛盾和离奇——在当时的情况下，采用奴隶制是一个巨大的进步”[①]。正是在这种意义上，恩格斯指出：“只有奴隶制才使农业和工业之间的更大规模的分工成为可能，从而使古代世界的繁荣，使希腊文化成为可能。没有奴隶制，就没有希腊国家，就没有希腊的艺术和科学；没有奴隶制，就没有罗马帝国。没有希腊文化和罗马帝国所奠定的基础，也就没有现代的欧洲。我们永远不应该忘记，我们的全部经济、政治和智力的发展，是以奴隶制既成为必要、又得到公认这种状况为前提的。在这个意义上，我们有理由说：没有古希腊罗马的奴隶制，就没有现代的社会主义。”[②]奴隶社会的出现不仅对人类来说是一种进步，“甚至对奴隶来说，这也是一种进步；成为大批奴隶来源的战俘以前都被杀掉，在更早的时候甚至被吃掉，现在至少能保全生命了”[③]。

四、私有制是保证和维持社会正常发展的一种制度

当人们的基本生存需要得不到满足时，即使没有私有制，人与人之间也可能因为争夺物质资料而发生冲突。由于没有制度的约束，这种冲突反而会更加残酷和难以控制。因此，并非私有制引起人们之间的利益冲突和斗争，恰恰相反，私有制通过法律惩罚和道德规范禁止人们侵占他人财产，还可以在一定程度上限制冲突及斗争。私有制条件下的道德规范，鼓励勤劳节俭，谴责不劳而获、为富不仁，使人类从野蛮走向文明，也为人类走向更加文明奠定了基础。

第三节　私有制对社会发展的促进作用

从原始公社的公有制到奴隶社会的私有制是历史的进步，也是人类进入文明社会的

---

① 《马克思恩格斯选集》第 3 卷，人民出版社 2012 年版，第 561 页。

② 《马克思恩格斯选集》第 3 卷，人民出版社 2012 年版，第 560~561 页。

③ 《马克思恩格斯选集》第 3 卷，人民出版社 2012 年版，第 562 页。

标志。进入奴隶社会以后，私有制成为最主要的社会制度。一方面，私有制推动了生产力的发展；另一方面，私有制自身也在历史的发展进程中不断进步和完善。当“发达的私有财产对不发达的、不完全的私有财产的胜利”[1]到来的时候，社会便进入了新的发展形态。从奴隶社会到封建社会再到资本主义社会，生产力水平越来越高，私有制本身也越来越完善。

为了协调和规范私有制条件下人与人之间的关系，保证人们在生产中分工、协作的正常进行，以及人们在产品交换方面的有序运作，与私有制相适应的政治制度、文化制度和法律制度等形成了。如保护私有财产的法律制度，维持生产和交换正常进行的市场、货币、服务体系，以及遵纪守法、讲究诚信等道德规范。私有制法律制度和道德规范能够合理解决人与人之间的利益冲突，从而起到稳定社会秩序的作用。从某种意义上说，私有制成长和发展的过程就是人类社会不断进步、发展的过程。

改革开放取得了举世公认的经济成果，但也有个别人将改革开放中出现的一些诸如商业欺诈、假货充斥、贪污腐化等现象，归咎于改革开放本身，这种观点是不正确的。由于我国的私有制和市场经济曾经中断过，一些原有的抑制私有制和市场经济弊端的制度和思想基础也被破坏。私有制和市场经济确立之后，这些制度和思想基础却没有能够及时恢复。以“诚信”为例，虽说资本主义社会也一度经历过商业道德败坏、充满欺骗的时期，但资本家很快发现，只有诚信经营才能让企业走得更远，于是有关商标、专利、合同等方面的法律制度逐渐建立起来，市场经济的制度也越来越完善。改革开放之后，我国的市场经济得以很快恢复，但是市场经济条件下的诚信观念没有恢复起来，一些人利用机会大搞歪门邪道，甚至出现违反商业道德及触犯法律的现象。

资本主义社会是私有制发展的最高也是最后阶段。在马克思恩格斯所处的时代，工人阶级的生存条件非常艰苦，与资产阶级的矛盾十分尖锐。尽管马克思恩格斯无情揭露了资本主义的罪恶，并向无产阶级提出了消灭私有制的历史任务，但他们仍对资本主义私有制的积极作用给予了充分肯定：“资本的文明面之一是，它榨取这种剩余劳动的方式和条件，同以前的奴隶制、农奴制等形式相比，都更有利于生产力的发展，有利于社会关系的发展。”[2]虽然，以今天的眼光看来，资产阶级私有制是一个极其不合理的社会制度，但从人类历史发展的角度来说，“对于工场手工业和大工业发展的最初阶段来说，除了私有制，不可能有其他任何所有制形式，除了以私有制为基础的社会制度，不可能有其他

① 《马克思恩格斯全集》第 3 卷，人民出版社 2002 年版，第 287 页。

② 《马克思恩格斯全集》第 46 卷，人民出版社 2003 年版，第 927~928 页。

任何社会制度”[①]。这就是说，在一定的历史发展阶段内，资产阶级私有制的出现和发展是历史的必然，也是历史的进步。资本主义社会打破了长期以来人们对自然界的盲目崇拜，对自然界的规律有了更加本质的认识。同时，它打破了旧的生活方式，开辟了通向共产主义的道路，成为当时人类社会的最高组织形式。

我们知道，人类社会的发展是一个漫长的历史过程，是生产力不断发展、物质条件不断改善的历史过程，而私有制则是这个历史过程中促使生产力快速发展的催化剂。如同体育竞技可以提高运动水平一样，社会活动中的竞争也可以激励人们的劳动热情，激发人们的聪明才智，鼓舞人们去拼搏奋斗。在私有制条件下，人们认为，只有劳动获得的果实才最踏实、最放心，如果这些努力得到的成果不能得到有效保护，那么谁还愿意花费力气去劳动呢，社会还如何进步呢？正是在这种意义上，我们看到迄今为止人类社会所取得的很多成就都是建立在私有制的基础之上。

因此，我们必须全面、公正地看待私有制，不但要站在时代的高度看到其根本性弊端和必然灭亡的发展趋势，还应该站在历史的高度看到私有制在人类历史发展中发挥的进步作用。

第四节　马克思主义要消灭什么样的私有制

我们必须明确，马克思主义究竟要消灭什么样的私有制。这个问题之所以重要，是因为在已往的共产主义运动实践中，由于对这个问题认识不清，导致了极其严重的错误和损失。因此，从理论上彻底厘清这个问题，对指导社会主义建设具有非常重要的意义。

历史上曾出现各种各样的私有制。根据主体的不同，除奴隶主私有制、封建主私有制、资产阶级私有制之外，还有非主流的个体农民和手工业者的私有制等。根据物质资源的使用目的不同，则可以分为生产资料的私有制和生活资料的私有制等。在社会发展形态中，原始社会公有制被奴隶社会私有制消灭；奴隶社会私有制被封建社会私有制消灭；封建社会私有制被资本主义私有制消灭。

马克思主义要消灭的私有制是由资产阶级占有生产资料的私有制，而不是奴隶社会和封建社会的私有制，更不是与全体人民息息相关的生活资料的私有制。

---

① 《马克思恩格斯选集》第 1 卷，人民出版社 2012 年版，第 303 页。

在世界无产阶级运动的历史中，由于没有弄清究竟要消灭什么样的私有制，所以一些无产阶级政权未找准革命的真正目标——发展成熟的资本主义私有制。所有私有制都被当成斗争对象，最终导致世界共产主义运动的巨大失误。

一、共产主义社会要消灭的是资产阶级的生产资料私有制

到资本主义时期，奴隶社会私有制和封建社会私有制已经退出历史舞台。在资本主义大工业的挤压下，个体农业和手工业受到极大的冲击，但仍有少数个体经济留存了下来。因此，资本主义社会存在两种不同的生产资料私有制，“一种以生产者自己的劳动为基础，另一种以剥削他人的劳动为基础”。马克思批评道：“政治经济学在原则上把两种极不相同的私有制混同起来了。”[①] 马克思恩格斯针对“有人责备我们共产党人，说我们要消灭个人挣得的、自己劳动得来的财产，要消灭构成个人的一切自由、活动和独立的基础的财产”[②] 的指责时，特别指出：“共产主义并不剥夺任何人占有社会产品的权力，它只剥夺利用这种占有去奴役他人劳动的权力。”[③]“共产主义的特征并不是要废除一般的所有制，而是要废除资产阶级的所有制。”[④] 这里所说的资产阶级的所有制，即指资本家拥有大工业或大农业生产资料，如能够为众多工人提供劳动场所的土地、厂房、机器设备等，不包括依靠体力和技艺的个体劳动者所拥有的生产工具，如木匠的工具和泥瓦匠的工具。

随着科学技术的进步和大工业的发展，个体手工业日趋没落，即使在发展中国家，许多传统的手工艺也面临失传，这种结果与“实现每个人自由而全面的发展”目标相悖。再加之，人们爱好不同，需求也就多种多样，但是现代大工业生产的标准化产品不能满足人们的多样化需求。因此，在大规模生产之外，仍需要富有个性的设计制造，以满足人们丰富多彩的需求。共产主义时代也应该保留手工制造业，因此，当下应该尽量保护个体手工业者的生产资料私有权。

二、生活资料私有制永远不能消灭

生活资料是人们生活所需要的物品，如住房、衣物、食品、家具，这些生活资料由于归私人（或家庭）所有，因此也称为私有财产。私有财产是历史上自发、自然形成的

① 《马克思恩格斯全集》第 44 卷，人民出版社 2001 年版，第 876 页。
② 《马克思恩格斯选集》第 1 卷，人民出版社 2012 年版，第 414 页。
③ 《马克思恩格斯选集》第 1 卷，人民出版社 2012 年版，第 416 页。
④ 《马克思恩格斯选集》第 1 卷，人民出版社 2012 年版，第 414 页。

产物，也是持有者的劳动获取物。原始人制造的石斧、石刀、陶罐、衣服、弓箭、项链等，无一不是自己使用并由自己支配的。“武装和衣服自古以来也是私有财产。”[①]这种私有财产产生的过程，丝毫不存在剥削和压迫，正如恩格斯所说：“私有财产在历史上的出现，决不是掠夺和暴力的结果。相反，在一切文明民族的古代自然形成的公社中，私有财产已经存在了，虽然只限于某几种对象。”[②]生活资料的私有现象在人类社会发展的初期已经出现，并将伴随人类发展的全过程永远存在下去。即使到了共产主义社会，生活资料私有制也不能被消灭，因为生活资料的私有具有如下特点。

首先，排他性。与公共设施和公共物品不同，私人生活资料大多具有强烈的排他性。一般情况下，个人使用的生活资料不能与他人共享。

其次，特殊性。个人生活资料大多根据个人的条件和爱好定制或选购，如服装的尺码、款式、颜色，眼镜的度数，除了购置者本人，他人无法使用。

最后，隐私性。许多个人生活资料都涉及使用者的个人隐私，如内衣、手机、电脑。所以，一般情况下，个人生活资料都不能多人共同使用。

上述特点决定了生活资料私有制不能被废除。即使到了共产主义社会，也必须保证个人对生活资料的所有权和支配权，否则整个社会就会陷入混乱境地。需要说明的是，上述的生活资料，只限于满足消费者实际需要的物品，不包括为了获取利润而置购的物品。如住房本来是人们的栖身之所，但有人为了获利大肆炒房，因此这些房屋具有了生产资料的性质，所以不能算作生活资料。

综上所述，我们可以得出结论，马克思主义要消灭的私有制是“最后而又最完备的表现”[③]的私有制，即资产阶级私有制。

第五节　私有制是导致环境危机的社会根源

环境危机出现的深层次的社会根源是什么？不同的研究者给出了不同的答案。

生态中心主义者认为，人类中心主义是环境危机产生的根源，这种说法曾经影响很多人。生态马克思主义者认为资本主义制度是环境危机产生的社会根源，资本主义生产

---

① 《马克思恩格斯全集》第 45 卷，人民出版社 1985 年版，第 208 页。

② 《马克思恩格斯选集》第 3 卷，人民出版社 2012 年版，第 541 页。

③ 《马克思恩格斯选集》第 1 卷，人民出版社 2012 年版，第 414 页。

的利润动机与保护生态环境、合理利用资源之间存在根本性冲突。这种分析接近问题的实质，但这种结论不能解释为什么社会主义国家也会出现环境问题。

在环境经济学中，人们用“负外部性”理论来解释环境危机产生的深层次社会原因。资源可分为共有性资源和垄断性资源。共有性资源是国家、集团、个人还未能占有和垄断的资源，包括公海及海底的矿藏，空气和水，南极、北极及一些难以达到的地方等。垄断性资源则是已经被国家、集团或个人占有和控制的土地、矿产、森林等。随着科学技术的发展和经济实力的增强，人们将占有、支配和垄断更多的共有性资源，甚至外星球也可能成为人类征服的对象。由于自然资源分为共有性资源和垄断性资源两种，这就造成了经济行为中的“负外部性”问题，如一些企业通过生产获得利润，虽然在生产过程中排放的废水、废气、废渣危害了周围的公共环境，但不承担经济责任。针对这种情况，美国学者哈丁于1968年发表了著名的论文《公地的悲剧》。论文描述了这样一个案例：有一个对所有牧民开放的牧场，这个牧场的草地是公有的，而畜群是牧民私有的。每个牧民都力求自己的利益最大化，尽量多养些牲畜，这样一来，牧场上的牲畜数量大大增加，最终由于过度放牧导致草场退化，直至成为荒地。这一案例深刻地说明，当一个人、一个集团或一个国家使用共有资源时，为了追求个人利益最大化，不顾资源的利用是否合理，最终将造成共有资源的过度消耗，加速资源的枯竭和环境质量的恶化。“负外部性”理论在一定程度上揭示了环境危机产生的深层次社会原因，但是，这一理论没有涉及那些已经被国家、集团和私人所占有和垄断的自然资源的生产问题，也就没有从根本上解释人与自然之间物质变换不合理的问题。因此，要从根本上解决环境危机，就必须保证一切自然资源——共有的和垄断的，都能够用来生产人们切实需要的产品，而不是用来满足那些虚假需求。

生态马克思主义者认为资本主义是环境危机产生的根源，环境经济学用“负外部性”理论解释环境危机产生的根源，虽然没有抓住问题的实质，但是已经接近正确答案。只要再前进一步，我们就可以找到环境危机产生的社会根源——私有制。

一、私有制是环境危机产生的深层次的社会根源

从经济学意义上讲，资本就是用于生产的基本要素，包括资金、设备、厂房、原材料等。谁拥有了资本，谁就拥有了支配权。这种支配权既包括对资金的支配，对人（劳动力）的支配，也包括对物（资源）的支配，从物质变换角度来看，主要是对资源的支配。“巧妇难为无米之炊”，离开了资源这一物质实体，只靠劳动生产不了任何产品。倘若没有资源，货币也没有任何价值。只有用货币换取了资源的使用权和控制权之后，货币对环境的影响才能实现。

自然资源拥有者对资源的支配权，决定着人与自然之间的物质变换是否合理，也就是资源的利用是否合理。所以，这种支配权对生态环境有至关重要的影响。因此，要从本质上认识和解决环境问题，就必须紧紧抓住资源这一关键线索，从人与自然之间的物质变换、人与人之间的物质变换及其异化问题入手，逐步解决因资源的不合理使用而引起的人与自然之间不合理的物质变换问题。

二、所有制关系不仅是人与人之间关系的表现，也是人与自然之间关系的表现

有人认为，所有制问题就是生产资料归谁占有、生产由谁决定、产品如何分配的问题，即人与人之间的关系问题，却没有看到，人对人的剥削、压迫和支配是依靠对资源的占有和支配进行的。“在那些在阶级对立中运动的社会里，如果说财富包含了对人的支配，那它主要地、几乎完全地是依靠和通过对物的支配来进行对人的支配的。……现在，甚至六岁的小孩也可以看出，财富对人的支配完全要借助它所掌握的物来进行。”[①]因此，从表面上看，所有制问题是人与人之间的关系问题，但从更深层次分析，这种关系是通过人对物质资源的占有来实现的。

人们对物质资源的占有，实际上就是对自然物的占有，这种占有体现了人同自然的关系。从本质上分析，阶级关系、占有关系、私有制问题都是人们因占有有限自然资源而产生矛盾的体现。如土地资源是有限的，其拥有者就以此获取利润，剥削和压迫也就从这里产生：“他靠垄断土地进行掠夺。他利用人口的增长进行掠夺，因为人口的增长加强了竞争，从而抬高了他的土地的价值。他把不是通过他个人劳动得来的、完全偶然地落到他手里的东西当做他个人利益的源泉进行掠夺。他靠出租土地、靠最终攫取租地农场主的种种改良的成果进行掠夺。大土地占有者的财富日益增长的秘密就在于此。”[②]也就是说，所有制问题就是人们对有限自然资源的占有关系。在阶级社会，剥削阶级不仅通过对自然资源的占有来实现剥削和支配，而且他们利用对资源的使用和支配盘剥自然，不惜耗尽自然资源换取利润。因此，无论对人的解放，还是对自然的解放来说，我们都必须解决所有制问题。

三、私有制和私有观念是环境危机产生的社会根源

私有制已经出现了几千年，资本主义社会只是私有制发展的最高阶段。由于资本主

① 《马克思恩格斯选集》第 3 卷，人民出版社 2012 年版，第 566 页。
② 《马克思恩格斯选集》第 1 卷，人民出版社 2012 年版，第 30~31 页。

义生产方式对环境的影响日益突出，生态马克思主义者认为资本主义制度是环境危机产生的社会根源。但是，与其说资本主义制度是环境危机产生的社会根源，不如说私有制和私有观念是环境危机产生的社会根源。

当今世界，还没有哪一个国家真正消灭了私有制和私有观念，即使在某个阶段消灭了私有制，但私有观念仍存在，所以环境危机产生的深层次根源依然存在。要彻底解决环境危机，必须废除私有制并逐步消除人们的私有观念。只有到那时，生产才能成为满足实际需要的生产，也就能避免因浪费大量的资源和能源而导致的环境危机。

第六节　私有制必然消亡的根本原因

私有制、市场经济、利润在一定意义上是促使人们努力奋斗、积极向上的激励机制。在一定的社会发展阶段，它们对社会发展具有促进作用。但是，这种财富私有的制度从一开始就具有原罪的性质。恩格斯指出："鄙俗的贪欲是文明时代从它存在的第一日起直至今日的起推动作用的灵魂；财富，财富，第三还是财富——不是社会的财富，而是这个微不足道的单个的个人的财富，这就是文明时代唯一的、具有决定意义的目的。"① 在现代社会中，私有制是剥削、压迫、两极分化和阶级对抗产生的根源，也是偷窃、榨取、抢劫、杀人及一切犯罪行为乃至战争产生的总根源。正是在这种意义上，马克思恩格斯提出消灭私有制，得到了被剥削和压迫的工人阶级和劳动群众的拥护。他们为了摆脱饥饿、贫穷、剥削和压迫，投身于改变自己命运的工人运动之中，为消灭私有制而不懈奋斗。

一、仅从人与人之间的关系不能说明私有制必然消亡的原因

虽然私有制是造成人与人之间关系紧张和恶化的总根源，但仅凭这一点，还不足以说明资本主义制度必然消亡。现在的资本主义国家，尤其是发达资本主义国家，物质条件不断改善，饥饿、贫穷的问题已经基本解决，人们普遍享受到社会福利，享有失业救济、医疗、教育等方面的保障，也拥有了基本的自由和民主权利。虽然在经济收入方面，富人和穷人之间有较大差距，但这种差距主要体现在奢侈品的享受方面，基本的生活水平则相差不远。

发达资本主义国家福利、慈善事业的进步，社会保障体系的发展、健全，民主进程

① 《马克思恩格斯选集》第 4 卷，人民出版社 2012 年版，第 194 页。

的推进等，都是生产力发展、社会财富总量增加的结果。而生产力的快速发展，又是靠私有制条件下的竞争机制来推动的。也就是说，私有制作为社会发展的动力，推动着生产力的发展，而生产力的发展为社会创造出大量的物质财富，这些物质财富不仅使富人更加富有，也极大地提高了穷人的生活水平和政治地位。因此，即使在私有制条件下，人类社会也会朝富裕、民主、自由的方向不断发展。

既然私有制社会也能够让人类社会走向民主、进步和繁荣，也能够逐渐淡化和缓解人与人之间的矛盾，那么在一个虽然没有完全实现平等，但每个人都能安居乐业的社会里，消灭私有制还有必要吗，私有制还能被消除吗，消除私有制的条件是什么，私有制怎样被消除呢？要回答这些问题，我们不能局限于人与人的关系角度，必须结合人与自然关系的角度来认识。

二、资源有限性是私有制必然消亡的根本原因

私有制是一种对私人财产给予承认和保护的制度。在现实生活中，人们通常用金钱来衡量私人财产的数量。根据拥有金钱的数量，人们被区分为穷人和富人。但是必须明确的是，真正的财富不是金钱而是物质产品，离开物质产品，金钱只是废纸和数字而已。因此，私有制的实质不是金钱，而是个人对物质财富的占有、掌控、支配和使用权。

那么，物质财富又是从何而来的呢？恩格斯指出："劳动和自然界在一起才是一切财富的源泉，自然界为劳动提供材料，劳动把材料转变为财富。"[①] 这里所说的自然界为劳动提供的"材料"，就是资源。因此，私有制社会中人们占有财富的权利，实际上就是占有、支配和享用资源的权利。资源是有限的，而人类对资源的需求是无限的，有限与无限之间存在巨大的矛盾。为了抢夺有限的资源，人们不惜付出鲜血和生命。历史上的各个国家、各种利益集团及个人之间的对立、冲突乃至战争，大都因为争夺资源。

资源是全人类共同的财富，理应由全人类共享。可是在私有制社会中，有限的地球资源被少数人占有和支配，他们用有限的资源去生产人们并非真正需要的产品，其目的仅仅是获利。这种不断扩大生产，不断唤起新的并非真实需求的发展方式，必然会引起资源供应系统的崩溃。为了避免遭遇这种灾难性的后果，我们必须废除为少数人谋取利益却损害全人类前途的私有制，代之以由社会共同支配生产的制度。

在马克思恩格斯所处的时代，环境和资源问题虽然不像今天这样突出，大多数人对

① 《马克思恩格斯选集》第 3 卷，人民出版社 2012 年版，第 988 页。

资源问题的认识也没有今天这般深刻，但是他们察觉到了资源问题的重要性。他们从人与自然之间物质变换的角度，对私有制造成人与自然之间物质变换的不合理，进而制约社会发展的问题进行了分析。

私有制和私有观念决定了资源拥有者生产的目的。他们不是为了满足人们的真实需求去生产，而是为了获取巨额利润去生产。因此，“在各个资本家都是为了直接的利润而从事生产和交换的地方，他们首先考虑的只能是最近的最直接的结果。当一个厂主卖出他所制造的商品或者一个商人卖出他所买进的商品时，只要获得普通的利润，他就满意了，至于商品和买主以后会怎么样，他并不关心。关于这些行为在自然方面的影响，情况也是这样。西班牙的种植场主曾在古巴焚烧山坡上的森林，以为木灰作为肥料足够最能赢利的咖啡树利用一个世代之久，至于后来热带的倾盆大雨竟冲毁毫无保护的沃土而只留下赤裸裸的岩石，这同他们又有什么相干呢”[①]。在资本主义社会中，资本家在利益的驱动下，不惜挥霍有限的资源去生产和推销那些并非人们真实需要的商品。这种生产方式不仅浪费了宝贵的资源、破坏了生态环境，而且排放了大量污染物。然而，资本家并不关心自身行为给环境带来的恶劣后果，他们只关注自己的获利情况。与此相应，消费者的自然观和价值观也发生了扭曲，拜金主义、享乐主义思想甚嚣尘上，他们极力追求奢侈消费、豪华消费、炫耀性消费。二者互相推动，极大地扩大了人与自然之间不合理物质变换的规模和范围，加重了资源浪费和环境危机。

美国哲学家和精神分析学家弗罗姆从精神分析学和社会心理学的角度，对这种高生产、高消费的异化现象进行了深入分析：“我们的社会越来越被工业官僚阶层和职业政治家所控制。人们被社会影响所左右，他们的目的是尽可能多地生产和尽可能多的消费，并把这作为自我目标。一切活动都从属于经济目标，手段变成了目标。人变成了物，成为自动机器：一个个营养充足，穿戴讲究，但对自己人性的发展和人所承担的任务却缺乏真正的和深刻的关注。”[②]正如马克思所说：“在私有财产和金钱的统治下形成的自然观，是对自然界的真正的蔑视和实际的贬低。”[③]恩格斯认为，只有实现生产资料的社会占有，才能实现资源的合理使用。“生产资料由社会占有，不仅会消除生产的现存的人为障碍，而且还会消除生产力和产品的有形的浪费和破坏，这种浪费和破坏在目前是生产的无法摆脱的伴侣，并且在危机时期达到顶点。此外，这种占有还由于消除了现在的统治阶级及

① 《马克思恩格斯选集》第3卷，人民出版社2012年版，第1000~1001页。

② 艾·弗罗姆:《爱的艺术》，李健鸣译，商务印书馆1987年版，第92页。

③ 《马克思恩格斯全集》第2卷，人民出版社2002年版，第195页。

其政治代表的穷奢极欲的挥霍而为全社会节省出大量的生产资料和产品。通过社会化生产，不仅可能保证一切社会成员有富足的和一天比一天充裕的物质生活，而且还可能保证他们的体力和智力获得充分的自由的发展和运用。”[①] 这里恩格斯所说的“生产力和产品的有形的浪费和破坏”，就是资源的不合理利用，也就是人与自然之间不合理的物质变换。这种崇尚物质享受，不顾资源承载能力的生活方式，将会耗尽有限的地球资源，人类社会也将陷入不可持续的境地。

所幸的是，当前的环境危机引起了世界各国的重视。环境意识的提高、生态文明的迅速发展，不断激发人们要求改变现有状况的热情，正如恩格斯所说:“人们就越是不仅再次地感觉到，而且也认识到自身和自然界的一体性，那种关于精神和物质、人类和自然、灵魂和肉体之间的对立的荒谬的、反自然的观点，也就越不可能成立了。”[②]“但是要实行这种调节，仅仅有认识还是不够的。为此需要对我们的直到目前为止的生产方式，以及同这种生产方式一起对我们的现今的整个社会制度实行完全的变革。”[③] 至此，人类必须在如何发展的问题上作出选择:是朝原来的方向发展下去，滥用宝贵的资源生产并非真实需要的产品，同时制造大量污染物，直到耗尽资源、地球毁灭，还是修正发展方向，合理使用资源，走可持续发展的道路？这是所有发达国家早已遇到的问题，也是发展中国家已经遇到或正在遇到的问题。人们将越来越清楚地认识到，发展到最高阶段的私有制会将人类推向绝路。为了保证资源的合理利用，保证人类社会的可持续发展，我们必须消灭私有制。只有消灭了私有制，废除了少数人为私人利益而支配和处置资源的权利，实现生产资料的社会占有，才能改变为利润而生产的状况，才能杜绝资源的滥用和浪费，才能改变人与自然之间不合理的物质变换，才能挽救人类的前途和命运。

第七节　消灭私有制的条件

马克思恩格斯告诉人们:“私有财产是生产力发展一定阶段上必然的交往形式，这种交往形式在私有财产成为新出现的生产力的桎梏以前是不会消灭的。”[④] 也就是说，消灭私

---

① 《马克思恩格斯选集》第 3 卷，人民出版社 2012 年版，第 814 页。
② 《马克思恩格斯选集》第 3 卷，人民出版社 2012 年版，第 999 页。
③ 《马克思恩格斯选集》第 3 卷，人民出版社 2012 年版，第 1000 页。
④ 《马克思恩格斯全集》第 3 卷，人民出版社 1960 年版，第 410~411 页。

有制需要一定的条件。

一、消灭私有制的物质条件

生产力高度发达、物质产品极大丰富是废除私有制必不可少的物质条件。正确认识这一问题将会促进革命事业的成功，反之，则会造成革命事业的失败。

历史唯物主义者认为，生产力决定生产关系，生产关系对生产力具有反作用。生产力的发展是生产关系变化的根本原因和新旧生产关系更替的依据。当生产关系适应生产力的发展要求时，生产关系就有力推动生产力的发展；当生产关系不适应生产力的发展要求时，生产关系就阻碍生产力的发展，这时就会发生社会制度的变革。“社会的物质生产力发展到一定阶段，便同它们一直在其中运动的现存生产关系或财产关系（这只是生产关系的法律用语）发生矛盾。于是这些关系便由生产力的发展形式变成生产力的桎梏。那时社会革命的时代就到来了。随着经济基础的变更，全部庞大的上层建筑也或慢或快地发生变革。”[①]生产方式和水平制约着整个社会关系，有什么样的生产力就有什么样的生产关系。也就是说，人与自然的关系决定着人与人之间的关系。社会制度的任何变化，所有制关系的每一次变革，都是生产力不断发展的必然结果。因此，只有当私有制成为生产力继续发展的桎梏和障碍的时候，消灭私有制才成为可能。那时，“这种强大的、容易增长的生产力，已经发展到私有制和资产者远远不能驾驭的程度，以致经常引起社会制度极其剧烈的震荡。只有这时废除私有制才不仅可能，甚至完全必要”[②]。

生产力高度发达、物质产品极大丰富，不仅是废除私有制必不可少的前提条件，而且是建立新的公有制的必要条件。只有当生产力高度发达、物质产品极大丰富时，人们才能从繁重的劳动中解放出来，才会有充分的时间和精力从事自己感兴趣的事情，也只有这样，人民群众参与社会管理才成为可能。由于劳动时间大大缩短，人们能够按照自己的兴趣爱好从事各种活动，每个人都能得到自由而全面的发展。社会分工逐渐淡化直至消失，那些脱离劳动、专门从事社会管理的人也将逐步减少直至消失，到那时，阶级存在的基础消失了，私有制存在的基础也随之消失。

马克思主义虽然把消灭私有制作为最终目标，但坚决反对那种不顾客观条件、急于求成的激进态度。马克思恩格斯反复告诫我们，无论哪一种社会形态，在它们所能容纳的全部生产力发挥出来以前，是决不会灭亡的；而新的更高的生产关系，当它的物

① 《马克思恩格斯选集》第 2 卷，人民出版社 2012 年版，第 2~3 页。
② 《马克思恩格斯选集》第 1 卷，人民出版社 2012 年版，第 303~304 页。

质存在条件在旧社会的胎胞里成熟以前，是决不会出现的。只有当“资产阶级的关系已经太狭窄了，再容纳不了它本身所造成的财富了”[①]的时候，才能提出消灭私有制的任务。“人类始终只提出自己能够解决的任务，因为只要仔细考察就可以发现，任务本身，只有在解决它的物质条件已经存在或者至少是在生成过程中的时候，才会产生。”[②]如果不顾社会发展规律，强行消灭私有制，不仅不能达到目的，反而会造成社会的倒退，贫穷和落后则会卷土重来。“因为如果没有这种发展，那就只会有贫穷、极端贫困的普遍化；而在极端贫困的情况下，必须重新开始争取必需品的斗争，全部陈腐污浊的东西又要死灰复燃。”[③]所以，当下我们必须大力发展生产力，为消灭私有制创造良好的物质条件。

二、消灭私有制的精神准备

消灭私有制不仅需要坚实的物质基础，还必须做好充分的精神准备。只有当人们的思想觉悟普遍提高，私有观念充分改变时，我们才能真正废除私有制。“共产主义革命就是同传统的所有制关系实行最彻底的决裂；毫不奇怪，它在自己的发展进程中要同传统的观念实行最彻底的决裂。”[④]废除私有制和建立公有制，克服私有观念和树立公有观念，这是一个互相影响、互相促进的过程。

只有在精神文明、生态文明高度发达的条件之下，人们才能普遍树立正确的价值观和幸福观，才能真正形成“以艰苦朴素为荣，以铺张浪费为耻”[⑤]的社会风气。到那时，人们能够理性认识和处理人与自然、个人和社会、自己和他人、当代人和后代人的关系，把个人利益融入整体利益之中，人们将会为了全人类和子孙后代的长远利益，自觉抑制物质消费欲望，自愿过简朴生活。人们将会追求丰富的精神生活，而不屑于单纯的物质享受。

三、消灭私有制的社会条件

消灭私有制不仅需要坚实的物质基础、极高的精神境界，还需要一定的社会条件。

资本主义自身的发展孕育着扬弃私有制的萌芽。“把股份制度——它是在资本主义体系本身的基础上对资本主义的私人产业的扬弃；随着它的扩大和侵入新的生产部门，它也

① 《马克思恩格斯选集》第 1 卷，人民出版社 2012 年版，第 406 页。
② 《马克思恩格斯选集》第 2 卷，人民出版社 2012 年版，第 3 页。
③ 《马克思恩格斯选集》第 1 卷，人民出版社 2012 年版，第 166 页。
④ 《马克思恩格斯选集》第 1 卷，人民出版社 2012 年版，第 421 页。
⑤ 《建国以来重要文献选编》第 15 册，人民出版社 1997 年版，第 68 页。

在同样的程度上消灭着私人产业——撇开不说，信用为单个资本家或被当做资本家的人，提供在一定界限内绝对支配他人的资本，他人的财产，从而他人的劳动的权利。”[①]信用制度和银行制度同样起到了扬弃私有制的作用，“信用制度和银行制度把社会上一切可用的、甚至可能的、尚未积极发挥作用的资本交给产业资本家和商业资本家支配，以致这个资本的贷放者和使用者，都不是这个资本的所有者或生产者。因此，信用制度和银行制度扬弃了资本的私人性质，从而自在地，但也仅仅是自在地包含着资本本身的扬弃”[②]。发达国家普遍施行的遗产税制度，不仅可以制约敛财的心理和行为，也可以防止财富过度集中在私人手中。

从总的发展趋势来看，未来的生产将向着以使用价值为主的方向发展。那些超出资源供给能力的奢侈品生产和销售将受到限制，少数人随心所欲利用自然资源谋取私利的行为将受到制约，超出社会平均资源消耗水平的豪华型消费将会逐渐消失。资本主义社会的价值观念也将逐渐改变——在一个衣食充足、社会福利发达、奢侈豪华消费受到高度抑制的社会中，人们对金钱的需求将会越来越少，市场分配也将逐渐被按需分配所取代，那时人们的私有观念将会极大地淡化以至消亡。

总之，私有制的消亡是一个渐进的过程。随着生产力的不断发展，精神文明和生态文明建设不断进步，对自然资源的利用越来越合理，私有制就会逐步消亡。

第八节　私有制的消亡是一个渐进的过程

一些共产主义运动的领导人企图利用权力、命令的手段或“运动”的突变方式在短期内消灭私有制，他们没有认识到，私有制的消亡不仅是一个长期过程，而且是一个从量变到质变的渐进过程。所以，共产主义运动中所有消灭私有制的努力，毫无例外地遭到了失败。

恩格斯告诉人们，私有制的消亡是资本主义在自身发展过程中产生的否定形式。“正像以往小生产由于自身的发展而必然造成消灭自身，即剥夺小私有者的条件一样，现在资本主义生产方式也自己造成使自己必然走向灭亡的物质条件。”[③]也就是说，私有制消

①《马克思恩格斯选集》第2卷，人民出版社2012年版，第569页。

②《马克思恩格斯全集》第46卷，人民出版社2003年版，第686页。

③《马克思恩格斯选集》第3卷，人民出版社2012年版，第512页。

亡的各种因素和各项条件，包括无产阶级、劳动组织社会化等，都是在资本主义自身的发展过程中产生、发展并成熟起来的。例如，股份公司和信用制度有力地冲击了私人生产方式；工人建立的合作工厂更是对资本主义社会中私有制的积极扬弃。正如恩格斯所说：

工人自己的合作工厂，是在旧形式内对旧形式打开的第一个缺口，虽然它在自己的实际组织中，当然到处都再生产出并且必然会再生产出现存制度的一切缺点。但是，资本和劳动之间的对立在这种工厂内已经被扬弃，虽然起初只是在下述形式上被扬弃，即工人作为联合体是他们自己的资本家，也就是说，他们利用生产资料来使他们自己的劳动增殖。这种工厂表明，在物质生产力和与之相适应的社会生产形式的一定的发展阶段上，一种新的生产方式怎样会自然而然地从一种生产方式中发展并形成起来。没有从资本主义生产方式中产生的工厂制度，合作工厂就不可能发展起来；同样，没有从资本主义生产方式中产生的信用制度，合作工厂也不可能发展起来。信用制度是资本主义的私人企业逐渐转化为资本主义的股份公司的主要基础，同样，它又是按或大或小的国家规模逐渐扩大合作企业的手段。资本主义的股份企业，也和合作工厂一样，应当被看做是由资本主义生产方式转化为联合的生产方式的过渡形式，只不过在前者那里，对立是消极地扬弃的，而在后者那里，对立是积极地扬弃的。①

资本主义私有制在自身运动中逐渐走向灭亡，这是一个自然的历史过程，是一个长期的、缓慢的、由量变到质变的渐进过程。在私有制消亡之前，将会有一个各种所有制共存的阶段。在这一阶段，各种所有制的比例会逐渐发生变化，私有制成分会越来越少，公有制成分会越来越多。伴随着私有制成分的减少，人们的私有观念也会逐渐淡化。

马克思恩格斯在《共产主义原理》《共产党宣言》等著作中，设想了无产阶级夺取政权之后，能够采取的一系列措施以促进私有制消亡。马克思恩格斯认为，废除私有制不能“一刀切”，要根据各个国家的不同情况采取相应的措施，要逐步从私有制过渡到公有制。他们设想，最先进的国家可以采取以下措施：土地资源收归国有；实行累进税、高额遗产税、强制公债，取消旁系亲属（兄弟、侄甥等）的继承权；建立国家银行，国家掌握信贷系统和金融系统；对社会全体成员实行劳动义务制；实行公办教育，并把教育和生产结合起来；建设公民公共住宅，改善条件较差的住宅和市区；国家掌握运输业；缩小城乡差异等。

“最后，当全部资本、全部生产和全部交换都集中在国家手里的时候，私有制将自

① 《马克思恩格斯选集》第2卷，人民出版社2012年版，第571页。

行灭亡，金钱将变成无用之物，生产将大大增加，人将大大改变，以致连旧社会最后的各种交往形式也能够消失。”[①] 总之，私有制的否定因素只能在私有制自身的发展过程中产生出来，也只能在私有制充分发展的条件下，这些否定因素才能发展成为足以代替私有制的所有制形式。也就是说，私有制“造成使自己必然走向灭亡的物质条件”[②]，“私有制在自己的经济运动中自己把自己推向灭亡”[③]。所以，要消灭私有制必须首先发展私有制，待私有制发展到它自己不能容纳自己的时候，就必然会走向消亡。

正是基于这种认识，我国提出了社会主义初级阶段理论。社会主义社会作为共产主义社会的准备阶段，是一个漫长的历史过程。在社会主义初级阶段，不仅不能消灭私有制，还要大力发展市场经济，从而使我国成为国富民强的中国特色社会主义国家。这个过程也是为消灭私有制创造条件的过程。

第九节　私有制的消亡是一个漫长的历史过程

同万事万物一样，私有制也有孕育、诞生、成长、成熟、衰落直至消亡的过程。私有制消亡不仅需要一定的物质基础、精神准备，还需要相应的社会条件，而这些条件的成熟都是一个漫长的过程。恩格斯在回答“能不能一下子就把私有制废除”的问题时明确表示：“不，不能，正像不能一下子就把现有的生产力扩大到为实行财产公有所必要的程度一样。因此，很可能就要来临的无产阶级革命，只能逐步改造现今社会，只有创造了所必需的大量生产资料之后，才能废除私有制。”[④]

在初期的共产主义运动中，由于一些无产阶级政党对私有制消亡的长期性认识不足，错误地以为可以通过行政命令在短时期内消灭私有制，导致共产主义事业遭受挫折甚至失败。马克思恩格斯在总结这些失败教训时说：“这是由于当时无产阶级本身还不够发展，由于无产阶级解放的物质条件还没有具备，这些条件只是资产阶级时代的产物。”[⑤] 在马克思恩格斯之后，苏联企图全面废除私有制，却以失败告终。这种在短期内强行消灭私有制的做法，使刚刚建立的苏维埃政权陷入严重的政治危机和经济困境。苏联不得不

① 《马克思恩格斯选集》第 1 卷，人民出版社 2012 年版，第 306 页。
② 《马克思恩格斯选集》第 3 卷，人民出版社 2012 年版，第 512 页。
③ 《马克思恩格斯选集》第 2 卷，人民出版社 1957 年版，第 44 页。
④ 《马克思恩格斯选集》第 1 卷，人民出版社 2012 年版，第 304 页。
⑤ 《马克思恩格斯选集》第 1 卷，人民出版社 2012 年版，第 430~431 页。

改弦更张，转而实施新经济政策。新经济政策在以公有制为主导的前提下，允许多种所有制形式存在，这种政策使苏联很快摆脱了政治危机和经济困境。可是列宁去世之后，苏联又开始实施一系列消灭私有制的措施。不仅苏联，整个东欧社会主义国家都强行推广加速农业合作化等消灭私有制的政策措施，结果都陷入了不同程度的发展困境。

新中国成立之初没有立即取缔商业交易，给工商业发展保留了一定空间，这使我国的发展快速步入正轨。但是，二十世纪六十年代，“文化大革命”的发生，破坏了国家法治，摧毁了传统文化，扰乱了人民思想，更影响了经济发展。这一时期对私有制的批判也比较严重，一切与私有制相联系的思想和行为都遭到严厉的批判和斗争。“四人帮”疯狂叫嚣：“宁要社会主义的草，不要资本主义的苗。”[①] 即使农民养头猪、养几只鸡、开垦一小片荒地或者城市居民做点小本生意，都被批为资本主义尾巴。这种极端政策严重损害了人民群众的生产积极性，国民经济发展受到严重影响。

在现实的共产主义运动中，凡是用行政手段在短期内消灭私有制的实践，最终都没有成功。失败的教训促使人们深刻反思，并重新学习马克思主义基本原理。马克思认为：“一个社会即使探索到了本身运动的自然规律……它还是既不能跳过也不能用法令取消自然的发展阶段。”[②] 为了让工人阶级知道这一道路的艰巨和漫长，马克思恩格斯反复向人们说明：“以自由的联合的劳动条件去代替劳动受奴役的经济条件，只能随着时间的推进而逐步完成（这是经济改造）……这一革新的事业将不断地受到各种既得利益和阶级自私心理的抗拒，因而被延缓、被阻挠。”[③]

作为私有制发展最高阶段的资本主义社会，是社会自然发展过程中的一个阶段。准确地说，让私有制得到充分发展，是社会自然发展过程中的一个阶段。私有制的消亡受到生产力制约，“只要大工业的发展水平还没有达到足以使自己完全挣脱私有财产的羁绊，它就不能容许现存方式以外的其他任何分配产品的方式”[④]。因此，无产阶级能够在较短时间内夺取政权，但不能在较短时间内用行政手段消灭私有制。没收私有者的资产，其结果不仅不会带来社会的进步，恰恰相反，只会阻碍社会的进步。

当生产力发展的条件还不成熟时，“无产阶级即使取得政权，它推行的不会是直接无产阶级的措施，而是小资产阶级的措施”[⑤]。也正是出于这种认识，巴黎公社夺取政权之

① 《陆定一文集》，人民出版社 1992 年版，第 810 页。
② 《马克思恩格斯全集》第 44 卷，人民出版社 2001 年版，第 9~10 页。
③ 《马克思恩格斯选集》第 3 卷，人民出版社 2012 年版，第 143~144 页。
④ 《马克思恩格斯选集》第 1 卷，人民出版社 2012 年版，第 292 页。
⑤ 《马克思恩格斯全集》第 10 卷，人民出版社 1998 年版，第 735 页。

后，“工人阶级并没有期望公社做出奇迹。他们不是要凭一纸人民法令去推行什么现成的乌托邦。他们知道，为了谋求自己的解放，并同时创造出现代社会在本身经济因素作用下不可遏止地向其趋归的那种更高形式，他们必须经过长期的斗争，必须经过一系列将把环境和人都加以改造的历史过程”①。私有制的消亡是一个漫长的历史过程，这一过程同我们所说的社会主义初级阶段是一致的，它需要几代、十几代、甚至几十代人的努力才能实现，绝不能在短期内依靠行政手段来完成。

① 《马克思恩格斯选集》第 3 卷，人民出版社 2012 年版，第 103 页。

第十四章 “红绿”结合的实现进路

马克思主义理论是红色道路和绿色道路相结合的理论，关注人与人和人与自然两种关系，最终奋斗目标是实现人与人和人与自然的双重解放。但是在多年的共产主义运动中，红色道路和绿色道路相结合的理论被单纯理解为红色道路理论，人与人和人与自然两种关系被单纯理解为人与人之间的关系，人与人和人与自然的双重解放也只是被理解为人的解放。

要真正理解马克思主义理论，正确回答如何建设社会主义和如何向共产主义顺利过渡的问题，我们就必须认真学习和研究马克思主义环境思想。只有从人与人和人与自然双重关系的宽阔视角出发，才能找到建设社会主义和向共产主义顺利过渡的正确道路。

第一节 马克思主义是红色道路和绿色道路相结合的理论

十九世纪，马克思主义的诞生是人类思想史上具有划时代意义的重大事件。马克思恩格斯科学地预言，人类最终将走进没有压迫、没有剥削、物质极大丰富、精神高度文明的共产主义社会。马克思主义思想被称为“红色思想”，共产主义道路被称为“红色道路”。

二十世纪，人类环境意识的大觉醒是人类思想史上又一重大事件。人们逐渐意识到，只有处理好发展和环境、资源、人口的关系，才能保证人类文明的延续并走上可持续发展之路。因此，人们习惯地称其为“绿色思想”，走“绿色道路”。

那么,“红色思想”和“绿色思想”、“红色道路”和“绿色道路”之间又是什么关系呢？通过解读马克思主义经典著作，我们发现，“红色思想”和“绿色思想”、“红色道路”和“绿色道路”原来是相通的。

一、“红色道路”是实现“绿色道路”的基础

众所周知，马克思恩格斯创建了共产主义理论。但少有人知道，“绿色思想”是由恩格斯最早提出的。如前文所述，在环境问题尚未充分显现时，恩格斯就极其敏锐地认识到了环境问题的重要性。如果人类活动违反了自然规律，超出了自然环境允许的限度，就会如马克思所说:“不以伟大的自然规律为依据的人类计划，只会带来灾难。”①

马克思还深刻地揭示了“红色道路”和“绿色道路”的内在联系，那就是:“这种共产主义，作为完成了的自然主义 = 人道主义，而作为完成了的人道主义 = 自然主义，它是人和自然界之间、人和人之间的矛盾的真正解决。”②也就是说，人与人的关系和人与自然的关系互相依赖、互相促进，在这里，“红色道路”和“绿色道路”是一脉相承的。

马克思恩格斯关于“红色道路”和“绿色道路”关系的论述，对我们正确认识和处理现实中人与人和人与自然关系问题有十分重要的指导意义。人与自然的关系不协调，往往是因为人与人的关系不协调——一部分人为了自身或本集团的经济利益，不惜损害他人的环境权益。如企业排放污染物，影响周围地区的环境质量，危害人们身体健康；上游地区破坏森林造成水土流失，引起下游洪水泛滥，给下游居民带来灾难；发达国家将有毒有害垃圾转移到发展中国家，损害发展中国家的环境和居民健康等。另外，资源的享用和占有同样能说明人与人和人与自然的关系问题。当前占世界 1/4 的发达国家人口享有世界 3/4 的资源和能源，而占世界 3/4 的发展中国家人口，只能享有世界 1/4 的资源和能源。发达国家占有和消耗的资源能源数量多，排放的污染物自然也更多，对世界环境的危害也更大。

倘若要解决上述问题，我们必须做到公平分配资源，合理使用资源。这实际上就是人与人之间的关系问题。人与自然的关系往往隐含着人与人的关系。所以，我们在分析人与自然的关系问题时，要以分析人与人的关系为思想基础。

---

①《马克思恩格斯全集》第 31 卷，人民出版社 1972 年版，第 251 页。

②《马克思恩格斯全集》第 3 卷，人民出版社 2002 年版，第 297 页。

二、“绿色道路”是实现“红色道路”的物质保证

党的十九大报告指出：“我国社会主要矛盾的变化，没有改变我们对我国社会主义所处历史阶段的判断，我国仍处于并将长期处于社会主义初级阶段的基本国情没有变。”① 由此可见，实现共产主义是一个非常漫长的历史过程，需要一代又一代人坚持不懈地努力奋斗。

但是，当下的环境问题已比较突出，严重威胁着人类的生存和发展。如果不改变传统的发展观念，走可持续发展道路，那么，人类社会将面临发展不可持续的问题。当资源枯竭时，如何实现“物质极大丰富”？当人们你争我抢争夺资源时，如何实现“精神境界极大提高”？当物质和精神同时匮乏时，又如何实现“每个人自由而全面发展”？

因此，我们一方面要坚持共产主义远大理想，另一方面要踏踏实实贯彻执行可持续发展战略，落实习近平生态文明思想，积极建设生态文明。如果我们不能有效节约资源、保护环境，我国的社会主义现代化建设目标就难以实现。倘若我们不能实现社会主义初级阶段的目标，那么共产主义的远大理想就无从谈起。从这种意义上说，实施可持续发展战略是实现共产主义的必要前提，“绿色道路”是实现“红色道路”的物质保证。

三、“红色”和“绿色”两位一体的道路是人类社会的必然选择

马克思指出：“社会化的人，联合起来的生产者，将合理地调节他们和自然之间的物质变换，把它置于他们的共同控制之下，而不让它作为一种盲目的力量来统治自己；靠消耗最小的力量，在最无愧于和最适合于他们的人类本性的条件下来进行这种物质变换。”② 也就是说，只有在共产主义社会，才能真正实现人与人、人与自然两大关系的和解。“红色道路”为“绿色道路”提供思想和体制方面的基础，因此，人类社会要实现可持续发展，必须走共产主义道路。“绿色道路”为“红色道路”提供物质方面的保障，所以，要实现共产主义，必须走可持续发展之路。“红色”和“绿色”两位一体的道路是人类社会的必然选择。

日益严重的环境危机告诉我们，无视人与自然关系的和解，一味关注人与人之间的矛盾，最终只能是徒劳无功。失去资源和环境的支撑，人类社会将难以持续，实现共产主义则会成为遥不可及的梦想。从这种意义上说，处理好人与自然之间的关系是实现共

① 《十九大以来重要文献选编》上，中央文献出版社 2019 年版，第 9 页。

② 《马克思恩格斯全集》第 46 卷，人民出版社 2003 年版，第 928~929 页。

产主义的必要前提。因此，我们必须从人与自然关系的角度，重新认识共产主义。

第二节 共产主义社会实现两种关系的和解

因为人与人的关系和人与自然的关系密不可分，所以马克思主义将“自然—人—社会”看作一个整体，即在研究人与人的关系时，也关注人与自然的关系;同样，在研究人与自然的关系时，也关注人与人之间的关系。

马克思恩格斯在探讨了分工的历史、工具的历史、所有制的历史之后发现，当工具从“自然产生的生产工具”发展到“由文明创造的生产工具”时,个人受自然界支配的“主要是人和自然之间的交换”，也就发展到人们受劳动产品支配的“主要是人与人之间进行的交换”①。由此可知,人与人之间的关系是在人与自然关系基础上产生和发展起来的。所以,“那种制造自然与人的对立，把人与自然的关系从历史中排除出去的任何旧哲学都是错误的”②。

马克思恩格斯之所以能将共产主义由空想变成科学，其中一个重要原因是他们在考察人类社会发展问题时，不仅研究人与人之间的关系，而且将人与自然的关系当作全部理论的出发点。他们清醒地认识到，人的解放“必须经过一系列将把环境和人都加以改造的历史过程”③,也就是说,马克思恩格斯把人与自然的和解看作实现共产主义的题中应有之义。

马克思认为，资本主义制度是导致环境危机和社会危机的根本原因。在资本主义制度下，资本家不仅疯狂掠夺自然界，还残酷剥削工人，人与自然的关系、人与人的关系全盘异化。对工人阶级而言,不仅劳动产品与自己相异,甚至劳动本身也出现了异化。“劳动本身，不仅在目前的条件下，而且就其一般目的仅仅在于增加财富而言，在我看来是有害的、招致灾难的。”④既然资本主义私有制是人与自然、人与人关系异化的原因,那么,要消除这种异化，就必须消灭资本主义制度，建立共产主义制度。

以共产主义公有制代替资本主义私有制，就消除了剥削的根源，也就能够消除劳动异化现象。以共产主义的计划生产代替资本主义的无政府状态，则可以消除资源浪费，

① 《马克思恩格斯选集》第 1 卷，人民出版社 2012 年版，第 183 页。

② 周义澄:《自然理论与现时代——对马克思哲学的一个新思考》，上海人民出版社 1988 年版，第 39 页。

③ 《马克思恩格斯选集》第 3 卷，人民出版社 2012 年版，第 103 页。

④ 《马克思恩格斯全集》第 3 卷，人民出版社 2002 年版，第 231 页。

实现人与自然之间合理的物质变换。如同恩格斯所说的那样:“生产资料由社会占有，不仅会消除生产的现存的人为障碍，而且还会消除生产力和产品的有形的浪费和破坏，这种浪费和破坏在目前是生产的无法摆脱的伴侣，并且在危机时期达到顶点。此外，这种占有还由于消除了现在的统治阶级及其政治代表的穷奢极欲的挥霍而为全社会节省出大量的生产资料和产品。”①到那时，“联合起来的生产者，将合理地调节他们和自然之间的物质变换，把它置于他们的共同控制之下，而不让它作为一种盲目的力量来统治自己；靠消耗最小的力量，在最无愧于和最适合于他们的人类本性的条件下来进行这种物质变换”②。扬弃了私有财产和异化劳动，实现共产主义之后，“人们周围的、至今统治着人们的生活条件，现在受人们的支配和控制，人们第一次成为自然界的自觉的和真正的主人，因为他们已经成为自身的社会结合的主人了”③。人与人、人与自然的和解，这既是共产主义的目标，也是衡量共产主义是否实现的标准之一。实现人与自然和谐的“绿色道路”与实现人与人和谐的“红色道路”并行不悖，共产主义是实现两个“和解”的根本路径。

第三节 “红绿”道路结合的途径:加强资源管理

马克思主义最基本的理论基础就是唯物主义，唯物主义强调物质第一性，因此，“用来消除已经发现的弊病的手段，也必然以或多或少发展了的形式存在于已经发生变化的生产关系本身中。这些手段不应当从头脑中发明出来，而应当通过头脑从生产的现成物质事实中发现出来”④。无论环境问题多么复杂,归根结底是物质现象,它是由人与自然之间的物质变换引起的。因此，要认识和解决环境问题，必须牢牢抓住马克思主义物质变换理论这把钥匙，具体分析人与自然之间物质变换不合理的各种表现及原因，并从中找出解决问题的路径。

关于物质变换理论的内涵及重要性，前文已经论述。这里只谈谈物质变换理论在实践中的运用即加强资源管理，通过合理调节人与自然之间的物质变换，促进“绿色道路”和“红色道路”的统一，进而实现人与自然和人与人的双重和谐。

① 《马克思恩格斯选集》第 3 卷，人民出版社 2012 年版，第 670 页。
② 《马克思恩格斯全集》第 46 卷，人民出版社 2003 年版，第 928~929 页。
③ 《马克思恩格斯选集》第 3 卷，人民出版社 2012 年版，第 671 页。
④ 《马克思恩格斯选集》第 3 卷，人民出版社 2012 年版，第 655 页。

随着自然资源的有限性和稀缺性问题日益突出，人们越来越清楚地认识到，地球上有限的自然资源是人类的共同财产，应该公平地为所有人（包括后代）服务。但是，迄今为止的民主、平等概念并未包括共同享有资源的内容，其实，公平享有自然资源才是民主、公平、权利的真正意义所在。所以，合理分配和使用资源的问题应该被引入公平、民主的政治领域。

加强资源管理，是综合解决诸方面难题的理想途径。以住房问题为例。近年来，国家和地方政府不断加大推行循环经济、节能减排、清洁生产的力度，许多社会组织和媒体也热衷于宣传推广绿色理念和环保行为，如人们开始关注餐桌上的浪费问题，大力提倡舌尖上的节约。但是，人们应该注意，我们身边还有一些非常严重的浪费现象。有研究发现："中国家庭自有住房比例提高，有 2 套及以上住房的比例超过 20%，但家庭自有住房分布与人口的城乡分布呈现明显的倒置关系；人口与住房分布的不同步带来自有住房与实际居住的分离，有不低于 10% 的住房空置。"① 这告诉了人们一个不争的事实，目前我国存在大量闲置住房，超出了实际需要。

炒房现象是人们对房屋功能的认识出现偏差的结果。在炒房者眼里，房屋不只是用来居住的，而是像股票、期货、黄金、古玩、字画一样用来保值、增值的商品。同普通市民不一样，他们不仅不担心房价的上涨，反而期盼着房价的飙升，以便从中获取利益。为了促成房价上涨，他们捂售、囤积多余的房子，甚至雇人假装排队买房，制造房源紧张的假象。他们利用媒体制造房价将会上涨的舆论，攻击调控房价的政策，拼命维护自身的利益。部分人甚至支持制造房产泡沫，企图从中获取利益。

炒房对诸多方面都有负面影响。一方面，炒房耗费了大量的土地及其他宝贵资源，并产生了大量的污染物，生态环境遭到严重破坏；另一方面炒房哄抬了房价，高昂的房价让真正需要房子的人们买不起。此外，利益集团相互勾结的恶劣行为也会在一定程度上损害社会风气。

针对房价高涨的问题，有人主张加快住房建设、加大住房供应以抑制房价。但这种观点背离了事实，如果按照这种观点行事，只能让情况越来越糟。

首先，大量建造房屋耗费土地资源。众所周知，土地是一种不可再生资源。我国虽然土地辽阔，但人口众多，土地的人均拥有量很低。我国耕地的人均拥有量只有世界平均水平的四分之一。此外，城市发展、工业、商业、交通等对土地的需求也很大，有时

---

① 张丽萍：《中国人口城镇化过程中的住房问题研究》，《北京工业大学学报（社会科学版）》，2022 年第 4 期。

不得不挤占农业用地。在这种情况下，如果继续大量建造房屋，势必会侵占土地资源，影响社会的可持续发展。其次，大量建造房屋造成环境污染。建造房屋可能会侵占农业用地，占用城市公共绿地，破坏生态环境；生产建筑材料如水泥、钢材、木材、砖瓦等也会破坏生态环境并排放大量污染物；施工过程会排放大量粉尘、废水等垃圾，还会增加噪声污染；运输建筑材料和建筑垃圾则会加重交通污染……由此可见，以加大住房供应来抑制房价的方法并不可行。

房价问题表面上看是房价、供给等方面的问题，实质是管理、使用、分配土地资源的问题。因此，我们必须从加强土地资源管理入手。具体来说，必须强化执法监督治理，大力进行普法宣传教育；加强土地资源相应政策的落实力度，提高土地资源重视程度；完善国土资源管理法；重视生态问题。此外，必须对土地利用实行综合规划，包括引入评估机制、采用系统化方法、运用现代化技术等来提高土地的利用效率。

第四节　资源管理的关键是“生产什么”

加强自然资源管理，合理规划生产对象，既可以逐渐实现人与自然之间合理的物质变换，又可以逐渐削弱直至消灭私有制，即通过“绿色道路”的发展促进“红色道路”的发展。

加强资源管理，可以从三个具体问题入手，即如何生产、为什么生产、生产什么。紧紧抓住这三个问题，解决好这三个问题，人与自然之间物质变换不合理的现象就可以得到改善和调节，环境问题也就迎刃而解，人与自然、人与人的双重和谐也将得以实现。

“如何生产”主要涉及人与自然之间的关系，包括产品生产过程中出现的诸多问题，如资源浪费、污染物排放、生态破坏等。当今世界的绝大多数国家都非常关注环境问题，普遍赞同节约资源、保护环境、减少污染物排放、走可持续发展道路的发展理念。在“如何生产”的问题上，大多数国家也达成了共识，高度关注产品生产的相关政策和技术水平，并积极宣传循环经济理念，推行清洁生产，提出节能减排指标等。应当看到，迄今为止，解决“如何生产”的问题已经在全球范围内取得了相当不错的成绩。虽然说在“如何生产”方面仍然有许多问题需要解决，但解决这些问题是可预见的，目前这方面总的发展情况是良好的。

当前需要引起重视并亟待解决的是“为什么生产”和“生产什么”的问题。因为，即使所有企业都能做到绿色生产，也会出现大量并非人们真正需要的产品，这仍然会耗费资源能源，污染自然环境，破坏生态平衡。所以，要从根本上解决环境问题，不能只解决“如何生产”这样浅层次的问题，还要解决“为什么生产”和“生产什么”这样深层次的问题。

“为什么生产”是认识问题。马克思曾说：“要是让一小撮人随心所欲地按照他们的私人利益来调节生产，或者无知地消耗地力，就无法满足生产增长的各种需要。”[①]这就是说，如果企业将产品的交换价值放在第一位，仅为利润而生产，那么不仅不能真正满足消费者的需求，还会浪费资源能源、污染环境。现在，我们之所以思考“为什么生产”的问题，就是要在暂时享乐和永久生存之间作出选择。为了实现人类社会的可持续发展，我们必须改变为利润而生产的现状。马克思告诉我们：“如果在一个经济的社会形态中占优势的不是产品的交换价值，而是产品的使用价值，剩余劳动就受到或大或小的需求范围的限制，而生产本身的性质就不会造成对剩余劳动的无限制的需求。”[②]也就是说，如果将产品的使用价值放在第一位，为人们的真实需要而生产，其结果不仅可以减轻劳动者的劳动强度，缩短劳动时间，还可以减少资源的消耗、浪费和污染物的排放，同时抑制私有制和私有观念的膨胀。

“生产什么”则是一个更实际，也更具有实践性的问题。恩格斯在谈到共产主义社会的生产和消费问题时指出，人们应该“靠它所支配的资料能够生产些什么，并根据生产力和广大消费者之间的这种关系来确定，应该把生产提高多少或缩减多少，应该允许生产或限制生产多少奢侈品”[③]。在这里，恩格斯告诉人们，“生产什么”要根据资源的供给情况来决定，不能随心所欲。在资源有限的情况下，限制那些危害环境又非人们真实需要的产品，就能减少人与自然之间不必要的物质变换，从而达到保护自然环境、改变人类生存境遇的目的。这种限制实际上就是对资本所有者随心所欲地支配、挥霍、浪费资源，破坏生态，污染环境的行为进行限制。因此，对“为什么生产”和“生产什么”进行干预和限制的过程，也就是对私有制和市场经济进行限制和削弱的过程。

怎样才能解决好“为什么生产”和“生产什么”的问题呢？恩格斯曾指出：“在共产主义社会里无论生产和消费都很容易估计。既然知道每一个人平均需要多少物品，那就容易算出一定数量的人需要多少物品；既然那时生产已经不掌握在个别私人企业主的手

① 《马克思恩格斯选集》第 3 卷，人民出版社 2012 年版，第 176 页。
② 《马克思恩格斯选集》第 2 卷，人民出版社 2012 年版，第 191 页。
③ 《马克思恩格斯选集》第 1 卷，人民出版社 2012 年版，第 37 页。

里，而是掌握在公社及其管理机构的手里，那也就不难按照需求来调节生产了。”[①] 也就是说，只有到了共产主义社会，“为什么生产”和“生产什么”的问题才能从根本上得到解决。那么，解决这一问题的根本途径就是变革社会制度。因为，只有“社会化的人，联合起来的生产者，将合理地调节他们和自然之间的物质变换，把它置于他们的共同控制之下，而不让它作为一种盲目的力量来统治自己；靠消耗最小的力量，在最无愧于和最适合于他们的人类本性的条件下来进行这种物质变换”[②]。变革社会制度必然会触动资本主义私有制和市场经济的底线，动摇资本主义的根基。也正是出于这个原因，“为什么生产”和“生产什么”的问题不仅能解决人与自然之间的物质变换问题，还能淡化、弱化直至消灭私有制，实现“红色道路”和“绿色道路”相结合，最终实现人与人、人与自然的双重和解。

第五节　解决“生产什么”问题的可行性和重要性

对“生产什么”进行限制，不仅能实现人与自然的和谐，还能逐步实现人与人的和谐，这一“红色道路”和“绿色道路”相结合的发展途径，无论对社会主义国家还是资本主义国家来说都是切实可行的。

一、解决“生产什么”的问题已经有了比较成功的经验

在人类历史上，因资源不足而对“生产”采取限制措施不乏先例。如在古代，世界上多数国家都有因粮食短缺而禁止、限制酿酒的案例。在环境保护运动中，为了保护生态环境也陆续出台了许多限制措施。如禁止双对氯苯基三氯乙烷等杀虫剂的生产和使用；《蒙特利尔议定书》禁止生产和使用氟利昂；《濒危野生动植物种国际贸易公约》禁止象牙制品、犀牛角和虎骨贸易；我国禁止采集发菜、取缔发菜贸易，禁止在城镇使用实心黏土砖，禁止生产、销售和使用耗能过多、排放污染超过标准的汽车、锅炉、家用电器等。这些措施对缓解环境危机起到了一定的积极作用。

二、解决“生产什么”的问题适用于不同社会制度的国家

既然“为什么生产”和“生产什么”的问题直接冲击资本主义制度的底线，那么，

---

① 《马克思恩格斯全集》第 2 卷，人民出版社 1957 年版，第 605 页。

② 《马克思恩格斯全集》第 46 卷，人民出版社 2003 年版，第 928~929 页。

资本主义社会会解决这一问题吗？当私有制和市场经济对资本主义社会的生存发展构成威胁时，生存第一的法则就会发挥作用。所以，合理调控“为什么生产”和“生产什么”，资本主义社会可以接受。资本主义社会不是铁板一块，不同阶级和阶层的人有不同的利益诉求，他们会通过各种方式表达自身的利益诉求。如通过选举代表本阶级、阶层利益的政党和国家领导人，在议会的博弈中实现本阶级和阶层的利益。正是在这种情况下，穷人的境遇逐步得到改善，欧美许多国家都建立了全民福利制度。虽然，这些国家还是资本主义社会，但实际上已经出现许多社会主义因素。

当前，大多数资本主义国家都非常重视环境问题，甚至对环境问题的态度成为它们能否得到民众信任和支持的重要因素。此外，各类团体和大部分民众，也都非常关注环境问题。所以，资本主义国家内部已经形成一股非常强大的绿色政治力量，虽然“绿色运动”不同流派的认识不一，有些主张甚至完全对立，但他们在保护环境方面总体达成了一致。当资产阶级的利益和整个社会的前途命运发生利害冲突时，即使代表资产阶级利益的执政者，也必须对民众的环境保护要求给予支持。这一点已经得到证实，全球性的环境保护运动，正是发源于发达资本主义国家。

因此，解决“为什么生产”和“生产什么”的问题适用于不同社会制度的国家。通过解决这一问题，可以合理调整人与自然之间的物质变换，实现人与自然的和谐；还可以改善人与人之间在物质资源分配方面的矛盾，实现人与人的和谐。

对资本主义国家来说，通过“红绿道路”的结合，可以克服自身的弊端，逐步实现社会制度的转换；对社会主义国家来说，通过“红绿道路”的结合，可以更好地巩固和发展社会主义制度。

三、解决“生产什么”的问题有利于建立“绿色运动”的统一战线

随着环境问题日益突出，学者纷纷致力于环境问题的研究和探索。一时间，与环境相关的思潮、流派层出不穷。一些思潮和流派为了捍卫自己的理论主张，批评其他的理论主张，因此，理论界掀起了一次又一次的争论。争论的积极作用是引起了人们对环境问题的关注和思索，不足之处是争论仅停留在理论层面，脱离了环境保护实践。这种争论在一定程度上起着瓦解全球环境保护运动统一战线的消极作用。“红色道路”和“绿色道路”本应是天然盟友，可是现在在一定程度上处于互相批评、互相指责的状态。如果我们关注“为什么生产”和“生产什么”的问题，就可以从无谓的争论中解放出来，从意识形态的争议中解放出来，就能够集中精力解决物质变换不合理的问题，在环境保护

实践中结成绿色运动的统一战线。

四、解决“生产什么”的问题符合习近平生态文明思想和生态文明建设的要求

从“生产什么”入手解决深层次的环境问题，进而实现人与自然、人与人的双重和解，与习近平生态文明思想和生态文明建设的要求具有内在一致性。

在全球环境问题日益严重的情况下，马克思主义环境思想重新被发现、重视和发展，人与自然、人与人双重和解的理论重新被发扬。这种“红绿”结合的发展道路，在习近平生态文明思想中得到了充分的肯定和详细的论述。2013 年 4 月，习近平在海南考察工作结束时明确指出：“保护生态环境就是保护生产力，改善生态环境就是发展生产力。良好生态环境是最公平的公共产品，是最普惠的民生福祉。”①2017 年 5 月，习近平在十八届中央政治局第四十一次集体学习时强调：“任凭破坏生态环境的问题不断产生，我们就难以从根本上扭转我国生态环境恶化的趋势，就是对中华民族和子孙后代不负责任。”② 上述讲话中谈到“保护生态环境就是保护生产力”，实际上把生态文明建设提升到了事关中华民族永续发展的高度。根据唯物主义历史观，生产力是一个国家或一个社会最根本、最核心的要素，它决定了一个国家或社会的生存及发展情况。既然保护生态环境就是保护生产力，那就意味着生态文明建设是关系中华民族永续发展的千年大计。一旦生态环境遭到破坏，表征人与自然关系的生产力也会遭到破坏，子孙后代的生产生活必然会受到严重影响。可见，在习近平生态文明思想中，人与自然、人与人之间的关系是相互交织和相互影响的。

党的二十大报告对我国生态文明建设提出的要求是：“推动绿色发展，促进人与自然和谐共生。”③ 推动绿色发展的重点是加快发展方式绿色转型，即“加快推动产业结构、能源结构、交通运输结构等调整优化。实施全面节约战略，推进各类资源节约集约利用，加快构建废弃物循环利用体系。完善支持绿色发展的财税、金融、投资、价格政策和标准体系，发展绿色低碳产业，健全资源环境要素市场化配置体系，加快节能降碳先进技术研发和推广应用，倡导绿色消费，推动形成绿色低碳的生产方式和生活方式”④。这里所

---

① 《习近平关于社会主义生态文明建设论述摘编》，中央文献出版社 2017 年版，第 4 页。

② 《习近平关于社会主义生态文明建设论述摘编》，中央文献出版社 2017 年版，第 15 页。

③ 习近平：《高举中国特色社会主义伟大旗帜　为全面建设社会主义现代化国家而团结奋斗——在中国共产党第二十次全国代表大会上的报告》，人民出版社 2022 年版，第 49 页。

④ 习近平：《高举中国特色社会主义伟大旗帜　为全面建设社会主义现代化国家而团结奋斗——在中国共产党第二十次全国代表大会上的报告》，人民出版社 2022 年版，第 50 页。

说的加快发展方式绿色转型的具体方法和“生产什么”的问题明显相关。进言之，在推动形成绿色生产方式和生活方式的过程中，生产方式与“生产什么”是密切相关的，因为“生产什么”在一定程度上规定了生产方式。习近平也多次强调要形成绿色的生产方式和生活方式。2015 年 12 月，他在围绕贯彻党的十八届五中全会精神做好当前经济工作的讲话中指出:“保护生态环境，要更加注重促进形成绿色生产方式和消费方式。……要坚定不移走绿色低碳循环发展之路，构建绿色产业体系和空间格局，引导形成绿色生产方式和生活方式，促进人与自然和谐共生。”①2017 年 5 月，他在十八届中央政治局第四十一次集体学习时强调:“推动形成绿色发展方式和生活方式，就是要坚持节约资源和保护环境的基本国策，坚持节约优先、保护优先、自然恢复为主的方针，形成节约资源和保护环境的空间格局、产业结构、生产方式、生活方式，为人民创造良好生产生活环境。”② 综上不难看出,解决“生产什么”的问题就是解决生态环境危机问题。它要求合理调控人与自然之间的物质变换的规模、范围和程度，削减那些并非真实需要的产品生产，以达到缓解生态问题的目的。因此，解决“生产什么”的问题就是实现人与自然和谐共生目标最直接、最有效的实践途径。

第六节　解决“生产什么”问题的时机和步骤

从全球范围来看，对“生产什么”的限制由来已久。但是这些限制行为都是个别现象，其目的也不是全面改变资源不合理利用的现状。我们这里所要讨论的则是全面改变资源不合理利用现状的时机选择。这个问题涉及关于私有制、市场经济的政策问题，所以，我们必须认真、慎重对待。

一、解决“生产什么”问题的时机选择

当前，我国仍处于社会主义初级阶段。因为社会主义初级阶段的核心依据和根本特征是“不发达”，这个“不发达”问题不仅源于与世界其他国家的横向比较，而且主要是针对社会主义初级阶段向社会主义更高阶段迈进，继而过渡到共产主义所需的生产力水平而言的。今天中国特色社会主义进入了新时代，尽管国家发展取得了巨大成就，但由

① 《习近平关于社会主义生态文明建设论述摘编》，中央文献出版社 2017 年版，第 31~32 页。

② 《习近平关于社会主义生态文明建设论述摘编》，中央文献出版社 2017 年版，第 35~36 页。

于尚未彻底解决“不发达”问题，因而我国仍处于社会主义初级阶段。[①]我国仍处于社会主义初级阶段的基本国情决定了在相当长的时期内，仍然允许一定程度的私有制存在和继续发挥市场经济的主导作用。

中国特色社会主义进入新时代后，我国的生产力水平已经能够稳定、持久地满足人们的基本生存需要。此时，我国经济向着更广阔、更深入的方向发展，给环境资源带来了一定的压力，这正是解决“生产什么”问题的合适时机。前面提到，我国的基本国情决定了仍然允许一定程度的私有制存在和继续发挥市场经济的作用。但一些企业为了谋取更多利润，肆意滥用生产力生产了大量超出基本生存需要的产品，浪费了宝贵的自然资源，排放了大量污染物，影响环境质量。作为具有明确发展导向的社会主义国家，这时我们就应该考虑将环境保护工作的重点从规划“如何生产”转移到规划“为什么生产”和“生产什么”上来，从更深层次解决环境危机。

二、解决“生产什么”问题的方法和步骤

由于解决“为什么生产”和“生产什么”的问题触及资本主义社会的底线，所以，资本主义社会要解决这一问题的难度可想而知。即使中国这样的社会主义国家，尽管有明确的社会主义导向，也存在“为什么生产”和“生产什么”不合理的问题。要从根本上解决这一问题，唯一途径是削弱甚至消灭私有制。

前面已论述，消灭私有制不能用激进的、一刀切的方式完成，不能在短时间内用行政命令的手段实现。无论资本主义条件下自发的转变，还是社会主义条件下有目标的转变，社会转型都是一个由量变到质变的缓慢的、渐进的过程。因此，解决“生产什么”的问题也是一个循序渐进的过程。首先，通过宣传教育、制定经济政策、技术改造、发布行政命令乃至法律制裁等手段，直接限制对环境造成恶劣影响的生产行为。其次，随着情况的发展变化，逐步扩大限制生产的产品目录。我们的目的是通过限制“生产什么”，将解决环境危机问题同解决社会公正问题结合起来，将“绿色道路”和“红色道路”结合起来，从而拯救全人类的生存危机，把人类社会推向一个更加美好的新阶段。

三、在调查研究的基础上逐步提出限制生产的产品名单

恩格斯曾指出：“在一种与人类相称的状态下，……社会应当考虑，靠它所支配的资

① 王志强、王跃：《重思社会主义初级阶段的“不发达”问题——兼论新时代中国特色社会主义仍处于社会主义初级阶段》，《社会主义研究》，2018 年第 1 期。

料能够生产些什么，并根据生产力和广大消费者之间的这种关系来确定，应该把生产提高多少或缩减多少，应该允许生产或限制生产多少奢侈品。”[①] 也就是说，要根据资源的供给能力和影响环境的程度来决定“生产什么”，限制“生产什么”，并明确提出限制生产的产品名单。

首先，在列出限制生产的产品名单之前，要深入了解当时当地的资源供应情况、产品生产对环境造成的影响程度等，以便列出最合理的名单。如开采钻石需要占用巨大资源，矿区的林木植被都会被摧毁，生产 1 克拉钻石就要产生数十吨甚至更多的废矿渣。开采钻石不仅会浪费大量的资源，还会排放大量的污染物，但是钻石与人们的基本生存条件关系并不大。那么，钻石就应该被列入限制生产名单。

其次，在列出限制生产的产品名单之前，还要全面评估名单公布后可能出现的各种问题，避免政令难以真正实施的情况发生。如我国曾严格限制高尔夫球场的建设以保护自然生态环境；限制各级政府部门建造豪华的办公楼以节约资源等。只有制定严格的监督管理措施，才能做到令行禁止。

最后，限制生产的产品名单不是固定的，要随着情况的变化而变化。限制“生产什么”由科技发展状况、可用资源的供应情况及对环境造成的影响等多方面因素决定。当各种因素发生变换时，限制“生产什么”也应该作出合理的调整。

第七节　社会主义社会的历史使命

1978 年，由于一些历史原因，人们的思想认识非常混乱。如果此时展开是否要实行改革开放的理论讨论是非常困难的，势必会陷入没完没了的争论之中。因此，邓小平采取了对姓“社”还是姓“资”问题“不争论”的策略，也没有对改革开放进行过多理论上的阐述，而是直接投入实践，让人们在实践中提高认识水平。

上述情况使得有些人认为：“社会主义就是要发展生产力”，社会主义就是要“以经济建设为中心”，社会主义社会的生产力比资本主义社会的生产力更发达，因此，社会主义社会能够比资本主义社会发展得更快，生产的物质财富更多，似乎社会主义社会就是同资本主义社会比赛生产力的发展速度。这种认识对社会主义初级阶段来说，不会产生太

① 《马克思恩格斯选集》第 1 卷，人民出版社 2012 年版，第 37 页。

大危害，但从马克思主义理论高度来衡量，则容易造成认识上的误解。所以，我们要全面、正确认识社会主义社会的历史使命。

在人类基本生存需求还没有得到满足的情况下，发展生产力是首要任务。但是，当生产力发展到一定程度后，继续无休止地发展生产力就可能危及人类社会的可持续发展。那么，邓小平说，“贫穷不是社会主义”[①]“社会主义就是要发展生产力”[②]，这显然是针对我国的社会主义现状而说的，而不是针对科学社会主义社会而说的。

经过充分发展的资本主义社会，生产力水平已经能够满足全体人民的基本生存需要，之所以现在还存在饥饿和贫穷，并不是因为生产力不足，而是由于分配不公。在这种情况之下，急需解决的是如何公平合理分配这些物质财富，如何合理调节人与自然之间的物质变换。如果不及时解决这些矛盾，而只是无限制地发展生产力，势必造成更大的贫富差距。同时，大量的宝贵资源被滥用和浪费，环境污染和生态破坏越来越严重。这时，要拯救人类社会，必须合理调整和控制人与自然之间的物质变换，将生产力发展限制在自然资源能够可持续供给的范围之内。可是，限制生产力的发展与资本主义无限扩张的本性相悖，也就是说，资本主义社会不可能实现人与自然之间合理的物质变换，也不可能完成拯救人类前途命运的历史任务。此时，资本主义社会的历史使命已经完成，资本主义社会也将让位于一个更加高级的社会形态——科学社会主义社会。

科学社会主义社会产生于高度发达的资本主义社会基础之上，科学社会主义社会继承了资本主义社会丰富的物质财富和精神成果。与资本主义社会相比，科学社会主义社会的优势是能够科学、合理地调控发展的方向和趋势。因此，科学社会主义社会的历史使命就不再是单纯发展生产力，而是将生产力的发展控制在自然资源的容纳范围之内，即实现人与自然之间合理的物质变换，进而实现人与人之间的和谐。那么，怎样才能将生产力的发展控制在自然资源的容纳范围之内呢？这需要通过提高科学技术水平、调整生产关系和分配关系、普及环境科学知识、推进生态文明建设等综合手段才能实现。科学社会主义社会要完成这样重大的历史使命，其中一个最重要、最关键、也最具体的工作，就是解决“为什么生产”和“生产什么”的问题。只有禁止为利润生产，限制生产超出自然资源支撑能力、没有实际意义的虚假需求的产品，才能保证资源的合理使用，避免生态破坏和环境污染。而要做到这一点，就必须消灭私有制和私有观念。科学社会主义社会由于消灭了私有制和私有观念，完成这一历史使命就成为可能。

① 《十二大以来重要文献选编》下，人民出版社 1988 年版，第 1390 页。

② 《十二大以来重要文献选编》下，人民出版社 1988 年版，第 1394 页。

我国的社会主义社会由于没有经过资本主义的充分发展阶段，生产力水平也没有达到建立科学社会主义社会的要求，所以必须经过一个充分发展生产力的阶段。我们把这个阶段称为“社会主义初级阶段”，这是一个既非科学社会主义社会，也非资本主义社会的发展阶段。这个阶段的主要历史任务就是大力发展社会生产力，为科学社会主义社会的建立创造条件。因此，从这个角度来看，“社会主义就是要发展生产力”。可是，随着生产力的发展，在适当的时候需要对生产力发展速度作出调整。这种调整主要表现在：不再无限制追求生产力的发展，而是以实现人与自然之间合理的物质变换为目的，防止资源的滥用和浪费，减少污染物排放，调整生产关系和分配关系，淡化、弱化直至消灭私有制和私有观念。因此，社会主义社会的历史任务不是单纯发展生产力，而是要科学、合理调整发展方向，保证人类社会的可持续发展。另外，通过调整生产关系，协调分配关系，最终消灭私有制，实现人与人的和解。

第十五章　生态文明建设的生存论意义

人与动物的一个不同之处在于人有无限的追求。美国心理学家马斯洛说："人是一种不断需求的动物，除短暂的时间外，极少达到完全满足的状况，……人几乎总是在希望着什么，这是贯穿他整个一生的特点。"①人的无限追求，既表现在对物质方面的追求，又表现在对精神方面的追求。对个人来说，在某种程度上，如果对物质方面的追求过于强烈，那么对精神方面的追求就会相对减弱；反之，如果个人对精神领域的追求十分执着，那么对物质方面的追求则会变弱。

在一定的历史时期，由于受到生产力的限制，人们的物质需求并不是太高，大多数人将实现温饱当成最大的追求目标。在生产力欠发达的情况下，过分追求奢华生活容易产生社会混乱。许多思想家及世界各大宗教都倡导节俭、反对追求物质享乐，甚至发展出极端的禁欲主义。禁欲主义者认为，人的肉体欲望是低贱的、自私的、有害的，欲望是罪恶之源，只有节制欲望和享乐，甚至弃绝一切欲望，才能实现道德的自我完善。禁欲主义违背了人的自然本性，因此其追随者只能是少数人。纵观历史，人类物质文明和精神文明的发展总体上处于均衡状态，绝大多数人都过着节俭朴素的生活，这种状况也不会对环境和生态构成巨大威胁，人与自然之间的矛盾也并不突出。

在马克思恩格斯所处的时代，虽然生产力有了很大发展，但享受奢侈品还只是少数资本家的专利，并没有形成社会潮流。尽管如此，恩格斯还是看清了享乐主义的本质："还

① 马斯洛:《马斯洛人本哲学》，成明编译，九州出版社 2006 年版，第 1 页。

有另外一种更坏的无所作为的福音，它塑造的是无所事事的政府，它使人丧失一切严肃性，迫使他们想去显露并非他们本性的东西——一味追求‘幸福’，就是说，追求吃得好，喝得好；它把粗陋的物质捧上宝座，毁掉了一切精神内容。这一切的后果将是什么呢？”[①]进入现代社会之后，随着生产力的发展，物质生产规模空前扩大，这给人类社会带来了重大影响。一方面整个社会的生产水平和居民的生活水平提高了，另一方面一些人有了追求物质享受、贪得无厌的思想。“在资产阶级经济以及与之相适应的生产时代中，人的内在本质的这种充分发挥，表现为完全的空虚化；这种普遍的对象化过程，表现为全面的异化，而一切既定的片面目的的废弃，则表现为为了某种纯粹外在的目的而牺牲自己的目的本身。因此，一方面，稚气的古代世界显得较为崇高。另一方面，古代世界在人们力图寻求闭锁的形态、形式以及寻求既定的限制的一切方面，确实较为崇高。古代世界是从狭隘的观点来看的满足，而现代则不给予满足；换句话说，凡是现代表现为自我满足的地方，它就是鄙俗的。”[②]由此可见，随着生产力的快速发展，享乐主义对人类社会的危害更加突出。

在基本生活资料得到满足之后，发达国家的居民转向追求奢侈、豪华产品。各式各样的家用电器、轿车进入了普通家庭，越来越多的一次性用品代替了耐用消费品。更令人担忧的是，发展中国家的一些人也争相效仿这种追求物质享受的生活方式。由于我国尚未深入普及有关环境和资源方面的科学知识，一些人没有认识到节约资源、保护环境的重要性。

在物质享乐主义的冲击下，一些人失去了远大理想，放弃了崇高信仰。他们沉溺于物质享受，加剧了人与自然之间物质变换的不合理，给环境和资源带来巨大压力，也给人类社会的发展埋下了不可持续的隐患。

人的物质追求是无限的，而物质资源是有限的，环境容量也是有限的。以“无限”之欲望追求“有限”之物质，势必造成严重后果。解决这一矛盾的理想途径，就是将人们对有限物质世界的无限追求引向同样无限的精神世界。通过大力开展精神文明和生态文明建设，引导人们形成合理的物质需求，并逐渐将人们从过度的物质追求引向高尚的精神追求，鼓励人们把创造力和精力用于精神创造，而不是用于征服自然、盘剥自然。只有这样，人类才能拯救自己，才能拥有美好未来。从这个意义上来看，精神文明建设和生态文明建设就具有了更加深刻的生存论意义。

---

①《马克思恩格斯全集》第3卷，人民出版社2002年版，第505页。

②《马克思恩格斯选集》第2卷，人民出版社2012年版，第739~740页。

第一节　物质文明和精神文明的关系

环境危机是人类过度追求物质利益的结果。因此，要从根本上解决环境危机，我们必须建设精神文明，将人们从享乐主义、金钱至上的精神枷锁中解放出来。但需要注意的是，提倡精神文明并不是否认物质文明的重要性，恰恰相反，物质文明是精神文明的基础。所以，切不可在强调精神文明的时候贬低甚至完全否定物质文明。那么，物质文明和精神文明究竟是什么关系呢？

一、物质文明是基础

第一，物质生产活动是人们从事其他一切活动的首要前提。人们要从事各种社会活动，必须能够生活。为了生活，就需要衣、食、住、行等生活资料。因此，物质生产是人类社会最基本的实践活动，是人类社会赖以存在和发展的基础。

第二，物质文明为精神文明提供物质条件。物质文明为文化、科学、艺术等精神产品的生产和传播提供了工具和媒介。如科学研究必需的实验设备和场所，精神文明传播的工具，如书籍、纸张、广播、电视，以及传播的场所，如学校、图书馆、博物馆、歌剧院、体育场馆等，都离不开物质文明的支持。物质文明为精神文明的发展和传播创造了条件。

第三，物质文明的发展促进了精神文明的发展。从传统的造纸、印刷，到广播、电视的出现，再到电子计算机和互联网的风靡，传媒工具的升级换代，为教育、科研提供了越来越便利的条件，物质文明的进步极大地促进了精神文明的发展。

从生存论的角度来看，物质文明和精神文明的关系实际上同发展经济与保护环境的关系问题密切相关，也同保护环境的根本目的密切相关。在社会主义发展史上，曾多次出现因过分强调精神力量的作用而忽视甚至贬低物质力量的作用，进而陷入唯心主义的现象。针对一度泛滥成灾的精神至上论，邓小平说过："不讲多劳多得，不重视物质利益，对少数先进分子可以，对广大群众不行，一段时间可以，长期不行。革命精神是非常宝贵的，没有革命精神就没有革命行动。但是，革命是在物质利益的基础上产生的，如果只讲牺牲精神，不讲物质利益，那就是唯心论。"① 针对环境危机问题，有人提出"零增长"甚至回到田园时代的观点。

我们强调保护环境，主张人类要俭朴生活，但"俭朴"不等于"贫穷"。对发展中国

① 《三中全会以来重要文献选编》上，人民出版社 1982 年版，第 25 页。

家来说，我们的主要目标仍是发展经济，消灭贫困，努力提高人民的生活水平。也就是说，人们生活的基本条件应该予以满足。比如，人们应该享有清洁的空气、干净的水和良好的生活环境；应该有充足的、富有营养的食品和舒适的住宅；应该受到良好的教育、享受到丰富的精神生活等。我们不赞成那种为保护而保护，甚至将自然环境视作不可侵犯的生态至上主义观点，我们所提倡的环境保护是以人为本的，正如《里约环境与发展宣言》所说："人类处于普受关注的可持续发展问题的中心。他们应享有以与自然相和谐的方式过健康而富有生产成果的生活的权利。"[①] 因此，发展中国家完全有理由将发展经济作为自己的主要目标，理直气壮地发展经济，提高人民的生活水平。

二、精神文明对物质文明具有反作用

历史唯物主义认为，物质生产是人类社会最基本的实践活动，是人类社会赖以存在和发展的基础。但马克思主义不是物质决定论，而是坚信精神文明对物质文明具有重大的反作用即能动作用，对物质生产活动的目标和方向有重要影响。从生存论意义上看，精神力量在相当大的程度上影响着人类社会的前途和命运。

有人认为，地球环境的严重破坏是人类为了生存而开发资源、改造环境造成的。从某些局部地区来看，这种观点似乎有些道理。但是从全球范围来看，这种局部的环境问题不是导致全球环境危机的根本原因。因为，按照目前生产力发展的程度，如果能够合理分配财富和资源，这些资源完全可以保证地球上所有人的基本生存需要。目前的环境危机不是人类为了满足基本生存需要造成的，而是少数人为满足奢侈、挥霍的需要滥用资源造成的。前文已经谈到，在发达国家盛行的享乐主义已经慢慢扩展到发展中国家，全球已经形成一股享乐主义潮流。

但是，日益严重的环境问题告诉我们，人类不可能全体进入享乐时代。全球性的资源匮乏、环境污染和生态破坏已给人类敲响了警钟，如果人类不改变目前的生产方式和价值观念，继续盘剥自然、榨取资源、摧残生态环境，那么，人类可能会从地球上消失。

人的追求是无限的，也是不可抑制的，我们无法做到"消灭欲望，忍耐顺从"。物质资源是有限的，但精神资源是无限的，何不用追求精神之"无限"来代替追求欲望之"无限"。当前，人类自救的方法就是要抑制对物欲的无限追求，克服物质主义、消费主义、

① 周洪钧、丁成耀、司平平编:《国际公约与惯例：国际公法卷》，法律出版社 1998 年版，第 400 页。

享乐主义。人类要从无休止的物质追求中解脱出来，从注重物质生活向注重精神生活转变。我们必须认识到，同单纯的物质追求相比，精神追求更加高尚、美好，它使人们远离物质的诱惑和感官的刺激。届时，人们在满足自身的自然需要之外不再追逐物质的占有和享受，最终建立起一种朴素的生活方式。

第二节　大力提高全社会的环境意识

全社会环境意识的高低取决于人们对环境问题的认识水平，也就是人们所拥有的环境科学知识水平。精神文明和生态文明建设的重要任务就是宣传普及环境科学知识，大力提高全体人员的环境意识。

回顾环境保护运动发展的历史，我们可以看出，人们的环境意识伴随着环境科学知识的增长而逐步提高。如著名的全球八大公害事件，大多发生在二十世纪三十年代至五十年代，由于当时人们的环境科学知识有限，只是孤立地看待这些事件，并将其称为“公害”。随着科学家对环境问题的探索不断深入，广大民众对环境问题的总体认识有所提高，人们逐渐认识到环境问题并不是孤立存在的。它包括森林、湖泊、湿地等生态环境遭到严重破坏，野生动植物种类日益减少；金属、煤炭、石油等不可再生资源因过度开采而面临枯竭；能源燃烧排放的大量温室气体导致全球气候变暖，以及由此引发的极地冰盖融化、海平面上升等威胁人类生存发展的一系列问题。这种认识的传播和普及成为全球环境保护运动的动力。另外，人们对环境问题的认识水平也伴随着环境科学知识的增长而逐步提高。从无法区分环境保护和环境卫生到能够正确认识和分析环境问题；从仅仅揭露和抗议企业排放污染物和破坏生态环境行为到反省自身的消费行为和生活方式等。但是，从精神文明建设的生存论意义和生态文明建设的高度来衡量，社会成员的环境科学知识和环境意识仍然有待于进一步提高。种种现象说明，很多人对环境问题的实质还缺乏本质性认识。面对环境问题，很多人不能从人与自然之间不合理的物质变换入手进行深入分析，而被表面现象所迷惑和干扰，抓不住问题的实质。

近年来，我国大中小学普遍开展了环境教育，并且取得了可喜的成效，极大地提高了广大师生的环境科学知识水平和环境意识。但是，有一些教育方法值得商榷，如许多学校将节约粮食的教育纳入环境教育内容，利用世界粮食日等时机教育学生要珍惜粮食。

很多学校引用唐诗《悯农》和一些相关的格言、谚语等作为教学案例。用唐诗教育学生节约粮食，古已有之，用这样的材料开展教育固然很好，但是这种教育方式并不是环境教育，而是美德教育。这说明我国的环境教育水平还有待于进一步提高。作为针对现代环境问题的环境教育，应该对珍惜和节约粮食问题有更加全面、科学的解释和说明。要真正做到这一点，教育者必须深刻认识环境问题的实质——一切环境问题皆源于人类对资源的不合理利用，也就是人与自然之间不合理的物质变换。

目前，对整个社会来说，很多人还不善于从资源的角度，从人与自然之间物质变换的高度来认识和分析环境问题。虽然我们也在大力宣传环境保护，但一些宣传内容没有触及问题的实质。因此，我们必须广泛、深入地开展环境宣传教育。

只有广泛开展环境宣传教育，才能增加全民的环境科学知识；只有深入开展环境宣传教育，才能让人们深刻认识环境问题的实质。在认识环境问题实质的基础上，人们将达成普遍共识：资源的不合理利用给人类发展带来了严重威胁，解除这种威胁不仅要在制度层面上解决“如何生产”“为什么生产”“生产什么”的问题，还要在思想层面开展一场革命，即人们要转变生活方式和消费方式，实现人类社会的可持续发展。

第三节　正确理解“产品极大丰富”和“按需分配”

从生存论意义上看，精神文明建设和生态文明建设的一个重要任务就是帮助人们对未来社会物质生活水平树立正确的期望值，也就是正确理解共产主义社会的“产品极大丰富”和“按需分配”。

一、如何理解共产主义社会的生产力高度发展和产品极大丰富

马克思恩格斯告诉人们，实现共产主义的首要条件是社会生产力高度发展，社会产品极大丰富。可是，社会生产力达到什么程度才算“高度发展”？社会产品达到什么状况才是“极大丰富”？对此，人们的认识并不一致。在物质生活水平较低的情况下，人们心目中的共产主义社会是“楼上楼下、电灯电话”“土豆烧牛肉”式的社会，这些认识被马克思恩格斯称为“粗陋的共产主义社会”。另一种极端的认识是，共产主义社会的物质极大丰富就是应有尽有，甚至将马克思说的“集体财富的一切源泉都充分涌流”[①]理解

①《马克思恩格斯选集》第3卷，人民出版社2012年版，第365页。

为财富像潮水一样涌来，每个人都可以随心所欲地得到自己想要的一切。这种认识没有看到环境资源对生产力发展的制约作用，以为只要不断发展生产力，不断扩大生产规模就可以实现物质产品的极大丰富。殊不知盲目发展生产力，肆意浪费资源将导致人类社会发展的不可持续，哪里还能实现共产主义？

因此，生产力的高度发展不是过度的、无度的发展，产品的极大丰富也不是超出资源承受范围的无限增长。

二、将生产力发展控制在可持续发展的范围内

既要高度发展生产力，以实现物质产品的极大丰富，又要合理控制生产力的发展，防止其造成资源浪费、环境污染、生态破坏，就要把握好生产力发展的“度”。恩格斯对此有非常清醒的认识：“在一种与人类相称的状态下，……社会应当考虑，靠它所支配的资料能够生产些什么，并根据生产力和广大消费者之间的这种关系来确定，应该把生产提高多少或缩减多少，应该允许生产或限制生产多少奢侈品。”[①]“掌握的资料”就是我们今天所说的资源。

正确认识、把握生产力发展的“度”，需要对资源状况给予全面、准确的评估。生产力能够发展到什么程度并不是单纯取决于科学技术的发展状况，更不是取决于人们的主观愿望，而是取决于地球资源的承载能力。一旦超出地球资源和环境的承载力，任何社会都不可能持续发展。评估资源的支撑能力需要综合考虑各方面因素，包括资源藏量，人口总量，人类利用资源的能力、水平，以及生态环境可以承受的压力等。正是出于这种考虑，恩格斯说：“把生产提高多少或缩减多少，应该允许生产或限制生产多少奢侈品。”[②]这就意味着生产力不是无限发展的，而是既有提高又有缩减，并要限制奢侈品的生产。

三、正确理解按需分配的“需”

“按需分配”最初由空想社会主义者提出，马克思恩格斯给予了它新的解释。在《德意志意识形态》中，马克思恩格斯第一次提出共产主义的分配原则不应是“按能力计酬”，而应是“按需分配”。因为“人们的头脑和智力的差别，根本不应引起胃和肉体需要的差

① 《马克思恩格斯选集》第 1 卷，人民出版社 2012 年版，第 37 页。
② 《马克思恩格斯选集》第 1 卷，人民出版社 2012 年版，第 37 页。

别”[①]。可见，这里所指的“需”，是人生理方面的需要，也就是人的基本生存需要。当然，这种需要不是满足动物般的低级生存条件，而是舒适的、体面的、有尊严的生活条件。只有在生产力高度发展、物质产品极大丰富的情况下，这种条件才能实现。而且，随着生产力的发展，人们还会产生更高水平的享受要求，但这种要求不能超出资源环境所能够支撑的限度。如饮食是人类生存的基本需要，共产主义应该满足所有人对粮食、蔬菜、肉、蛋等普通食品的需求，但不能允许少数人把珍稀动物当成食品。再如穿衣是人的生存需要，在可能的情况下还可以对衣服进行一些装饰，以满足人们的审美需要。但是如果在衣服上镶嵌珠宝钻石成为许多人的“需要”时，这种需要将会把人类社会带入绝境。

分配受制于资源供给能力和物质生产水平，这是唯物主义的基本原理之一。1890 年夏季，德国社会民主党的《柏林人民论坛》报曾讨论未来社会的分配方式。讨论中有人主张按照劳动量来分配，有人主张按照需要来分配。尽管主张不同，但双方的共同点是希望具体规划分配方式。1890 年 8 月，恩格斯在致康拉德·施米特的信中表明了自己对此次争论的看法：“奇怪的是谁也没有想到，分配方式本质上毕竟要取决于有多少产品可供分配。”[②]

资源匮乏和环境危机问题出现之后，有人批评马克思恩格斯缺乏环境思想。还有人认为，由于地球资源有限，共产主义社会的“按需分配”将是不可能实现的“乌托邦”。这充分说明，他们根本不理解马克思恩格斯提出的按需分配原则。按需分配的“需”乃是人的基本生活之“需”。人的基本生活需要是有限的，所以，按需分配是现实可行的。至于按需分配的细节，即通过什么方式把产品分配到需要者手中、生产和分配如何管理等，我们不必规划得过于具体，而应该根据发展的进程逐步找到合适的方法。

第四节　树立正确的人生观和价值观

1875 年，马克思在《哥达纲领批判》一书中对按需分配的条件进行了科学阐述：“在共产主义社会高级阶段，在迫使个人奴隶般地服从分工的情形已经消失，从而脑力劳动和体力劳动的对立也随之消失之后；在劳动已经不仅仅是谋生的手段，而且本身成了生活的第一需要之后；在随着个人的全面发展，他们的生产力也增长起来，而集体财富的

① 《马克思恩格斯全集》第 3 卷，人民出版社 1960 年版，第 637 页。
② 《马克思恩格斯选集》第 4 卷，人民出版社 2012 年版，第 599 页。

一切源泉都充分涌流之后，——只有在那个时候，才能完全超出资产阶级权利的狭隘眼界，社会才能在自己的旗帜上写上：各尽所能，按需分配！”[①]这就是说，实现“各尽所能、按需分配”的条件是脑力劳动和体力劳动的对立消失，劳动成为人们生活的第一需要，个人实现全面发展，生产力发展到一定程度等。在这些条件中，除要有高度发达的生产力之外，最重要的是需要有高素质的、全面发展的人。正如列宁所说：“而伟大的社会主义者在预见这个阶段将会到来时所设想的前提，既不是现在的劳动生产率，也不是现在的庸人，这种庸人正如波米亚洛夫斯基作品中的神学校学生一样，很会‘无缘无故地’糟蹋社会财富的储存和提出不能实现的要求。”[②]现在的实际情况是，富人消耗着大量资源，享受着远远超出普通人水准的生活。如果听任这种趋势发展下去，糟蹋社会财富的人将会越来越多，社会风气会遭到巨大的破坏。当前，精神文明建设的一个重要任务就是把糟蹋社会财富的人改造成为具有高度环境意识且全面发展的人。共产主义社会真正实现了人与人之间的平等，包括政治、经济、文化等方面的平等，所以，它不允许任何人享受超过环境资源承受范围的产品。如果继续追求过度的产品，不仅会受到社会制度方面的限制，也会受到良心的谴责。即共产主义社会要求人们的价值观发生根本改变。

人们要实现人生观和价值观的转变，必须经过长期的努力。中国共产党历来重视人的发展，强调人的发展与社会发展、社会主义现代化建设的辩证统一。中国特色社会主义进入新时代，以习近平同志为核心的党中央坚持以人民为中心，更加重视促进人的全面发展和社会全面进步，推动实现物的不断丰富和人的全面发展相统一。[③]而人的全面发展离不开正确的人生观和价值观的培养和塑造，只有人们提高思想觉悟，才能树立起同自然环境和谐相处的世界观和生活方式，才能约束自身过度的物质享受，从而实现全人类的可持续生存和发展。在达成这种共识的基础上，那些与环境保护相关的政策和法令也更容易执行。

人们一旦形成了符合可持续发展要求的思想观念，就能克服单纯追求个人物质享乐的人生观。人们会更加注重生活质量，不愿为了满足虚假需求而消费；人们将满足于素朴的物质生活，将注意力转向丰富的精神追求；人们能够理性地认识和处理个人和社会、自己和他人、当代人和后代人的关系，把个人利益融入整体利益之中，为了全人类和子孙后代的长远利益而自觉抑制不合理的物质欲望。由于抑制了过度的物质需求，劳动时间

①《马克思恩格斯选集》第 3 卷，人民出版社 2012 年版，第 364~365 页。

②《列宁全集》第 31 卷，人民出版社 2017 年版，第 93 页。

③ 孙来斌：《人口规模巨大的现代化 更加重视人的全面发展（思想纵横）》，《人民日报》，2021 年 4 月 2 日第 9 版。

也随之减少，人们就有了更多时间和精力追求精神生活。人们将在追求真理、探索科学、热爱艺术、与大自然和谐相处的过程中陶冶身心、获得愉悦。

如果人们都能够树立正确的人生观、价值观，不再追求那种没有实际意义的物质享受转而追求更加高尚的精神生活，那么，那些为了利润而生产的各种产品就会无人问津。所以，“绿色思想”的最高境界就是正确的人生观，就是人的全面发展。人们有了丰富的精神追求，每个人都得到了充分的发展，这既是“绿色文明”的要求，也是共产主义的要求，因为共产主义原本就是“红绿”道路的结合。

第五节　大力倡导绿色消费

推广可持续发展的价值观和生活方式涉及许多方面的问题，也有许多工作要做，但最重要、最核心、最突出的工作就是要倡导绿色消费。环境问题的根本原因是人与自然之间物质变换的不合理，所以，解决环境问题必须将绿色价值观和生态理念落实到具体的物质变换上。从生产角度来说，解决物质变换的不合理问题就是要解决“如何生产”“为什么生产”“生产什么”的问题；从消费角度来讲，解决物质变换的不合理问题就是要杜绝浪费资源的享乐型消费方式，倡导绿色消费。

绿色消费可以分为不同的层次。第一个层次是为了健康的绿色消费。如追求健康饮食或者追求优美的居住环境等。第二个层次是为了环保的绿色消费，包括节约水电、减少一次性用品的使用、分类回收垃圾、乘坐公交车、拒食野生保护动物等。第三个层次，也是更高层次的绿色消费是为了实现人类的可持续发展，自愿过俭朴生活的绿色消费。

在现实生活中，人们很容易受到各种诱惑而出现购物的冲动。这是因为，在私有制存在的社会条件下，生产者投入大量资金大肆宣传自己的产品，蛊惑消费者购买。在金钱的作用下，“大众传播不是为民主进行思想交流的基础，而是在很大程度上专注于‘令人吃惊的大量商品宣传上，常常是着力于满足衣食需求而非精神需求上’”[①]。这种宣传迎合了人们的自私、炫耀和虚荣心等，助长了既有害于人类自身也有害于自然环境的消费潮流。

“人本身越来越成为一个贪婪的、被动的消费者。物品不是用来为人服务，相反，

① 约翰·贝拉米·福斯特:《生态危机与资本主义》，耿建新、宋兴无译，上海译文出版社 2006 年版，第 39 页。

人却成了物品的奴仆，成了一个生产者和消费者”[①]，这就是劳动的异化和人的异化。在消费潮流的影响下，人们由于贪恋感官刺激、图慕虚荣浮华而丧失了真实的自我。异化劳动既给资本家带来了财富，也给普通人带来了一定的物质生活享受。可是，一些人忘记了生活本身，忘记了人的自我发展，一些人把时间花费在并非真正需要的地方，把资源用在了不应该用的地方。“受虚假需要的支配，似乎谁也不明白疯狂的生产和疯狂的消费到底为了什么，只是感到自己活动的结果完全成了敌视自己的异物。”[②]法国作家莫泊桑的《项链》深刻揭示了人被物奴役的问题。作品中的女主人公为了参加舞会，向一位贵妇人借了一条项链。不幸的是，女主人公弄丢了借来的项链。为了偿还这条项链，夫妇二人拼命工作，节衣缩食了大半生，直到最后才知道当年借的只是一条价格很便宜的假项链。其实，《项链》中的故事仍在重演，一些人混淆了物品的使用价值和交换价值，以至于片面追求交换价值。从使用价值和审美价值的角度来看，首饰的真假并不重要，只要适合自己就好。可是，当下大多数人都非常重视首饰的真假，也就是它的交换价值。

这种将使用价值和交换价值混同，拼命追求物质占有、物质享受的潮流始于工业革命之后。在工业革命之前，由于生产力水平低下，人们更重视产品的实用性，那些华而不实、古怪奇巧的产品并没有太大市场。“因此，古代的观点和现代世界相比，就显得崇高得多，根据古代的观点，人，不管是处在怎样狭隘的民族的、宗教的、政治的规定上，总是表现为生产的目的，在现代世界，生产表现为人的目的，而财富则表现为生产的目的。”[③]但工业革命之后，由于生产力快速发展，一些过剩的生产力开始用于生产大量的奢侈品、享乐品等。再加上生产商的过度宣传，人们逐渐混淆了商品的使用价值和交换价值，开始追求财富、追求物质享受，进而浪费了大量资源，制造了大量污染物，将人类社会推向了一条危险道路。

精神文明建设和生态文明建设的一项重要任务就是向人们揭示这种危险后果，让人们警醒，自觉克服和抑制不利于人类社会可持续发展的行为，进而自觉走出消费误区。那时，人们会自觉抵制物质诱惑，自觉节约资源能源，自觉倡导绿色消费、绿色生活。

① 陈学明、吴松、远东编:《痛苦中的安乐——马尔库塞、弗洛姆论消费主义》，云南人民出版社 1998 年版，第 115 页。
② 欧阳志远:《最后的消费:文明的自毁与补救》，人民出版社 2000 年版，第 263 页。
③《马克思恩格斯选集》第 2 卷，人民出版社 2012 年版，第 739 页。

第六节 走出消费误区

如今普遍存在的问题是，很多人不知道自己真正需要什么，错将“虚假的需要”当成“真正的需要”，变成了盲目的消费者。对此，弗洛姆指出：“人往往只意识到他的虚假的需要，而不意识到他的真正的需要。”[①] 再加之，在商家和媒体的大肆鼓吹下，人们的消费欲望不断膨胀，“消费者行为的深层意识就是一种想吞噬全世界的愿望。消费者就是一个永远嗷嗷待哺的婴儿”[②]。人们无法满足自己，越是得不到满足，越是要追逐不合理消费的生活方式。人们无限膨胀的虚假消费需要通过多种方式表现出来，其中最典型的两种消费方式就是高消费和超前消费。

高消费是指消费者追求高档次、高水平消费的行为。[③] 改革开放以来，随着经济快速发展，我国诞生了一部分高收入群体，他们有能力穿名牌、开豪车、住别墅、喝洋酒……高消费逐渐成为社会的一种现象，成为人们茶余饭后的热点话题之一，成为一些人追求的时尚。甚至有人认为，应该提倡高消费，实现消费高增长，从而促进经济的快速发展。但是，超越自身经济能力的高消费是一种过度消费，存在很多弊端。第一，高消费过度耗费资源，使消费增长后劲不足，导致消费近期繁荣、远期萧条，不利于消费持续稳定增长。第二，高消费反映为某些商品或某些消费项目需求的急剧增长，价格上升，生产企业获得巨额利润，从而诱发资金向这些行业或领域快速涌流，投资规模急剧膨胀，这种状况不利于产业结构合理布局，不利于资金资源合理配置。第三，高消费不利于倡导良好的社会风尚，容易滋生腐败。第四，高消费造成资源能源浪费，不利于实现人与自然之间的和谐发展。第四个弊端与我们讨论的主题密切相关，它是引发生态环境危机的原因之一。因此，走出高消费误区，树立适度的消费观念是解决生态环境危机的重要途径。

超前消费作为一种个别消费行为原本无可厚非。但它作为一种消费行为而被倡导是值得商榷的，作为一种消费增长的途径而被推广也是值得深思的。首先，超前消费必须具备相应的条件：一是经济条件，二是信用条件。这些条件在一定程度上限制了超前消费的程度和范围。其次，利用超前消费促进消费增长存在风险。因为从长期看来，消费总量并不会增加，超前消费只是将未来潜在的消费能力提前释放，它不可能带来消费的持

---

① 陈学明、吴松、远东编：《痛苦中的安乐——马尔库塞、弗洛姆论消费主义》，云南人民出版社 1998 年版，第 223~224 页。

② 埃·弗罗姆：《占有或存在——一个新型社会的心灵基础》，杨慧译，国际文化出版公司 1989 年版，第 24~25 页。

③ 罗放华：《破除消费增长误区 树立科学消费观念》，《长沙铁道学院学报（社会科学版）》，2005 年第 1 期。

续增长。这种短期消费行为会使消费失去后劲，容易引发消费危机。[①] 再次，超前消费在很多时候都是一种非理性消费，而非理性消费很有可能来自“虚假的需要”，它也会造成资源能源的浪费，以及人与自然的关系趋紧。也就是说，超前消费也是引发生态环境危机的原因之一。因此，破除超前消费误区，树立适当消费观念也是解决生态环境危机的重要方法。

无论高消费还是超前消费，在很多情况下都不是人的“真正的需要”，也正是在“虚假的需要”的支配下，人们才陷入了各种消费误区。因此，走出消费误区的根本方法是识别“真正的需要”和“虚假的需要”。对此，弗洛姆明确指出:“社会的分析学家的任务正是要唤醒人们认识到什么是梦幻的虚假的需要，什么是人的真正的需要。马克思认为，社会主义的重要目的就是要认识和实现人的真正的需要，而只有当生产为人服务，资本家不再创造和利用人的虚假的需要时，才能达到这一目的。”[②] 由于不再生产那些奢侈品、有害物（这个阶段意味着资本主义的彻底终结），本来由这种生产给人带来的身心创伤也就可以消除了。[③] 要做到这一点，必须淡化、弱化直至消灭私有制，但这是一个长期过程，不可能一蹴而就。目前，消费者应该尽量做到:可买可不买的东西——不买，可用可不用的资源——不用。总之，我们要减少不必要的消费，以消除和减少人与自然之间不合理的物质变换，实现一种更加理性、更深层次的绿色消费。

① 罗放华:《破除消费增长误区 树立科学消费观念》,《长沙铁道学院学报（社会科学版）》，2005 年第 1 期。

② 复旦大学哲学系现代西方哲学研究室编译:《西方学者论〈1844 年经济学－哲学手稿〉》,复旦大学出版社 1983 年版，第 73 页。

③ 陈学明、吴松、远东编:《痛苦中的安乐——马尔库塞、弗洛姆论消费主义》，云南人民出版社 1998 年版，第 86 页。

参考文献

一、译著

巴里•康芒纳．封闭的循环——自然、人和技术［M］．侯文蕙译．长春：吉林人民出版社，1997.

巴里・康芒纳．与地球和平共处［M］．王喜六，王文江，陈兰芳译．上海：上海译文出版社，2002.

本・阿格尔．西方马克思主义概论［M］．慎之等译．北京：中国人民大学出版社，1991.

查尔斯・哈珀．环境与社会——环境问题中的人文视野［M］．肖晨阳，晋军，郭建如等译．天津：天津人民出版社，1998.

戴斯・贾丁斯．环境伦理学——环境哲学导论［M］．林官明，杨爱民译．北京：北京大学出版社，2002.

戴维•佩珀．生态社会主义：从深生态学到社会正义［M］．刘颖译．济南：山东大学出版社，2005.

弗罗洛夫．人的前景［M］．王思斌，潘信之译．北京：中国社会科学出版社，1989.

宫本宪一．环境经济学［M］．朴玉译．北京：生活・读书・新知三联书店，2004.

赫伯特・马尔库塞．单向度的人——发达工业社会意识形态研究［M］．刘继译．上海：上海译文出版社，2014.

卢卡奇．历史与阶级意识——关于马克思主义辩证法的研究［M］．林章智，任立，燕宏远译．北京：商务印书馆，1992.

马克思恩格斯选集（第 1–4 卷）[M]．北京：人民出版社，2012.

萨拉・萨卡．生态社会主义还是生态资本主义 [M]．张淑兰译，济南：山东大学出版社，2008.

唐纳德・沃斯特．自然的经济体系——生态思想史 [M]．侯文蕙译，北京：商务印书馆，1999.

岩佐茂．环境的思想——环境保护与马克思主义的结合处[M]．韩立新，张桂权，刘荣华译，北京：中央编译出版社，1997.

约翰・贝拉米・福斯特．马克思的生态学——唯物主义与自然 [M]．刘仁胜，肖峰译，北京：高等教育出版社，2006.

詹姆斯・奥康纳．自然的理由——生态学马克思主义研究 [M]．唐正东，臧佩洪译，南京：南京大学出版社，2003.

二、中文著作

杜秀娟．马克思主义生态哲学思想历史发展研究 [M]．北京：北京师范大学出版社，2011.

高放．马克思主义与社会主义 [M]．哈尔滨：黑龙江教育出版社，1994.

郭剑仁．生态地批判——福斯特的生态学马克思主义思想研究 [M]．北京：人民出版社 2008.

韩立新．环境价值论 [M]．昆明：云南人民出版社，2005.

邝福光编著．环境伦理学教程 [M]．北京：中国环境科学出版社，2000.

刘仁胜．生态马克思主义概论 [M]．北京：中央编译出版社，2007.

刘增惠．马克思主义生态思想及实践研究 [M]．北京：北京师范大学出版社，2010.

柳树滋．春风吹又生——通向二十一世纪的绿色道路[M]．哈尔滨：东北林业大学出版社，1996.

孙道进．马克思主义环境哲学研究 [M]．北京：人民出版社，2008.

解保军．马克思自然观的生态哲学意蕴——“红”与“绿”结合的理论先声[M]．哈尔滨：黑龙江人民出版社，2002.

徐艳梅．生态学马克思主义研究 [M]．北京：社会科学文献出版社，2007.

俞可平主编．全球化时代的“马克思主义”：九十年代国外马克思主义新论选编[M]. 北京：中央编译出版社，1998.

三、论文类

安启念．和谐马克思主义：一个被长期遮蔽的视域［J］．中国人民大学学报，2006（3）.

陈墀成，洪烨．物质变换的调节控制——《资本论》中的生态哲学思想探微［J］．厦门大学学报（哲学社会科学版），2009（2）.

方世南．论马克思主义环境思想的中国化［J］．福建师范大学学报（哲学社会科学版），2007（1）.

高放．加强对马克思主义科学的整体性研究［J］．马克思主义与现实，2005（2）.

郭大俊．“马克思主义三个组成部分说”献疑［J］．江汉论坛，2001（2）.

韩立新．马克思的“对自然的支配”——兼评西方生态社会主义对这一问题的先行研究［J］．哲学研究，2003（10）.

刘思华，方时姣．马克思主义经济学双重价值取向理论初探——兼论建设生态文明的双重终极目的［J］．湖北民族学院学报（哲学社会科学版），2008（5）.

倪瑞华．从生态学看马克思思想发展的内在逻辑［J］．江西社会科学，2008（9）.

时青昊．“物质变换”与马克思的生态思想［J］．科学社会主义，2007（5）.

镡鹤婧．马克思人与自然物质变换思想及其当代价值［J］．辽宁工业大学学报（社会科学版），2009（4）.

王金福．马克思、恩格斯为什么要否定哲学？——对马克思主义哲学性质、功能的再思考［J］．福建论坛·人文社会科学版，2006（10）.

袁方．从“马恩对立论”透视自然辩证法的当代价值［J］．科学技术与辩证法，2007（1）.

索　　引

（词条后页码为该词在正文中首次出现的页码）

读者意见反馈

为收集对学术著作的意见建议，进一步完善学术著作编写并做好服务工作，读者可将对本学术著作的意见建议通过如下渠道反馈至我社。

咨询电话　400-810-0598

反馈邮箱　gjdzfwb@pub.hep.cn

通信地址　北京市朝阳区惠新东街4号富盛大厦1座

高等教育出版社总编辑办公室

邮政编码　100029